2012：低碳实践与思考

陈欢　主编

经济科学出版社

图书在版编目（CIP）数据

2012：低碳实践与思考 / 陈欢主编 .—北京：经济科学出版社，2013.7

ISBN 978 - 7 - 5141 - 3606 - 7

Ⅰ.①2… Ⅱ.①陈… Ⅲ.①无污染工艺 - 环保投资 - 专用基金 - 研究 - 中国 Ⅳ.①F832.21

中国版本图书馆 CIP 数据核字（2013）第 158246 号

责任编辑：凌　敏　程辛宁
责任校对：杨　海
责任印制：李　鹏

2012：低碳实践与思考
陈欢　主编

经济科学出版社出版、发行　新华书店经销
社址：北京市海淀区阜成路甲 28 号　邮编：100142
教材分社电话：010 - 88191343　发行部电话：010 - 88191522
网址：www.esp.com.cn
电子邮件：lingmin@ esp. com. cn
天猫网店：经济科学出版社旗舰店
网址：http://jjkxcbs.tmall.com
北京季蜂印刷有限公司印装
710 × 1000　16 开　16.75 印张　290000 字
2013 年 7 月第 1 版　2013 年 7 月第 1 次印刷
ISBN 978 - 7 - 5141 - 3606 - 7　定价：41.00 元
（图书出现印装问题，本社负责调换。电话：010 - 88191502）
（版权所有　翻印必究）

编委会

主　　编：陈　欢
副 主 编：焦小平　郑　权
编写组成员：温　刚　谢　飞　傅　平　李文杰
　　　　　　田　晨　华小婧　李　静　孟祥明
　　　　　　金　鑫　许明珠　李春毅　齐小乎

序

党的十八大把生态文明建设放在突出位置，提出建设"美丽中国"愿景，着力推进绿色发展、循环发展、低碳发展。作为国家层面专门应对气候变化的政策性基金，中国清洁发展机制基金（以下简称"清洁基金"）责任重大，任重道远。

清洁基金于2007年成立，是国务院批准建立的按照社会性基金模式管理的政策性基金。它是我国参加联合国《京都议定书》下清洁发展机制（CDM）合作的一项重要创新性成果，充分体现了我国政府对全球气候变化问题的高度重视，以及对应对气候变化相关工作的大力支持。作为财政支持节能减排和低碳发展的创新资金机制，清洁基金致力于配合财政主渠道，通过政府－市场合作模式（Public Private Partnership，PPP）连接财政和金融、国际和国内，撬动社会资金，支持低碳发展，推动应对气候变化事业产业化、市场化、社会化和国际化发展。

成立五年来，清洁基金通过赠款支持了200多个项目，有效促进了国家应对气候变化政策研究、地方低碳发展、碳市场机制研究和试点、能力建设以及提高公众意识等工作。2011年，基金启动有偿使用业务，通过清洁发展委托贷款、股权投资和风险分担等方式，至2012年底已累计投资40多亿元，涉及19个省（市）的70个项目，涵盖可再生能源、节能和提高能效及新能源装备和材料制造等领域，撬动社会资金近260亿元，预计年减排量或减排潜能可达千万吨二氧化碳当量。

清洁基金在为低碳发展事业提供宝贵的资金支持的同时，锐意创新、大胆探索、边实践、边思考、边总结，在政策研究、智力储备、标准制定等领域做了一系列务实的工作，密切关注国际国内气候变化动态，开展气候融资和行业发展重大问题研究，创立"碳预算"概念并付诸实践，联手国际国内金融机构创新融资模式，探讨规划碳资产评估行业发展等。本书的出版就体现了清洁基金近两年来在这些领域的思考、探索和实践。全书包括五个部分，第一部分为2012年国际国内应对气候变化领域的相关资讯；第二部分是清洁基金在国内外低碳大势、碳市场发展、低碳行业和标准领域的观点综述和研究报告；第三部分反映了清洁基金致力于推动低碳发展的行动实践；第四部分是国内外低碳采风；附录列出了"十二五"低碳领域相关重要政策文件清单。

由于时间仓促，水平有限，难免存在错误和遗漏之处，敬请谅解并不吝赐教。

编者

2013年4月

目 录

第一部分 2012低碳资讯摘编 1
国际低碳资讯摘编 3
国内低碳资讯摘编 26

第二部分 低碳分析报告 49

低碳大势 51
中国"十一五"应对气候变化工作回顾和"十二五"展望 51
推动国际合作 促进绿色低碳发展 54
积极应对气候变化 走低碳发展道路 57
控制能源消费总量 提高清洁能源比例 60
如何认识"十二五"调低绿色发展指标 63
撬动私人投资：公共资金在低碳经济中的角色 66
稳步推动碳资产评估事业健康发展 69
日本核泄漏事故影响全球能源消费格局 74
低碳发展共识造就德班气候变化谈判成果 77
多哈气候大会取得各方可接受的成果 80

碳市场发展 85
什么是碳市场 85
2010年国际碳市场形势分析
　　——《全球碳市场发展现状与趋势2011》摘要分析之一 88
2011年国际碳市场形势分析 91
我国清洁发展机制碳交易实践及其对国内碳交易市场建设的意义 95
欧盟独立交易簿情况及启示 106
欧盟排放交易体系中防止欺诈行为的对策
　　——《全球碳市场发展现状与趋势2011》摘要分析之二 110

欧盟排放交易体系未来政策
　　　　——《全球碳市场发展现状与趋势2011》摘要分析之三 …… 113
　　欧盟将航空业纳入排放交易体系及影响 …… 118
　　澳大利亚碳市场机制设计解读及对我国的借鉴意义 …… 122
　　美国加州将碳排放权拍卖收入和支出纳入预算管理的做法 …… 128

行业分析 …… 132
　　促进钢铁行业碳减排行动 …… 132
　　光伏产业现状与发展趋势 …… 135
　　可再生能源发电技术的成本趋势 …… 141
　　风电产业发展情况报告 …… 144
　　合同能源管理如何叫好又叫座 …… 147
　　企业管理人员气候变化意识及影响因素分析 …… 149
　　应对气候变化行动对企业发展的影响 …… 152
　　建立应对气候变化的企业战略 …… 155

低碳标准 …… 158
　　中国"碳减排标准和认证体系"探究 …… 158
　　促进碳减排标准规范建设　发挥清洁基金创新机制作用 …… 161
　　认真编制温室气体排放清单
　　　　——中国海洋石油总公司率先开展碳盘查实践 …… 165
　　国际机构推动中国企业开展碳信息披露
　　　　——《碳信息披露项目中国报告2011》概要 …… 169

第三部分　清洁基金的低碳实践 …… 173

"2011应对气候变化　清洁基金在行动"专题 …… 175
　　全面开展基金投资　助力中国低碳转型 …… 175
　　创新融资模式　支持节能减排 …… 181
　　推动全社会参与　共同应对气候变化 …… 187

"清洁基金成立五周年"专题 …… 194
　　清洁基金创业五载　继往开来任重道远 …… 194
　　五年磨一剑　创新开展有偿使用 …… 197
　　清洁基金地方实践 …… 200

案例报告 …… 204
　　创新融资机制　支持节能减排 …… 204

理论为先　教学相长
　　——首期地方财政清洁发展委托贷款业务培训侧记……………… 207
靠市场　靠技术　靠新兴产业 …………………………………………… 210
碳减排，理财项目第一单 ………………………………………………… 212
走低碳发展之路　让七彩云南更绚丽 …………………………………… 215
江苏省积极利用清洁发展委托贷款　全面提升财政应对气候
　　变化水平 ……………………………………………………………… 217
山西省科学发展，先行先试　务实有序做好清洁发展委托
　　贷款工作 ……………………………………………………………… 221
清洁基金，为低碳之路引航
　　——清洁基金委托贷款山西"五龙"、"宏光"项目巡礼………… 224
清洁基金：低碳经济项目的助推器
　　——河北武安市裕华钢铁有限公司清洁基金委托贷款项目见成效……… 228

第四部分　低碳采风 ……………………………………………… 231

快慢结合　绿色高效
　　——南昌规划构建低碳交通体系 …………………………………… 233
美国航企热衷生物燃料 …………………………………………………… 235
美国为农业设计"一氧化二氮温室气体减排方法" …………………… 237
科学家首次用电力将二氧化碳转化为液体燃料 ………………………… 239
欧盟"关掉"白炽灯　正式告别"爱迪生时代" ……………………… 240
金融危机下伦敦大打"绿色"奥运牌 …………………………………… 242
荷兰应对气候变化的主要做法 …………………………………………… 244
丹麦书写全新"绿色童话" ……………………………………………… 246
丹麦减排新启示　国内省钱海外挣钱 …………………………………… 248
绿色建筑风行波斯湾国家 ………………………………………………… 250
国际工业节能政策数据库在京发布 ……………………………………… 252
守望绿色的经济学家 ……………………………………………………… 253

附录　重要政策文件清单 ……………………………………………… 255

第一部分

2012低碳资讯摘编

国际低碳资讯摘编

2011年全球清洁能源投资达2600亿美元[①]

彭博新能源财经提供的最新权威数据分析显示,尽管经济放缓,2011年全球清洁能源新增投资总额依然同比增长5%,达到2600亿美元,与2004年的536亿美元相比增长了近4倍。其中,太阳能领域的投资成为最大的驱动力,且远远超过了风能。最值得注意的是,美国清洁能源投资自2008年以来首次超过中国。而从彭博新能源财经始于2004年的数据编制来看,2011年全球累计清洁能源投资已经超过了1万亿美元。

欧盟减排意在先声夺人[②]

为了保证能源系统在未来具有竞争力与可持续性,欧盟《2050能源路线图》规划出了一种新的能源发展模式。这一模式给中国敲响了警钟。

欧盟委员会2011年12月15日发布"2050能源路线图",即实现欧盟到2050年碳排放量比1990年下降80%~95%这一目标的具体路径。在这份路线图上,欧委会设计了不同的情景,以预测不同的能源如化石能源、核能以及可再生能源在未来所占的不同比例。

针对2050年长期目标,欧委会提出了四种路线:提高能源利用率、发展可再生能源、适度使用核能、开发碳捕捉和存储技术(CCS)。

针对短期可行性,在能源利用效率方面,欧盟雄心勃勃,希望大力发展节能技术以降低能耗。欧盟预计,到2030年欧盟各国初级能源的需求比2005年的峰值下降16%~20%,到2050年时下降32%~41%。

[①] 《中国证券报》,2012年1月17日。
[②] 《中国石油石化》,2012年第1期。

美首次发布温室气体大型排放源数据①

据环境新闻服务网（ENS）报道，美国环保局采用了新的在线数据发布工具，允许用户查看2010年6700多个排放设施的温室气体数据并为之排序，这些数据包括工厂名称、地理位置、所属产业领域和温室气体排放类型及数量。

美国环保局空气和辐射办公室副主管吉娜·麦卡锡（Gina McCarthy）表示："温室气体报告体系中的数据为企业及其他创新者提供了一个重要工具，可以帮助他们找到降低成本和提高能效以减少温室气体的办法，并推动保护公共卫生和环境的技术的发展。"

她还说："今天我们能够向公众提供一个透明而强大的数据资源库，这应归功于工业界、各州及其他组织提供的意见和强有力的协作。"

按照2008财年综合拨款法案的要求，美国环保局于2009年10月推出了温室气体报告体系。该体系要求跨越9个行业部门的大型排放源，以及有燃烧或排放需求的产品供应商报告温室气体排放情况。

向美国环保局上报2010年温室气体信息的排放源包括：电厂、垃圾填埋场、金属制造、矿物生产、炼油厂、纸浆和纸张生产、化学品制造、政府和商业设施，以及其他工业设施。

另外，还有新增的12个产业群将在2012年首次向美国环保局报告2011年温室气体排放数据。包括：电子产品制造、含氟气体生产、镁生产、石油和天然气系统、电力传输和配电设备使用、井下煤矿、工业废水处理、二氧化碳地质封存、输配电制造、工业废物填埋场、地下注入二氧化碳，以及氟化温室气体预充电或含氟化温室气体闭孔泡沫设备的进出口。

气候风险与能源解决方案投资者峰会通过鼓励低碳行动计划②

来自美国、英国等众多世界著名的投资管理者2012年1月12日聚集纽约联合国总部参加了"气候风险和能源解决方案投资者高峰会议"。代表着450家、掌握着数十万亿美元资产的投资者通过了一项行动计划，呼吁私营部门更多地投资于低碳科技，并更加严格地审查投资组合中的气候风险因素。

---

① 人民网，2012年1月17日。
② 联合国新闻网，2012年1月13日。

这些在投资领域具有举足轻重地位的资产管理者就公司如何将注意力更多地转向气候风险和机遇提出了一套指导方针。他们同时保证将对忽视气候风险的公司进行更加密切的审查。

高盛：中国一年后或超美成世界第一大石油进口国①

高盛集团大宗商品研究主管杰夫·居里表示，中国将在未来一年至一年半成为世界最大石油进口国。居里认为，一旦欧洲禁止进口来自伊朗的石油，这部分石油就会流向中国。据海关总署数据，中国2011年进口原油2.5378亿吨，同比增6%。

23国联合宣言：8条措施反制欧盟航空碳税②

2012年2月22日晚，反对欧盟强推全球航空排放权交易的32国代表结束了在莫斯科举行的两天闭门会议，其中23个国家共同签署声明，联合起来共同抵制欧盟的"霸王体系"，并且探寻新的路径以推动全球航空减排。

此份联合宣言主要包括了两大部分，一致反对欧盟航空碳排放交易体系，勾勒出了"兄弟国家"对付欧盟的措施。第一，重申了《联合国气候变化框架公约》和《新德里联合声明》相关内容，要求加强与国际民用航空组织（ICAO）合作，进一步督促欧盟及其成员国停止单边性的航空碳排放交易等，采取在"共同但有区别的原则"的基础上寻找全球性的出路。第二，联合宣言对接下来的工作任务进行了部署，以证明各国要求取消或推迟欧盟航空排放权交易的决心。

为了保证各国计划顺利进行，包含8条内容的一揽子"反制措施"已经制定。其中包括了禁止本国航空公司参加欧盟的碳交易计划；停止就新航线和降落权与欧洲航空运营商举行会谈；要求欧洲航空公司提交相应的飞行数据；对欧洲航空公司征收额外费用；采取一系列的游说措施，与欧盟成员国如荷兰、法国、德国的航空运营商单独举行会谈等。

欧盟征碳税又出新花样③

近日，欧盟财长会议又起波澜，欧盟委员会提出将在2012年6月份

---

① 《新京报》，2012年1月11日。
② 《世纪经济报道》，2012年2月28日。
③ 中国经济网，2012年2月28日。

增加"航海碳税",制定出全球航空和航海运输行业碳排放税的征收价格单。

消息一经发布即在业内引起较大反应。分析人士认为,欧盟对航空碳税的一贯强硬态度在日前出现软化迹象,但作为交换又抛出"航海碳税"的问题,这一方面是欧盟在为未来的碳排放征税谈判制造新的问题,以提高谈判过程中的要价;另一方面也是欧盟要将在航空碳税方面的让步,通过"航海碳税"补齐航空碳税的"让步差价"。

日本企业开始引进温室气体减排新标准[①]

松下公司决定扩大温室气体排放核算范围,不仅要求本公司节能减排,而且从2012年4月开始,将逐步要求上游原料、零部件厂商制订减排计划。松下公司预计世界资源研究所去年10月制订的"温室气体排放标准"将会在全球范围推广,因此先行一步,以提高产品的市场竞争力。

目前,这项要求是否实施由上游企业自主判断,没有强制的义务。但世界上许多知名企业,例如,沃尔玛、宝洁等正将这一要求作为企业合作对象的选择标准。2010年,松下集团温室气体排放总量为400万吨,根据测算,上游企业的排放量为这个数字的3倍。松下公司计划从2018年开始实现本公司排放量的负增长,从2014年4月开始公开上游企业的排放量,由于上游企业多数在中国等经济新兴国家,因此会对全球减排产生影响。

南非计划向排污企业征收"碳税"[②]

南非财政部近期宣布,为控制二氧化碳的排放,南非将从2013年开始向排污企业征收"碳税"。南非财政部在公布的2012~2013年预算中,为所有企业设立了60%的二氧化碳排放不用交税的门槛,这些企业包括电力、石油、钢铁和铝业等。除电力企业外,其他所有企业还可再为其排放的另外10%的二氧化碳排放申请免税待遇。

根据要求,如果碳排放超过限定的门槛,相关企业将要按每吨二氧化碳当量交付120兰特(不高于16美元)的标准缴税。该政策将从2013~2014年度开始实施,之后"碳税"每年增加10%,直至2020年。

---

① 《日本经济新闻》,2012年2月22日。
② 新华社,2012年2月23日。

澳碳税或推高中国铁矿石进口成本 185 亿元①

碳金融专家王毅刚表示,碳税可能带给行业发展的影响将于今年显现。"澳大利亚碳税,将推高中国铁矿石进口成本超过 100 亿元。"根据他的分析,仅以澳大利亚两大铁矿石巨头必和必拓与力拓的碳税成本计算,在卖方地位强势背景下,如果税收完全转嫁的情况,中国铁矿石进口成本将增加 185 亿元。

从 2012 年 7 月 1 日起,澳大利亚政府将对全澳 500 家高碳排放企业,征收每吨 23 澳元的碳税。澳大利亚的碳税方案在国际上评价甚高,认为其在应对气候变化方面已做出切实行动,但专家们亦担心,澳大利亚采矿企业的碳税成本可以轻易地转嫁给国外下游消费者,尤其是铁矿石行业。

英国将启动碳测量中心以提高碳排放监测精度②

据国外媒体报道,英国计划启动一项旨在提高碳排放测量精确性和促进清洁技术发展的新设施——碳测量中心。碳测量中心将设在伦敦西南部的国家物理实验室。这将提高气候数据的准确性,支持更好的碳排放监测,以确保一个公平的碳市场,并核实有关低碳产品提出的索赔。

该中心工作的一部分将包括与其他科研机构和商业供应商合作,以提高仪器的准确性。工作人员也将寻求改进测量碳排放量的方法。科学家先前的研究显示,各个公司公布的排放水平之间的差距很大,这通常以计算为基础,例如他们燃烧了多少燃料、他们厂的效率,以及大气中的测量。

美国首次为新建电厂设置二氧化碳排放标准③

美国环境保护署 2012 年 3 月 27 日首次对美国未来新建的发电厂提议设定二氧化碳排放标准,以鼓励建设天然气发电等更加清洁的发电厂。

美国环境保护署当天发布声明说,根据最高法院 2007 年的一项裁决,该机构首次为新建电厂提议设定全国性的空气污染排放标准,即新建的发电厂只允许每兆瓦时排放 1000 磅(约合 453.6 千克)二氧化碳,大致相当于一个现代天然气发电厂的排放水平。这项新标准不适用于现已运

---

① 《21 世纪经济报道》,2012 年 2 月 14 日。
② 搜狐绿色频道,2012 年 3 月 27 日。
③ 新华网,2012 年 3 月 28 日。

营的电厂或者即将于 12 个月内开工建设的电厂。

分析认为，这一排放标准将有效阻止美国煤炭发电厂的建设，进一步挤压这种传统电厂的生存空间。过去数十年来，煤电一直是美国电力生产的主要来源。然而，随着页岩天然气的开发，市场上出现了大量廉价天然气，造成很多煤电厂关停。美国 IHS 能源咨询公司预计，到 2016 年美国将关停 10%~20% 的煤电厂。

美国政府即将出台碳排放新规给小企业松绑①

美国环保署署长莉萨·杰克逊表示，美国政府即将出台的二氧化碳排放规定将给小企业"松绑"，不过，煤炭发电厂等排放大户仍将面临严厉的惩罚。

但据路透社报道，年排放量低于 7.5 万吨的工厂在 2011 年和 2012 年将不受这一规定限制。"小型"工厂的定义一直不明确，这甚至让一些规模很小的企业也在琢磨是不是自己的排放最终也会受到管控。但杰克逊表示，此长期排放的管控"门槛"将会设定为针对年排放量在 2.5 万吨以上的企业。

澳大利亚将执行碳税和矿产资源租赁税②

澳大利亚政府将从 2012 年 7 月 1 日起开始征收碳税和矿产资源租赁税。对国内 500 家最大污染企业强制性征收碳排放税的标准是：2012/2013 财年为每吨 23 澳元，2013/2014 财年为每吨 24.15 澳元，2014/2015 财年为每吨 24.50 澳元，到 2015 年碳税将被欧盟排放交易体系（ETS）代替。另一方面，政府还计划对煤炭及铁矿石公司销售利润征收 30% 矿产资源租赁税，实际有效税率为 22.5%。碳税及矿产资源租赁税的实施将成为煤炭出口商的双重负担，特别是一些中小型煤炭企业可能被淘汰。

减少温室气体排量的水泥面世③

澳大利亚一家水泥厂发明了一种环保水泥，能够极大减少水泥向大气中排放二氧化碳。据了解，1 吨水泥会产生将近 1 吨二氧化碳，而眼下全球每年使用的水泥多达 25 亿吨，也就意味着每年仅仅水泥就会给大气

---

① 搜狐绿色，2012 年 3 月 30 日。
② 中商情报网，2012 年 3 月 14 日。
③ 九正建材网，2012 年 3 月 3 日。

增加约 25 亿吨二氧化碳。环保水泥的主要制作原料不是石灰石,而是发电站和炼钢厂生产过程中残余的炉渣和废弃颗粒,这种水泥能将二氧化碳排量减少 80% 左右。同时还具有传统水泥无法达到的诸多优点。

墨西哥通过气候变化法①

近日,墨西哥立法机关通过了迄今为止一项最强有力的国家气候变化法。墨西哥的经济规模和二氧化碳排放量在世界上均排名第 11 位。据《自然》杂志网站报道,经过 3 年的争论和修改,墨西哥下议院以 128 票支持、10 票反对的结果通过了该法律议案,随后该法案毫无疑义地被参议院通过。最终,新法案包含了很多笼统的条款来缓解气候变化,包括到 2020 年将二氧化碳排放量降低 30%,到 2050 年降低到 2000 年排放量的一半。

而且,新的气候变化法规定,到 2024 年,可再生资源在墨西哥国家能源中所占的比例达到 35%,并且强制要求主要污染企业提供排放报告。同时该法案还提出建立一个委员会来监督实施情况并鼓励发展碳交易计划。虽然该法案最初受到了来自钢铁和水泥行业的阻力,但是仍然在墨西哥两大政党的支持下顺利通过。

美国清洁能源技术发展面临政策考验②

近年来,美国清洁技术及其产业发展取得了较大成功,主要得益于政府的财政支持和相关的优惠政策的扶持,但完全依赖自身能力向前发展还为时尚早。令业界担心的是,包括《美国复苏与再投资法案》在内的支持性法规和财税优惠政策即将到期,届时是否会制定新的法规取代并延续目前的扶持政策,目前尚有较大争论。

著名智库布鲁金斯研究所在刚刚完成的一份研究报告中指出,目前大多数优惠政策和财税补贴被延续的可能性很小,如果没有及时和有目的的政策改革和支持,许多清洁技术企业很可能面临破产、变卖和被兼并的危险。报告建议改革目前清洁技术的财政补贴和优惠政策,强化能源创新体系,促使清洁技术产品成本迅速下降。

报告认为,老法规的到期也为制定更加合理的新政策提供了机会,这对于决策者和企业家来说都非常重要,建议设计一套合理的法规体系,

---

① 《科学时报》,2012 年 4 月 26 日。
② 《科技日报》,2012 年 4 月 26 日。

以成功推进清洁技术的创新和产业发展，为美国清洁能源产业提供更加稳定的发展环境，最终使清洁技术及其产业发展摆脱对财政补贴的依赖并获得长期的国际竞争力。

英国将碳排放和制造业一并"外包"给发展中国家[①]

英国议会能源和气候变化委员会的一份报告显示，英国温室气体排放虽然有所下降，但究其原因不过是将碳排放同制造业一并"外包"给了像中国这样的发展中国家。

报告显示，英国将电器产品如电视、手机等制造加工方面的工作外包给中国的同时，将碳排放也"外包"给了中国，这导致全球碳排放净增长。尽管英国国内的温室气体排放有所减少，但是英国购买海外产品的数量却在不断增加。其结果是，英国在减排方面的努力完全被海外碳排放的增长所抵消。

英国政府和商业团体都认为，解决问题的最佳方法是制定一个有法律约束力的全球协议，以减少碳排放，应对气候变化。

预计碳税将导致澳大利亚电价上涨16%[②]

澳洲电力市场委员会主席 John Pierce 日前表示，随着碳税的引入，电价高低将与世界油价挂钩，燃气发电也将增多，而且一旦政府引入碳税，再用煤炭发电就不经济了。

AMEC 进行的研究估计，未来几年内电价将因此上涨大约 16%。电站将增加支出，对电力分销网络进行升级，这可能会对电价产生更大影响。AEMC 的分析指出，2011 财年到 2014 财年之间新州电价将上涨 42%，其中 38% 的上涨源于预期到的批发电价上涨，36% 的上涨源于分销网络升级和其他一些相关成本。

2013 财年碳税将使新州居民每千瓦时电费增多 1.94 元，到 2014 财年再增多 2.03 元，预计届时每千瓦时电费将升至 32.27 元。

欧委会推出新举措适应气候变化[③]

2012 年 3 月 23 日，欧委会正式推出欧盟适应气候变化在线网络平台

[①] 英国《卫报》，2012 年 4 月 18 日。
[②] 商务部网站，2012 年 3 月 12 日。
[③] 科技部门户网站，2012 年 4 月 26 日。

(CLIMATE – ADAPT)。平台向全社会公众开放，主要目标是协助欧盟、成员国、区域、地方以及跨区域组织等各个层面，在制定政策时，积极考虑采纳适应气候变化的基本要素，并为其提供必要的咨询建议和技术支撑。从而促使所制定的政策措施和行动计划，充分符合欧盟2020战略确定的目标，减缓和适应气候变化的负面影响，尽量预防和避免不必要的损失。

平台将根据欧盟和全球积极应对气候变化挑战的任务目标，由科技界和工业界提供最新的技术进步和创新成果，由欧委会和成员国提供最新的政策举措和经验做法，积极促进欧盟及全社会适应气候变化的步调一致和协同行动。

波恩"德班平台"首秀暗流涌动[①]

2012年联合国首轮气候变化谈判5月25日在德国波恩闭幕，这次会议是德班气候大会重要成果——"加强行动德班平台特设工作组"（以下简称"德班平台"）的首次亮相。从谈判进展看，这场首秀并不算光彩照人：缔约方在谈判议程、主席团人选等程序性问题上争吵不休，致使谈判迄今没能进入实质阶段。不少分析人士指出，议程之争只是表象，其背后暗藏着一系列关系未来气候谈判基础架构的重大较量。从这个意义上讲，发达国家和发展中国家之间更为错综复杂的新一轮气候与政治博弈已经开始。

欧盟将对部分高耗能行业的减排成本进行补贴[②]

据欧洲媒体报道，2012年5月14日欧委会正在制定一项法规草案，拟允许成员国对14个高耗能行业因参与排放权交易系统ETS而增加的用电成本进行特殊补贴。初步行业名单包括：铝业，化工和肥料矿产品开采业，无机化工业，铅、锌、锡生产业，皮革服装业，钢铁业，纸业，肥料制造业，铜业，有机化工业，棉纺业，人造纤维业，铁矿石开采业，塑料生产业。最终决定将在两周内做出，法规正式实施后，欧委会还将进行定期监测，并对名单进行增删。从2013年1月至2020年，相关行业内的企业将有资格获得额外补贴，草案规定2013~2015年补贴强度不超过合理成本的85%，2016~2018年不超过80%，2019~2020年不超过

[①] 新华社，2012年5月27日。
[②] 商务部网站，2012年5月16日。

75%。这一做法完全符合现有法规，欧盟 ETS 指令规定成员国可对因减排而面临重大"碳泄漏"风险的行业进行资金补贴。"碳泄漏"指高耗能行业为规避减排成本而迁出欧盟。

碳市场价格左右欧盟环保目标[①]

西班牙安迅能源公司称，欧盟可能无法达成其环保目标，除非设法将其碳排放交易体系下的碳价格推高至现价的 3 倍左右。据路透社报道，欧盟委员会主席巴罗佐以及欧盟执行委员会的其他一些高级官员日前会见了安迅能、荷兰皇家壳牌、联合利华、飞利浦、德国电信和沃达丰等企业的负责人。这些企业重申了希望对可再生能源和碳减排设置积极目标的要求，并希望迅速得到市场反馈，以提高碳价格。

页岩气帮助美国大幅减排[②]

国际能源署（IEA）的数据显示，美国与能源相关的二氧化碳（主要温室气体）排放在过去五年里减少 4.5 亿吨。美国的页岩气繁荣是导致该国碳排放大幅下降的重要原因，发电企业纷纷放弃煤炭，改用廉价的天然气（页岩气）。

页岩气已经转变了美国能源格局，其产量飙升，将价格压低至 10 年低位，并提升了各方对于产业复苏的期许。但这也是一场激烈环保辩论的主题，批评人士指控，页岩气开采流程可能污染地下水。

世行建议中国城市规划考虑低碳要求[③]

世界银行在 2012 年 5 月 3 日发表《中国可持续性低碳城市发展》报告中提出，中国要实现低碳增长，城市需要在多条战线同时行动。由于碳排放与城市的形态密切相关，因此，影响土地利用和空间发展的措施最重要。

据估计，城市产生的与能源有关的温室气体占总排放量的 70%。报告称，鉴于未来 20 年中国预计将增加 3.5 亿城市居民，行动刻不容缓。报告提出，空间发展具有很强的"锁定"效应：城市一旦发展和确定了自身的形态，要想重新改造几乎是不可能的。报告强调，需要针对具体

[①] 人民网，2012 年 5 月 9 日。
[②] 英国《金融时报》，2012 年 5 月 24 日。
[③] 财新网，2012 年 5 月 4 日。

部门的具体问题采取措施,特别是针对能源、交通以及水资源、废弃物管理等市政服务采取具体措施。

政治考量和高昂成本成全球绿色经济的拦路虎①

经济学家和科学家 2012 年 6 月 20 日称,创建全球绿色经济的主要障碍来自政府缺乏政治意愿,政治人物担心成本增长招致选民反对,以及全球碳排放价格缺失。

"绿色经济不是免费的午餐。它耗资巨大,但是如果不去做,代价更高,"美国经济学家、哥伦比亚大学地球研究所的主管称。英国气候经济学家 2008 年牵头撰写的报告估计,为了避免遭遇气候变化导致的最坏影响,需要投入相当于全球生产总值 2% 的资金。若坐以待毙,气候变化导致的总成本将相当于每年丧失全球生产总值的 5%。若考虑更宽范围的影响和风险,该比例将上升至 20%。很多专家称,设定全球碳交易价格将促使大量资金流向清洁技术,并帮助发展中国家适应气候变化。

欧盟能源法律为建筑业新碳市铺路②

欧盟即将颁布的节能法律将允许成员国实施政府间的碳市场来帮助他们在建筑行业减排。欧盟立法机构在上周通过的能效指令协定规定,欧盟政府将允许购销国家持有与公共建筑节能挂钩的碳排放权。如果该新兴市场出现,可能与《京都议定书》管辖的碳市场重复且可取而代之。

英国将强制企业公布碳排放数据③

据路透社报道,自 2013 年起,在伦敦证券交易所注册的企业将被强制要求公布其温室气体排放,此举将使股票价格与二氧化碳的排放成本挂钩。

该规定将由英国副总理尼克·克莱格在近日举行的"里约+20"可持续发展峰会上正式对外公布。从明年 4 月起,将有 1800 家企业必须在其盈利报告中公布碳排放情况;到 2015 年,所有大型企业都将遵守该规定。克莱格指出:"对企业而言,有效地使用资源是自身发展的一个重要需求。虽然现在企业家十有八九都会表示,可持续发展是企业成功的根

---

① 路透社,2012 年 6 月 21 日。
② 中国低碳网,2012 年 6 月 25 日。
③ 人民网,2012 年 6 月 24 日。

基,但只有一两成会真正记录自身的能源消耗情况。"

然而,英国环境管理与评价研究院表示,该计划要想真正发挥全部效力,必须将所有约 2.4 万个大型企业全部囊括在内。

美国用"绿色信用"破解新能源车推广难题①

2011 年,全美电动汽车销量大幅攀升,从 2010 年的不足 500 辆急剧增加到 1.8 万辆。在此背景下,对一些汽车生产商来说,出现了一个新兴的且方兴未艾的生财之道——出售"绿色汽车信用"。

为了更好地落实《空气清洁法案》的相关规定,加州政府要求汽车厂商增加零排放汽车在本州的销售数量,每个汽车厂商所销售的绿色汽车必须占总销售量的一定比例。对那些目前尚无法满足这一配额的汽车制造商来说,就需要从新能源汽车厂商——"绿色汽车信用"剩余大户中购买适量的信用。根据有关规定每销售一辆能够允许在 100 公里范围内充电以及配备了标准充电设施的电动汽车,就可以获得 3 个单位的信用额度;而每销售一辆续航距离远、充电速度更快的特斯拉跑车则可以获得多达 7 个信用额度。根据加州的《空气质量法案》,未能获得(或者购买)足够信用额度的汽车制造商,将会面临被罚款甚至被禁止在该州销售汽车的惩罚。

欧委会启动"欧洲研发区"计划应对气候变化等挑战②

2012 年 7 月 17 日,欧委会公布实现"欧洲研发区"的具体步骤,以及成员国必须采取的具体举措。

"欧洲研发区"指在欧洲范围内形成研发的统一大市场,目标是促进区内研发人员和机构跨边界的自由流动、竞争和合作,提升成员国的研究开发能力,增强竞争力,以应对气候变化、食品能源安全、公共健康等挑战。为达此目标,欧委会还和有关研究机构与研究资助机构签署了谅解备忘录。

中国人均碳排放量已接近欧洲水平　美国仍高居首位③

英国《卫报》日前报道说,中国在 2006 年已经成为世界上最大二氧

---

① 《科技日报》,2012 年 6 月 14 日。
② 商务部网站,2012 年 7 月 19 日。
③ 国际在线,2012 年 7 月 23 日。

化碳（温室气体）排放国，但当时中国的人均碳排放量还远低于欧美发达国家。不过，据欧洲相关机构的研究报告，中国目前的人均碳足迹已经和欧洲平均水平看齐。但即便如此，仍有英国研究机构认为，在分析相关数据时，应考虑"中国有近五分之一的碳排放量是由于国际货物进出口造成的"这一因素。更何况，同一份报告仍指出，美国依旧是世界头号人均碳排放大国。

所谓"碳足迹"，指的是由企业机构、活动、产品或个人通过交通运输、食品生产和消费、能源使用以及其他过程引起的温室气体排放的集合。通常所有温室气体排放用二氧化碳当量来表示。

荷兰环境评估机构（PBL）和欧盟联合研究中心（JRC）18日发布最新研究报告称，中国人均碳排放量（温室气体二氧化碳）在2011年同比上涨了9%，达到每人7.2吨，这离欧盟成员国人均碳排放7.5吨来说仅有一步之遥。

报告分析说，尽管当年中国碳排放总量要高出美国80%左右，但美国仍以人均17.3吨的排放量高居全球人均碳排放量的榜首。

欧盟推出城市交通奖励计划[①]

欧盟委员会日前推出一项为期3年的活动，旨在为整个欧洲经济区的可持续城市交通计划提供鼓励和支持。据报道，该活动将覆盖31个国家，包括欧盟27个成员国以及冰岛、列支敦士登、挪威和克罗地亚。欧盟表示，该活动的中心目的是推动不同的运输方式进行优势整合，以此来应对交通拥堵和污染。

负责交通事务的欧盟委员会副主席西姆·卡拉斯表示："我们要鼓励人们改变在城市中穿梭的方式，我们的口号是邀请人们选择正确的组合方式。"通过参与奖励活动，个人以及团体都可以从欧盟委员会获得高达7000欧元的财政补贴。

此外，本次活动还开放了一个注册系统，申请人可以将其促进城市交通的行动提交至该系统。基于各自的可持续城市交通计划，奖励活动还将为欧盟各城市提供奖金。

欧盟能源专员：低碳经济不能有损工业对GDP的贡献[②]

欧盟能源事务专员厄廷格近日发表专栏文章称，欧盟低碳经济政策

---

① 人民网，2012年7月10日。
② 德国《商报》，2012年7月16日。

不能无视区域内的经济基础，应在到 2020 年完成"3 个 20%"的目标上再加上一个目标。

欧盟计划到 2020 年能源效率提高 20%，碳排放减少 20%，可再生能源比例提高到 20%。厄廷格认为还应加上工业对 GDP 的贡献达到 20% 这一目标，该比例已经从 2000 年的 22% 下降到 2010 年的 18%。"我们需要出台战略对欧洲进行再工业化"，厄廷格说。

澳大利亚正式实施碳税法[①]

随着新财政年度的开始，澳大利亚 2012 年 7 月 1 日正式实施具有巨大争议的碳税法。

澳大利亚政府称，实施碳税法是澳大利亚应对气候变化的义务。澳大利亚是发达国家中人均污染最严重的国家。

澳大利亚反对党强烈抵制工党政府的碳税政策。自由党—国家党联盟领袖艾伯特说，征收碳税不但推高物价，加重民众的生活负担，还会造成企业因成本上升而削减就业机会。由于担心碳税法对生活和就业的影响，很多民众也极力反对碳税法。1 日，悉尼有数千民众举行抗议示威。

澳大利亚碳税法于 2011 年 11 月由议会通过，对约 500 个碳排放最严重的企业强制性征收碳排放税，每吨 23 澳元（约 24 美元）。这一价格为世界上类似法案的最高法定价格，欧盟国家对碳税的定价一般为每吨 8.7~12.6 美元。

澳大利亚、欧盟将对接碳排放交易体系[②]

澳大利亚气候变化和能源效率部长 2012 年 8 月 28 日表示，澳大利亚已与欧盟达成协议，同意对接双方的碳排放交易体系。

按照该协议，双方的碳排放交易体系将于 2015 年 7 月 1 日开始对接，澳大利亚的碳排放价格将与欧盟一致；2018 年 7 月 1 日前彻底完成对接，即双方互认碳排放份额。

为了实现与欧盟交易体系的对接，澳大利亚将对现有碳排放交易体系作出两项调整。一是取消每吨 15 澳元（约合 15.6 美元）的最低限价。二是对使用《京都议定书》框架内的排放份额进行限制。

---

① 《人民日报》，2012 年 7 月 2 日。
② 新华网，2012 年 8 月 28 日。

德国希望加强同中国在沼气发电领域的合作[①]

德国世界报网站 2012 年 8 月 27 日消息，中国饲养的牲畜近 8 亿头，其中大量是供人们食用的猪、牛和鸡等，饲养这些牲畜将产生大量的粪便。目前这些牲畜粪便主要用于田间施肥，如果中国政府允许的话，完全可以利用它们发电。至 2015 年中国将出现约 70000 家小型沼气电厂和 8000 家大型沼气电厂。德国公司可向中国出口设备组件和技术。德国国际合作公司（GIZ）中国中心负责人称：中国利用牲畜粪便发电潜力巨大。每年中国农村将产生 2900 亿立方米的沼气，如果这些沼气被用于发电，将满足中国电力需求的 7%。德国目前有近 7000 家沼气电厂，其沼气发电技术处世界领先水平，中国可以借鉴。

德国拟改革绿色电力上网电价补贴[②]

德国环境部长阿尔特迈尔 2012 年 8 月 16 日暗示，德国可能在中期内取消针对可再生能源发电的绿色电力上网电价补贴，可再生能源企业应学会"自力更生"。

所谓绿色电力上网电价补贴，是指德国法律就可再生能源发电的入网价格作出规定，电力运营商需优先、按规定价格收购这些绿色电力。不过，电力公司高价收购电力的成本最终还是会分摊到消费者身上。

随着可再生能源迅速推广，电价也随之被推高，德国社会反对高昂电价的声音不绝于耳。阿尔特迈尔一再强调，要让民众"买得起电"，他将在下个月就上网电价补贴改革征求意见。

法国对低排放汽车发放"环保补贴"[③]

法国政府《官方公报》刊登政令，从 2012 年 8 月 1 日起，对低排放汽车发放"环保补贴"。此项政令是根据 7 月 25 日政府生产振兴部长蒙特布尔向内阁提交的《汽车产业扶持政策》方案制订的。政令规定，对温室气体（二氧化碳）排放量较低的汽车，发放环保补贴。政令还规定，对政府机构，以及法人购买或租赁购买的低排放汽车，同样发放补贴。此前，政府已经宣布，今后采购汽车的 25% 必须是电动汽车，或者混合

[①] 商务部网站，2012 年 8 月 28 日。
[②] 新华社，2012 年 8 月 17 日。
[③] 驻法国使馆经商处，2012 年 7 月 31 日。

动力汽车,此项政策同样适用于地方政府,目标是将政府每年采购电动和混合动力汽车的数量增加至1.1万辆,大约占政府每年采购汽车总量的二分之一。

另据报道,发放上述环保补贴每年大约需要耗资4.9亿欧元,其来源将是对高排放汽车征收的附加费,即对每公里二氧化碳排放量超过180克的汽车加倍征收附加费。具体的相关规定,将在《2013年财政法》当中予以明确。

英国资助中小企业采用低碳科技[①]

欧洲动态2012年8月24日报道,英国能源部大力提倡"向低碳革新注入现金"活动,日前启动了第一阶段近2000万欧元项目资金,鼓励、资助中小企业在建筑物控制系统、照明系统、供热与制冷系统等方面采用低碳技术。报道提到,首批资金中还包括研发与采用燃料电池、热泵等制能与储能技术。文章提到,英国政府为中小企业低碳技术革新设立专项资金4400万欧元,第二阶段项目资金将于2013年初启用。文章引述英国能源部长巴克尔的话称,通过项目资金可以帮助企业家实现低碳技术成果从图纸向家庭、产业转化,有助于降低碳排放并促进企业在市场中成长。

全球清洁发展机制的"核证减排量"突破10亿[②]

《联合国气候变化框架公约》秘书处2012年9月7日宣布,根据《京都议定书》确立的清洁发展机制所签发的"核证减排量"将达10亿个,这是全球在减少温室气体排放上的一个重要里程碑。

第10亿个核证减排量将发给印度的一家工厂,该工厂由使用煤炭和燃油转为使用当地收集的生物质燃料,从而每年减少近18000吨二氧化碳气体的排放,相当于3100辆轿车每年二氧化碳排放量的总和。目前,全球共有超过4500个已注册的清洁发展机制项目,覆盖75个发展中国家。

澳大利亚启动立法工作拟2015年与欧盟碳市场接轨[③]

据《澳洲日报》报道,澳大利亚联邦政府已经开始着手进行将澳洲

---

① 商务部网站,2012年8月28日。
② 联合国新闻网,2012年9月10日。
③ 驻澳大利亚使馆经商参处,2012年9月21日。

首创的碳税与碳市场机制的与欧盟碳市场接轨的工作，相关的立法工作也已经启动。

澳政府称在议会中引进了 7 份提案，以在澳洲的固定碳价于 2015 年 7 月份结束后，与欧洲的碳市场接轨。这一接轨也意味着背负有碳税责任的澳洲商人不仅可以在澳洲碳市场，而且可以在欧洲碳市场上购买碳排放单位，并有权排放等量的温室气体。

挪威将实施碳排放补偿计划防止企业外迁[①]

挪威政府 2012 年 9 月 11 日宣布，将从 2013 年 7 月起，针对能耗较大的企业实施碳排放补偿计划，以防止这些企业外迁到对环保要求较低的国家。

挪威首相在一项声明中说，实施这一计划的目的是防止挪威相关企业把生产线迁移到对气候规则要求较低的国家。预计这项计划每年将耗费 50 亿挪威克朗（约合 8700 万美元），并会随着排放价格的变化而发生变化。据悉，这项计划将持续到 2020 年为止，主要将影响挪威的炼铝、化工、造纸、钢铁等行业的 80 家高能耗企业。

加拿大出台法规限制煤电业温室气体排放[②]

加拿大环境部 2012 年 9 月 5 日宣布，加拿大正式出台关于减少煤炭发电行业二氧化碳气体排放的法规，以推进减排努力。

肯特在一份声明中说，新法规规定，煤炭发电行业二氧化碳气体排放的标准与天然气和可再生能源行业一致，同为每百万千瓦时排放 420 吨。

据统计，煤电只占加拿大发电总量的约 15%，但其温室气体排放量却占发电行业总量的约 77%，占全国温室气体排放总量的 11%。

美国征收碳税 10 年内预算赤字或可减半[③]

路透碳点 2012 年 9 月 25 日引用美国国会研究服务中心的报告称，如果美国向每吨碳排放征收 20 美元的税收，未来 10 年美国预算赤字可能将减少 50%。

---

① 国际在线，2012 年 9 月 12 日。
② 新华网，2012 年 9 月 6 日。
③ 凤凰财经，2012 年 9 月 27 日。

该报告称，这一税收 2012 年将大约带来 880 亿美元的收入，2020 年将增至 1440 亿美元。未来 10 年中，将把美国债务削减 12%～50%。

绿色气候基金秘书处所在地选定韩国①

联合国绿色气候基金 2012 年 10 月 20 日在仁川松岛会展中心举行第二次理事会会议，会议通过投票决定仁川松岛为联合国绿色气候基金秘书处所在地。

据悉，联合国绿色气候基金临时秘书处将从 2013 年 2 月开始分阶段搬迁，预计 2013 年年内正式挂牌成立。根据韩国在申办申请书上提出的承诺，韩国将从 2014 年至 2017 年以信托基金的形式向联合国绿色气候基金援助 4000 万美元。

欧发布"2020 战略"五大量化指标完成情况②

近期，欧洲统计局发布了"2020 战略"五大量化指标完成情况。根据数据，大部分指标按照预定目标取得进展。

其中，气候变化和能源方面包括三个主要指标：一是温室气体排放量。目标为 2020 年排放量较 1990 年减少 20%，截至 2010 年，排放量较 1990 年已减少 15%。二是可再生能源利用率。目标为在 2020 年将可再生能源在欧盟能源消耗总量中所占比例提高到 20%，目前，该指标已由 2004 年的 8.1% 提升至 2010 年的 12.5%。三是能源利用率。目标为 2020 年使欧盟初级能源消费量降至 1474 百万吨油当量，目前，该指标已由 1990 年的 1560 百万吨油当量升至 2010 年的 1650 百万吨油当量。

全球经济放缓并未相应减缓温室气体排放③

当经济发展时，温室气体排放量也随之大增；但当经济衰退时，温室气体排放量却并没有相应迅速下降。一项新的研究显示，这有可能是因为在经济衰退时，人们仍固守着他们在繁华时期的高碳生活方式。

这项上周一发表于《自然气候变化》月刊上的研究报告打破了许多政府期盼经济衰退至少可以让本国温室气体排放量大幅减少的期望。

俄勒冈大学的理查德·约克在这篇报告中写道，GDP 每上升 1%，温

---

① 新华网，2012 年 10 月 22 日。
② 商务部网站，2012 年 10 月 5 日。
③ 人民网，2012 年 10 月 15 日。

室气体的主要成分二氧化碳的排放量平均上升0.73%。但根据世界银行从1960年至2008年在150个国家搜集来的数据显示，GDP每下降1%，二氧化碳排放量只下降0.43%。

日本开征"环境税"[①]

2012年10月1日起，日本开始对石油、天然气等化石燃料征收"地球温暖化对策税"，即环境税。所征环境税将主要用于节能环保产品补助、可再生能源普及等。现阶段环境税征收标准分别为每千升石油或每吨天然气、煤炭250日元（约合3.2美元）、260日元（约合3.3美元）、220日元（约合2.8美元）。2014年度和2016年度还将分阶段提高征收标准。预计到2016年度，每年可征收环境税2623亿日元（约合33.7亿美元）。日本环境省预计，开征环境税后，到2016年，每个家庭每年的能源开支将因此增加1228日元（约合15.8美元）。

德国绿色电价涨幅将达47%[②]

德国四大电网运营商15日宣布，2013年起，将提高"绿色电力分摊费"至每千瓦时5.277欧分，涨幅达到47%。

为促进太阳能、风能、生物能等可再生能源发展，按时实现"弃核"目标，德国政府出台了《可再生能源法》，规定电网运营商必须以较高的固定价格，优先收购可再生能源发的电。而最终，需要为这一高价埋单的则是普通消费者，每名消费者需在普通电费的基础上额外交付"绿色电力分摊费"。

多哈气候大会：资金问题成各方关注焦点[③]

联合国气候变化框架公约第18次缔约方会议和京都议定书第8次缔约方会议，于2012年11月26日在卡塔尔首都多哈开幕，来自全球近200个国家和地区的代表将围绕如何确保《京都议定书》第二承诺期和减排目标的实现、如何落实德班气候大会成果，以及发达国家对发展中国家的资金和技术援助承诺何时兑现等重要议题展开谈判与商讨。开幕式上，资金问题成为各方关注焦点。

---

① 新华网，2012年10月1日。
② 新华社，2012年10月17日。
③ 《经济日报》，2012年11月28日。

欧盟将对碳排放交易配额"限量保价"[1]

欧盟委员会日前建议,将 2013 年至 2015 年间欧盟境内可供交易的 9 亿吨二氧化碳排放配额予以冻结。欧盟方面认为,目前的碳排放配额交易价格太低,不足以弥补可再生能源领域的投资。

2008 年下半年以来欧洲经济持续不景气,制造业始终在低谷徘徊,企业生产活动减少,大量的配额"积存"在碳排放交易体系中,导致价格跌至目前的每吨 7 欧元。

ISO 碳足迹标准明年发布　大国将展开新一轮碳减排博弈[2]

国际标准化组织起草的 ISO14067 产品碳足迹国际标准(简称 ISO 碳足迹标准)的最终版草案稿将在明年年初确定,定稿将在明年年内发布。11 月 26 日接受记者采访的专家普遍认为,根据该标准最新版的征求意见稿,大国将展开新一轮碳减排博弈,该标准将为发达国家对华设置新的贸易壁垒和技术壁垒埋下伏笔。

参与 ISO 碳足迹标准专家咨询工作的中国世界经济学会副会长周茂荣接受记者采访时称,该标准旨在为产品碳足迹的量化、通报和核查制定更确切的要求,提供清晰和具有一致性的叙述方式,也许很快它就会成为一项有关碳足迹的评估、监测、报告和核查的国际通行标准。

中国标准化研究院资源与环境标准化研究所常务副所长林翎告诉记者,一旦 ISO 碳足迹标准正式发布,根据 WTO 的规则,该标准的出台将极有可能将碳税征收纳入到 WTO 的多边 TBT 体系框架内,届时中国将只能非常被动地接受这种多边机制,很难做出有效的反制措施。

专家指出,从根本上讲,中国打破欧盟贸易壁垒和技术壁垒的最好办法,仍然是加强国内的低碳能力建设。

联合国报告提出环境因素应纳入各国主权信用评估[3]

联合国环境规划署等机构 2012 年 11 月 19 日在伦敦发布一份报告,评估了环境变化对各国经济可能造成的影响,认为环境因素应被纳入对各国主权信用的评估之中。

---

[1] 新华网,2012 年 11 月 14 日。
[2] 《经济参考报》,2012 年 11 月 27 日。
[3] 新华社,2012 年 11 月 20 日。

这份报告名为《主权信用风险的新视角：把环境风险纳入到主权信用分析之中》。联合国副秘书长、环境规划署执行主任阿齐姆·施泰纳在报告前言中说，这份报告把自然资源面临的风险与各国经济状况及主权信用联系到一起，率先尝试了在用经济模型评估各国的主权信用风险时，加入自然资源的因素。

欧盟暂停对飞经的民用航班征收碳排放税①

欧盟委员会 2012 年 11 月 12 日建议在 2013 年秋季之前，暂停实施欧盟单方面采取的对进出欧盟国家的民用航班征收碳排放税的措施，同时希望届时召开的国际民航组织代表大会能够就解决这一问题达成一个多边协议。

这一建议由欧盟委员会负责气候事务的委员赫泽高宣布。她解释说，欧盟委员会建议暂停实施征收航空碳税，是因为已有迹象显示，国际层面就解决这一问题能够达成协议。赫泽高说，如果届时未能在此问题上达成协议，欧盟将恢复征收航空碳税，不会再提出新的建议。欧盟委员会同时宣布，仍将继续对欧盟境内航班征收航空碳税。

多哈气候大会通过一揽子决议②

当地时间 2012 年 12 月 8 日，多哈气候大会通过包括《京都议定书》修正案在内的一揽子决议。大会对《京都议定书》第二承诺期做出决定，要求发达国家在 2020 年前大幅减排并对应对气候变化增加出资。第二承诺期将按预期于 2013 年开始实施。

大会还通过四项决议：长期气候资金；《联合国气候变化框架公约》长期合作工作组成果；德班平台；损失损害补偿机制等。

英国推出太阳能和生物质能五年补贴计划③

为实现 2020 年绿色能源目标，英国政府日前推出了为期 5 年的太阳能和生物质能补贴计划，以期带动相关产业的投资。路透社认为，通过设定 2013 年至 2017 年的补贴标准，英国能源与气候变化部为投资者提供了足够的政策确定性，使得他们可以放心去投资新的太阳能和生物质能

---

① 新华网，2012 年 11 月 13 日。
② 新华社，2012 年 12 月 9 日。
③ 路透社，2012 年 12 月 26 日。

项目。新的补贴计划将于明年 5 月份开始实施。

英国政府希望，此举可以为生物质能项目带来至少 6 亿英镑的投资；生物质能开发商对政府的新计划表示欢迎，他们表示，新补贴计划可以释放数十亿英镑的投资。

新补贴计划将有助于英国实现其绿色能源目标，同时削减碳排放。不过，由于英国政府正在努力控制政府花费，同时其他技术的成本又不断降低，新补贴计划仍面临较大的资金压力。

今年美新增发电量中可再生能源贡献近半[1]

美国联邦能源监管委员会能源项目办公室发布的最新《能源结构报告》显示，2012 年 10 月份的美国新增发电装机容量中，包括生物质、地热能、太阳能、水能、风能在内的可再生能源占到 41.14%。今年前 10 个月，新增可再生能源装机占新增电力装机总量的 46.22%。

越南与挪威就"减少毁林和森林退化的排放"签署协议[2]

越南和挪威在联合国"减少毁林和森林退化的排放计划"于多哈气候变化大会期间举行的一个仪式上签署了协议，对越南实施第二阶段联合国相关计划提供 3000 万美元的支持。

越南自从 2009 年以来开始实施联合国"减少毁林和森林退化的排放计划"项目。作为计划首批试点国家，越南在过去四年当中，在减少毁林和森林退化的排放方面取得了许多积极进展。在越南政府和国际社会的共同努力下，该国森林植被覆盖面积已从 1990 年的 27% 提高到目前的 40%。下一期的目标是在 2020 年前将森林植被覆盖面积提高到 45%。

德国弃风现象严重[3]

2012 年 11 月 27 日，德国电网监管机构联邦网络管理局发布数据，2010 ~ 2011 年，未能接入上网的可再生能源发电量翻了 3 倍。据悉，2011 年德国弃掉的可再生能源发电量达到 421 吉瓦，而 2010 年仅为 127 吉瓦。

联邦网络管理局表示，上述现象主要是可再生能源无序发展和配套

---

[1] 《中国能源报》，2012 年 12 月 23 日。
[2] 联合国新闻网，2012 年 12 月 7 日。
[3] 《中国能源报》，2012 年 12 月 6 日。

电网建设缓慢造成的。例如，德国风电集中在国土北部，但因弃核出现巨大电力缺口的是南部地区。由于输电网络建设完全跟不上来，德国北部风电几乎全部空转，弃风现象非常严重。

在德国，可再生能源有权强制上网。因此，即便可再生能源上不了网，电网企业也必须向可再生能源发电企业支付费用。据上述机构统计，2011年，电网企业为闲置的可再生能源发电支付了3350万欧元。分析指出，尽管这笔支出与德国整个可再生能源领域的投资无法相提并论（2012年德国可再生能源领域投资总额为140亿欧元），但趋势令人担忧。

国内低碳资讯摘编

能源消费与 GDP 博弈　地方绷紧一根总量"弦"①

全国能源工作会议召开之际,由国家能源局牵头制订的"十二五"能源消费总量控制方案即将问世,将对我国经济社会产生重大影响。

能源消费控制目标给地方政府设定了一个不可触碰的"天花板",形成倒逼机制,能迫使地方减少对于高耗能产业的投资,加快调整各地产业结构,与节能减排相互促进,加速淘汰落后产能。能源消费总量控制方案一旦实施,意味着在单位 GDP 能源消费强度的变量控制基础上,将增加能源消费总量这一定量控制指标。这将有效抑制各地过分追求 GDP 而忽视能源消耗的现象发生,提高各地的经济发展质量,加快推进我国经济增长方式的转变。

全国公共机构"十二五"期间将推进十大节能工程②

为完成"十二五"时期公共机构节能目标,国务院机关事务管理局将会同有关部门同步推进绿色照明工程、零待机能耗计划、燃气灶具改造工程、节能与新能源公务用车推广工程等"十大节能工程"。

在绿色照明工程中,国管局将重点推广各类高效照明光源 2500 万只,推广配光合理、反射效率高、耐久性好的灯具和智能控制装置,实现办公区高效光源使用率达到 100%,LED 等半导体光源使用率达到 10% 以上。"十二五"时期形成 60 万吨标准煤的节能能力。

零待机能耗计划将通过严格控制政府采购办公设备的待机能耗标准,采用先进的电源管理技术,推广节能插座 1200 万个,有效降低待机能耗,

---

① 《中国经济导报》,2012 年 1 月 10 日。
② 新华社,2012 年 1 月 28 日。

年节约用电约 20 亿千瓦时，折合 64 万吨标准煤。

全国公共机构食堂每年消耗天然气和人工煤气约 20 亿立方米，而节能型灶具的使用比率不到 10%。"十二五"期间，国管局将推进燃气灶具改造工程，预计在公共机构推广应用节能型灶具 24 万台，使节能型灶具使用率达到 80% 以上，年节约天然气和煤气约 3 亿立方米，折合 36 万吨标准煤。

林业生物质能产业将进入高速发展期[①]

今后 10 年，我国林业生物质能源产业有望进入高速发展期。即将出台的《全国林业生物质能源发展规划（2011～2020 年）》（以下简称《规划》）明确了未来 10 年林业生物质能源的发展目标——到 2015 年，林业生物质能源占全国可再生能源的比例达 1.52%；到 2020 年，林业生物质能源占全国可再生能源的比例达 2%。

《规划》提出，"十二五"期间，我国林业生物质能源发展将强化良种繁育，发展乡土树种，积极引进适宜的能源植物，通过定向培育、定向利用，着力发展以固体成型燃料、生物柴油、生物质发电和燃料乙醇为代表的林业生物质能源产业。

《规划》同时明确了具体发展目标，到 2015 年，林业生物质能源替代 700 万吨标煤的石化能源，占可再生能源的比例达 1.52%，其中，生物质热利用贡献率为 90%，生物柴油贡献率为 10%。

《规划》特别指出，未来将鼓励和引导社会资本进入木本粮油和生物质能源产业领域，建立企业的原料林基地，给企业以资金和政策支持，提高产业发展的规模化、组织化程度，加快提升产业化水平。同时鼓励金融资本进入，鼓励金融机构开发适合产业特点的多种信贷融资业务，加大贷款贴息力度，完善贴息政策。

中国节能服务产业年产值突破千亿元[②]

由中国节能协会节能服务产业委员会（EMCA）主办的"中国节能服务产业 2011 年度峰会"日前在京举行。EMCA 主任吴道洪在峰会期间透露，2011 年，我国节能服务产业产值首次突破 1000 亿元，达到 1250.26 亿元，比上年增长 49.5%。节能服务产业规模增长强劲、前景乐观。

[①] 《中国科学报》，2012 年 1 月 31 日。
[②] 《经济参考报》，2012 年 1 月 17 日。

据了解，2006年，我国节能服务产业总产值只有82亿元，随后在国际、国内节能减排的大背景下，该产业步入发展快车道，2007年增长到216亿元，2009年增长至587亿元，2011年突破千亿元大关。截至2011年底，全国从事节能服务业务的公司数量约3900家，约有30家节能服务公司已经成功上市。行业从业人数也有大幅度增加，从2010年的17.5万人，增加到2011年的37.8万人。

武汉通过"节能监察办法"将推进企业节能减排[①]

为适应武汉市"两型社会"建设需要，2012年1月16日武汉市政府常务会原则通过《武汉市节能监察办法》（以下简称《办法》），该办法的出台对武汉市加快推进新型工业化和新型城镇化，转变经济发展方式具有重要的意义。

《办法》明确提出从建设项目节能、设备节能、工艺节能、固定资产投资项目节能评估和审查、节能管理制度建立、用能设备能效、综合能耗、能耗定额落实等7个方面对节能监察内容予以规定。

《办法》规定，年综合能源消费总量五千吨以上的用能单位由武汉市节能行政主管部门实施节能监察。对被监察单位不如实提供相关材料，拒绝、阻碍或者隐匿、伪造、销毁、篡改相关资料和数据的行为，《办法》规定予以5000元以上10000元以下罚款，对构成犯罪的，依法追究法律责任。

银监会发布《绿色信贷指引》[②]

中国银监会近日下发《绿色信贷指引》，对银行业金融机构开展绿色信贷提出了明确要求，银行业金融机构应至少每两年开展一次绿色信贷的全面评估工作，并向银行业监管机构报送自我评估报告。

《指引》要求，银行业金融机构应大力促进节能减排和环境保护，从战略高度推进绿色信贷，加大对绿色经济、低碳经济、循环经济的支持，防范环境和社会风险，并以此优化信贷结构，更好地服务实体经济。

《指引》提出，银行业金融机构应重点关注其客户及其重要关联方在建设、生产、经营活动中可能给环境和社会带来的危害及相关风险，包括与耗能、污染、土地、健康、安全、移民安置、生态保护、气候变化

---

① 中国新闻网，2012年1月16日。
② 新华网，2012年2月24日。

等有关的环境与社会问题。

此外，还需建立绿色信贷考核评价和奖惩体系，公开绿色信贷战略、政策及绿色信贷发展情况。在绿色信贷的组织管理方面，《指引》要求，银行业金融机构"高级管理层应当明确一名高管人员及牵头管理部门，配备相应资源，组织开展并归口管理绿色信贷各项工作"。

北京银行"节能贷"放贷超 10 亿元[①]

节能减排企业终于迎来了"绿色金融"的强力支持。2012 年 2 月 19 日，记者从北京银行获悉，截至 2011 年底，北京银行"节能贷"产品已发放贷款 70 余笔，金额超过 10 亿元，初步估算年节能能力达 56 万吨标煤，实现年减排二氧化碳 140 万吨。

"真没想到，我们公司既没有抵押物、也没有其他担保人，就连专业担保公司都认为我们属于规模小、风险大的企业而不愿意担保，北京银行竟给了 240 万元贷款。"北京凝汽动力技术有限公司法定代表人李树生连连感慨。据了解，这家公司注册资本只有 385 万元，年利润总额仅一二百万元，但是却是余热回收再利用方面的行家。李树生介绍说，公司研发并拥有蒸汽回收利用技术领域内 10 项发明专利、12 项实用新型专利。

"在节能减排中，一些中小企业自身尚处于成长阶段，注册资金少，规模小，缺少抵押物，在经营方面又存在着轻资产、项目周期长等特点，根本无法满足银行最基本的贷款条件。"北京银行董事长闫冰竹表示，北京银行 2007 年与国际金融公司（IFC）签署能效融资合作协议，成为全国首家与国际金融公司共同推出节能减排融资项目贷款的城市商业银行。

银行停放两高一剩新项目贷款[②]

在银监会明确要求商业银行限制对"两高一剩"行业贷款后，早报记者昨日获悉，多家银行已对水泥、钢铁行业的新建项目停贷，但对于涉及此类行业的降低能耗的融资项目，部分银行表示仍"敞开来供应"。

所谓"两高一剩"，指的是高污染、高耗能及产能过剩等行业，水泥行业、钢铁行业均被纳入这个范畴。

此后，银监会于 2012 年 2 月 24 日发布的《绿色信贷指引》进一步提出，银行业金融机构对国家重点调控的限制类以及有重大环境和社会

---

① 《北京日报》，2012 年 2 月 20 日。
② 《东方早报》，2012 年 2 月 28 日。

风险的行业制定专门的授信指引，实行有差别、动态的授信政策，实施风险敞口管理制度。

中国提出建农村低碳生活方式传播农业清洁生产技术[①]

国家发改委近日会同财政部等17部委共同制定《"十二五"节能减排全民行动实施方案》，广泛动员全社会参与节能减排。我国是农业大国，推动农业和农村节能减排工作，有利于优化能源结构，缓解国家能源压力，《方案》提出，构建农村低碳生活方式，传播农业清洁生产技术。

《方案》表示，将普及推广《农业和农村节能减排十大技术》为重点，进村入户，开展技术咨询、宣传培训和生产指导，贯彻落实国家节能减排政策，推广农业和农村节能减排适用技术和产品，帮助农民树立节能减排新理念，使农民真正成为节能减排的主体。通过促进农村畜禽粪便、农作物秸秆、生产垃圾和污水向肥料、饲料、燃料转化，实现经济、生态和社会效益的统一；通过集成配套推广节水、节肥、节能等实用技术和工程措施，净化水源、净化农田和净化庭院，实现生产发展、生活富裕和生态良好，逐步改变农村脏、乱、差的现状，推动资源节约型和环境友好型新农村建设。

中国将在上半年推出居民阶梯电价[②]

国家发展和改革委员会副主任彭森2012年3月28日表示，居民阶梯电价要在今年上半年推出。

彭森介绍说，中国居民用电中，大约5%的高收入家庭消耗了24%左右的居民用电，10%的高收入家庭消耗33%的居民用电。阶梯电价在电量分档上做了长期论证，对于"一档"电价所覆盖的80%的居民家庭，电价保持平稳，对于困难群体还给予免费电量；只有电量消耗高于当地平均水平一定幅度，才开始实施"二档"、"三档"不同电价，其中"二档"每度电价提高5分钱，"三档"提高3角钱。

住建部：大规模推进绿色建筑与建筑节能的时机已成熟[③]

住房和城乡建设部副部长仇保兴29日在第八届国际绿色建筑和建筑

[①] 中国网，2012年2月7日。
[②] 新华网，2012年3月28日。
[③] 新华网，2012年3月29日。

节能大会暨新技术与产品博览会上表示，大规模推进绿色建筑与建筑节能的时机已经成熟，需多举措并行推动绿色建筑和建筑节能发展。

仇保兴说，如果维持每年新增绿色建筑项目 300 个，"十二五"期间将节能 25.5 亿千瓦时，减排二氧化碳 229.8 万吨。此外，标准体系的逐步建立，太阳能光伏、LED 价格的逐步下降都为绿色建筑和建筑节能发展提供了良好条件。

仇保兴介绍，推动绿色建筑和建筑节能发展，首先要提高新建建筑的绿色建筑比例。要加强规划管理，提供优惠政策，同时依托生态城建设强制实施绿色建筑，要求新建生态城区 80% 的新建建筑应为绿色建筑。

仇保兴表示，要推动保障房建设率先执行节能和绿色建筑标准。目前，深圳、厦门等地已率先提出新建保障房全部为绿色建筑。2014 年起，所有直辖市、计划单列市及省会城市建设的保障房将实施绿色建筑标准。

重庆碳排放指标将分解到 38 个区县[①]

"十二五"期间，重庆市二氧化碳排放量要比 2010 年降低 17%，而这一指标将分解到 38 个区县。近日，记者从重庆市发改委了解到，重庆市将对各个区县进行主体功能划分，确定各个区县的主体功能定位后，再把相应的碳排放指标分配到各个区县，目前还在积极研究各个区县碳排放的分配方案和分配细则。

重庆市发改委主任杨庆育在接受媒体采访时表示，重庆有 8.24 万平方公里，划分为 38 个区县，不管是中央企业、市属企业还是区县自己的企业，都在这 38 个区县里面，是被全覆盖的，所以把碳排放总量按照各区县的实际情况进行分解，以此确保碳排放的目标能实现。

上海银行业全方位开展绿色信贷工作[②]

截至 2011 年末，上海 19 家主要中资银行绿色低碳行业表内授信余额为 330.21 亿元，比年初增加 20.56 亿元，增长 6.64%；表外业务余额 278.26 亿元，比年初增加 52.67 亿元，增长 23.35%。绿色低碳行业不良贷款 0.62 亿元，比年初减少 0.37 亿元；不良率为 0.23%，比年初降低 0.13 个百分点。

上海银行业从战略定位、规制建设、流程管理、产品创新和监测分

---

① 《重庆时报》，2012 年 3 月 7 日。
② 中国低碳网，2012 年 3 月 19 日。

析等方面开展绿色信贷工作,取得显著成效。如交行上海市分行推进"绿色信贷"工程建设,对所有授信客户进行绿色、黄色、红色"三色七类"环保标识分类。截至2011年末,交行上海市分行1933家授信客户环保标识均为绿色,无黄色和红色客户。其中,新增支持大中型绿色环保企业40多家,给予信贷额度支持超过80亿元;浦发银行上海分行率先推出了首个针对低碳经济的创新型服务方案"绿色信贷综合服务方案",具体包括法国开发署能效融资方案、国际金融公司能效融资方案、清洁发展机制财务顾问方案、绿色股权融资方案和专业支持方案,已形成覆盖绿色产业链上下游的金融产品体系;2011年11月,兴业银行上海分行与上海环境能源交易所正式签署战略合作协议,共同为建立全国碳交易市场进行先行探索,这是上海环境能源交易所与银行金融领域的首度战略合作。

油气蓝皮书称中国去年原油对外依存度达55.2%[①]

2012年3月26日,在中国石油企业协会和中国石油大学油气产业研究中心举办的《中国油气产业发展分析与展望报告蓝皮书(2011～2012)》发布会上,中国石油企协专职副会长兼秘书长彭元正表示,随着我国油气对外依存度的日益上升和外部环境不确定性加剧,迫使中国必须加强能源独立。

该蓝皮书显示,去年我国原油净进口2.5亿吨,对外依存度达55.2%,同比增加1.5个百分点,主要进口来源国达24个,前三位分别是沙特阿拉伯(19.6%)、安哥拉(12.1%)和伊朗(10.9%);天然气净进口281.8亿立方米,对外依存度达21.56%,同比增加9.4个百分点。

中国"十二五"期间将实施可再生能源配额制[②]

2012年4月13日在中国新能源高峰论坛上,国家能源局新能源和可再生能源司副司长梁志鹏透露:"十二五"期间,国内要建立和实施可再生能源配额制,即按各地电力消费总量来规定可再生能源比例。这被认为是在风电大规模发展暴露出风电上网难、浪费严重等问题后,政府对可再生能源的政策调整。

对于配额制,就是按各地电力的消费总量来规定可再生能源比例,

---

① 《南方日报》,2012年3月27日。
② 《新京报》,2012年4月16日。

并以此为标准进行考核。据了解，下一步发改委将根据各省份经济具体情况，将配额下发至各省份。《可再生能源电力配额管理办法》有望在今年上半年出台。

电监会推动可再生能源发电全额保收[1]

国家电力监管委员会输电监管部副主任陈涛在第六届中国新能源国际高峰论坛上表示，电监会将采取措施推动可再生能源发电全额保障收购。据介绍，目前电监会正在与能源局联合开展"风电、太阳能发电、小水电消纳调研工作"，并正在制定适合新能源发电特点的《购售电合同》和《并网调度协议》合同示范文本，以规范风电、光伏发电企业与电网的并网收购结算行为。但他表示，我国可再生能源发电全额保障性收购面临着发电项目接入电网、发电调度运行以及发电费用结算等方面问题。

工信部下达 19 行业淘汰落后产能目标[2]

2012 年 4 月 26 日，工信部下达 2012 年 19 个工业行业淘汰落后产能目标任务。其中，炼铁 1000 万吨、炼钢 780 万吨、焦炭 2070 万吨、铁合金 289 万吨、电石 112 万吨、电解铝 27 万吨、铜冶炼 70 万吨、铅冶炼 115 万吨、锌冶炼 32 万吨、水泥（熟料及磨机）21900 万吨、平板玻璃 4700 万重量箱、造纸 970 万吨、酒精 64 万吨、味精 14.3 万吨、柠檬酸 7 万吨、制革 950 万标张、印染 28 亿米、化纤 22 万吨、铅蓄电池 2000 万千伏安时。

上海首创零碳信用置换平台　碳减排并非大企业专利[3]

上海环境能源交易所与上海零碳中心联合推出了中国第一个零碳信用置换平台，为所有企事业单位及个人提供方便、快捷、低偿的碳信用置换及碳中和服务。

据零碳信用置换平台 CEO 戴永彧介绍，这个平台由碳计量、碳置换、碳交易三大系统组成，其中碳计量是零碳公司的专擅业务，涵盖碳减排咨询、碳计量专业服务到辅导核证全程。碳置换通过先进的 IT 技术，实现碳减排量数据交换、流转，形成企业与个人、线上与线下的互动。碳

---

[1] 《中国证券报》，2012 年 4 月 13 日。
[2] 《经济参考报》，2012 年 4 月 27 日。
[3] 《中国环境报》，2012 年 4 月 27 日。

交易则依托国内规模最大的碳交易中心——上海环境能源交易所进行。

北京市逐步停用白炽灯[①]

2015年底前,北京市将逐步淘汰宾馆、饭店、商场、商用写字楼的白炽灯。市发改委近日正式印发公布经市政府同意的《北京市淘汰普通照明白炽灯行动计划(2011~2015年)》。

《行动计划》提出目标:到2015年,北京市停止进口、销售15瓦及以上白炽灯,公共机构、宾馆、饭店、商场、商用写字楼、工业企业等生产营业性单位停止使用白炽灯,节能光源及高效灯具广泛采用,废旧光源回收处理体系基本建立,有利于绿色照明发展的市场环境和政策体系基本形成。

能源消费总量控制方案近期有望出台[②]

国家能源局副局长吴吟2012年5月23日在第十五届科博会中国能源战略高层论坛上表示,目前合理控制能源消费总量方案已经通过国家发改委主任办公会审议,正在按照审议的意见来修改完善,下一步将报国务院批准。

此前,有媒体报道,"十二五"期间我国能源消费总量目标暂定控制在41亿吨标准煤左右。据介绍,目前我国能源政策机制尚未完善,能源价格没有完全反映资源稀缺性、不可再生成本和环境污染治理成本,特别是终端能源价格偏低,造成能源资源过度开采、浪费使用和低效率配置。去年,我国新增能源消费2.3亿吨标煤。

节能新政可拉动消费4500亿元 年节能1200万吨标煤[③]

国务院常务会议2012年5月16日研究确定了促进节能家电等产品消费的政策措施,决定中央财政安排363亿元,用于推广节能家电、高效照明、节能汽车和高效电机四大类产品。国家发改委有关负责人表示,此举可一举两得,既能稳定增长、扩大内需,又能促进调整结构、节能减排,预计将拉动消费需求约4500亿元,年节能约1200万吨标准煤,其中节电约323亿千瓦时。

---

① 《北京晨报》,2012年4月24日。
② 《上海证券报》,2012年5月24日。
③ 《人民日报》,2012年5月18日。

财政部副部长：财政推进节能减排明确八大重点[①]

在日前举行的全国财政节能减排工作会议上，财政部副部长张少春提出了今年下半年和明年财政推进节能减排的主要任务：一要加强政策综合集成，扎实做好节能减排财政政策综合试点工作；二要结合当前经济和产业形势，突出抓好扩大节能环保产品消费和国内光伏发电规模化应用；三要全面深入推进节能减排重点工程建设；四要支持做大做强节能环保产业；五要加快培育发展新能源汽车；六要加快发展新能源和可再生能源；七要大力发展循环经济和清洁生产；八要深入推进节能减排市场化长效机制建设。

银监会："绿色信贷"将纳入考核 确保政策落实到位[②]

2012年5月16日，中国银监会副主席王兆星在北京举办的新兴市场绿色信贷论坛上表示，为确保绿色金融政策落实到位，银监会将加强非现场监管和现场检查，并定期对金融机构实施绿色金融的情况进行评估，将评估结果作为金融机构监管评级、高管履职评价等考核内容。

"十二五"期间万家节能企业将享多重财政优惠[③]

国家发改委环资司节能处处长陆新明2012年5月23日表示，"十二五"期间，国家发改委将开展万家企业低碳活动，将有1万7千家企业参与其中，这些企业将一起"分羹"国家财政奖励项目，以及国家节能技术改造成本奖资金。这些企业将享受多项国家财政政策的支持鼓励，其中包括积极探索开展节能量和碳排放量的交易，利用市场的机制来促进企业实现"十二五"确定的节能目标。另外，鼓励万家企业通过已建立能源管理体系为基础，强化节能目标责任能效对标、能源管理和报告等四项制度来推进万家企业"十二五"节能目标的实现。

国家发改委印发《温室气体自愿减排交易管理暂行办法》[④]

为保障自愿减排交易活动有序开展，调动全社会自觉参与碳减排活

---

① 财政部网站，2012年5月29日。
② 新华社，2012年5月16日。
③ 新华网，2012年5月25日。
④ 气候变化信息网，2012年6月21日。

动的积极性，为逐步建立总量控制下的碳排放权交易市场积累经验，奠定技术和规则基础，6月21日，国家发改委印发了《温室气体自愿减排交易管理暂行办法》。

财政部：明年我国将提交《环境税法》草案[①]

2012年6月29日，财政部税政司流转税处处长高晟在"2012年钢铁节能减排论坛"上透露说，按照全国人大的要求，明年将提交《环境税法》草案，进入立法程序审议。如果顺利的话，最快到2014年下半年获得通过并开始实施。这意味着环境税将直接以法的形式体现，而不会是以国务院条例的形式出现。

据透露，具体征收将根据排放量，采取从量定额征收的方式。这对于钢铁行业来说，并不是一个好消息。

高晟同时还表示，对于属于"两高一资"的钢铁行业，政策控制的比较多。未来，除非是属于高技术含量和高附加值的新"两高"产品，才有可能在出口退税方面进行一些回调。

发改委、国标委启动实施"百项能效标准推进工程"[②]

近日，国家发展改革委、国家标准化管理委员会在京召开。来自相关行业协会、研究单位、标准化技术委员会、部分标准起草单位的60多位人员参加会议。"百项能效标准推进工程"重点围绕支撑高效节能产品推广、节能评估审查制度、万家企业节能低碳行动、绿色建筑行动、淘汰落后产能等重点节能工作，在今明两年发布100项重要节能标准，重点是终端用能产品能源效率标准和单位产品能耗限额标准。

我国拟推企业能耗实时监测系统[③]

近日，记者从2012年北京国际节能环保展了解到，未来我国在企业能耗监控方面，有望变现有的企业自行上报为在线实时监控，一方面避免获取的滞后性和被动性，另一方面也便于节能减排预警调控。

目前，能耗在线监测系统虽未全国统一实行，但监测技术已具备，某些企业甚至地方已有应用。据悉，北京市朝阳区去年全面启动全区重

---

① 经济观察网，2012年6月29日。
② 国家发展改革委网站，2012年6月21日。
③ 《北京商报》，2012年6月12日。

点用能企业能耗在线监测平台建设,用以掌握重点能耗单位的用电、水、气、热的实时数据,目前朝阳区已完成监测设计招标工作。

我国低碳城镇发展进入大规模试点阶段[①]

国家能源局副局长吴吟 2012 年 6 月 25 日在俄罗斯参加亚太经合组织(APEC)第十届能源部长级会议,并向大会提交了《APEC 低碳示范城镇项目——中国发展报告》,《报告》中称,我国低碳城镇发展已进入全国大规模试点阶段,2015 年前将建设 100 座新能源城市。

记者了解到,我国的低碳城市将从六方面建设:产业、布局、能源、建筑、交通和资源再生。我国发展低碳能源的主要内容包括:核能和可再生能源、化石能源转化效率、发展碳捕获和封存技术,以及发展智能电网。

财政部、发改委:城市节电每千瓦最高可获奖 550 元[②]

为保障电力供需总体平衡,财政部、国家发改委日前联合下发《电力需求侧管理城市综合试点工作中央财政奖励资金管理暂行办法》(以下简称《办法》)。

2012 年将选择部分符合条件的城市开展电力需求侧管理综合试点工作以节约电力负荷和转移高峰电力负荷。根据《办法》,奖励资金的支持范围包括:建设电能服务管理平台;实施能效电厂;推广移峰填谷技术,开展电力需求响应;相关科学研究、宣传培训、审核评估等。

对于奖励标准,《办法》指出,对通过实施能效电厂和移峰填谷技术等实现的永久性节约电力负荷和转移高峰电力负荷,东部地区每千瓦奖励 440 元,中西部地区每千瓦奖励 550 元;对通过需求响应临时性减少的高峰电力负荷,每千瓦奖励 100 元。

我国新能源大规模并网技术取得重大突破[③]

我国风光储输技术近日实现新的突破,它能让风电、光伏发电等这些不稳定的电源,通过与储能发电相结合,瞬时搭配成像火电一样稳定的电源,并入主网。这项技术的运用,为破解新能源大规模并网难题提

---

① 《上海证券报》,2012 年 6 月 28 日。
② 《北京商报》,2012 年 7 月 17 日。
③ CCTV 网站,2012 年 7 月 12 日。

供了有效解决方案,也使我国电网接纳新能源电源的能力大幅提升。截至今年6月,国家电网累计接纳新能源481亿千瓦时,同比增长26.5%。

国家电网新闻发言人张正陵说,预计到"十二五"末,国家电网并网的新能源规模将超过1亿千瓦,相当于并网了五个三峡的装机总量。

安徽将"绿色建筑"试点建设纳入房地产业考核[①]

日前,记者从安徽省住房和城乡建设厅了解到,安徽省2012年将加快建筑建设方式转变,扩大全省节能环保型建筑建设试点工作覆盖面,并将其纳入对全省各地市房地产行政主管部门年终考核的重要内容。

安徽省自2007年开展省地节能环保型建筑建设试点工作以来,已有133个项目被列为试点,在省地、节能、节水、节材和环保等方面起到了较好的示范作用。

据了解,2012年起,安徽省住房和城乡建设厅将列为试点的项目纳入绿色建筑建设项目库,并优先推荐开展绿色建筑评价标识。中央财政将对二星级及以上的绿色建筑给予奖励,安徽省财政今年也计划安排2000万元专项扶持资金,加快推动绿色建筑发展。安徽省还要求各地市把房地产企业开展"绿色建筑"试点的成效列为企业业绩考核的重要内容之一。

吉林省今年将重点推进农村节能项目建设[②]

记者从吉林省农业委员会了解到,吉林省2012年将主要抓好农村地区太阳能路灯和大型秸秆气化站两个项目的建设,继续推进全省社会主义新农村建设"千村示范、万村提升"工程。

据了解,2012年吉林省批复了120个村的太阳能路灯建设项目,批复资金达到2412万元。在建设过程中,将坚持因地制宜原则,各项目建设村必须先实地考察,再选定正规产品。发展农村清洁能源、开发利用农作物秸秆有效改善农村环境问题是新农村建设的一个重要内容,2010年和2011年吉林省共批复26个大型秸秆气化站项目,目前已完工并投入运营的项目有15个。今年吉林省还将继续加快推进大型秸秆气化站建设,计划今年年底前完成9个项目。

---

① 《经济参考报》,2012年7月13日。

② 新华网,2012年7月10日。

2009 年开始，吉林省开始实施"千村示范、万村提升"工程，力争用三年时间集中力量建设好 1000 个示范村，随后分期分批推进中心村建设。到 2020 年全省基本形成以 100 个重点镇、3000 个中心村为核心的农村产业和人口聚集的功能区，带动吉林省农村经济社会全面发展。

北京将定期公布能耗大户名单[①]

在北京众多能耗单位中，590 家单位年度能耗超过 5000 吨标煤，为能耗大户。北京市发改委将定期公布能耗大户，同时要求各单位上报每半年的能耗情况。

除了首钢总公司等系列企业外，北京铁路局、北京公交控股公司、清华大学、北京大学等也都在列。市发改委要求，各相关行业管理部门、区县有关部门应加强对本领域或本行政区域内重点用能单位的节能监督管理，督促重点用能单位不断提高能源利用效率。应完善备案管理和能源利用状况报告制度。市发改委表示，相关单位 7 月 30 前必须上报能源利用状况报告。对限期整改仍未上报的单位，由市发改委进行监察并依法予以处理。

上海召开碳排放交易试点工作启动大会[②]

2012 年 8 月 16 日，上海市碳排放交易试点工作启动大会在科学会堂举行。常务副市长杨雄出席会议并讲话，国家发改委副主任解振华应邀到会。

根据总体安排，上海市参加试点的单位为钢铁、石化、化工、有色、电力、建材、纺织、造纸、橡胶、化纤等工业行业中年二氧化碳排放量两万吨及以上的重点排放企业，以及航空、港口、机场、铁路、商业、宾馆、金融等非工业行业中年二氧化碳排放量一万吨及以上的重点排放企业。对于上述范围之外的以及试点期间新增的年二氧化碳排放量达到一万吨及以上的其他单位，试点期间实行碳排放报告制度。

上海市参加试点的企业为 200 家左右，交易标的主要是二氧化碳排放配额。此外，部分经国家或本市核证的基于项目的温室气体减排量可作为补充，纳入交易体系。本市将对试点企业的初始碳排放配额免费分配。

[①] 《新京报》，2012 年 7 月 10 日。
[②] 《新闻晚报》，2012 年 8 月 16 日。

深圳市人大授权政府开展碳排放权配额分配交易机制[1]

2012年8月28日,《深圳市人民代表大会常务委员会关于加强碳排放管理的决定(草案)》(以下简称决定(草案))提交深圳市第五届人大常委会第十七次会议进行审议。深圳市人大常委会将以《决定》的形式,授权市政府探索开展碳排放权配额分配机制和交易机制,加强碳排放交易支撑体系建设。

据了解,目前国内尚没有关于碳排放控制的立法。根据决定(草案),深圳行政区域内的重点碳排放企业和建筑物应当纳入碳排放管制范围,实现碳排放配额管理,按规定履行碳排放控制责任。碳排放管制对象的范围由市政府依据本市碳排放的总量控制目标和碳排放实际情况另行规定。

北京明年将正式启动碳交易十余个操作细则配套制定[2]

从2013年开始,北京将正式启动碳交易。记者昨天从北京环境交易所获悉,目前,北京在碳交易规则的制定方面已经完成了初稿起草,并且配套制定了十余个操作细则,交易系统核心设计方案也已经完成,今年下半年,北京碳交易规则和平台建设可以基本具备条件,明年开始,北京将正式启动碳交易。

碳交易市场的主要买方是钢铁、水泥等碳排放大户,主要卖方则是获得国家发改委批准作为清洁发展机制项目但未在联合国清洁发展机制执行理事会注册的项目,或者是被欧盟的排放权交易制排除在外的项目。

我国首个区域级碳盘查标准通过评审[3]

近日,记者从湖南省 CDM(清洁发展机制)项目服务中心获悉,我国首个区域级碳盘查标准"湖南省地方标准《区域温室气体排放计算方法》"通过专家评审。

评审专家一致认为,标准提出了活动水平数据和排放因子的获取方法及优先等级,提出了"总排放量"、"排放强度"指标及利用这些指标核算区域减排幅度的方法,计算方法科学合理,有显著创新性和先进性,

---

① 深圳新闻网,2012年8月29日。
② 《北京青年报》,2012年8月9日。
③ 《中国能源报》,2012年7月29日。

填补了国内区域温室气体排放计算标准的空白，可作为湖南省计量和考核各区域温室气体排放的依据。

全国首家节能俱乐部在常州成立[①]

2012年8月16日，由常州地区百家企业参加的全国首家节能俱乐部正式成立。同时为节能俱乐部实名注册会员提供服务、管理和交流的网站（www.jienn8.com）也正式开通。

去年4月13日，常州供电公司率先成立能效服务活动小组，截至目前，小组12家成员单位有效实施电机变频改造、绿色节能、空压机热回收改造等能效优化方案，节省电量1200万千瓦时，节约能源成本780万元。同时，通过推广节能型变压器、绿色照明、蓄冷蓄热等，已在冶金、机械、化工、建材、纺织等领域实施了60个能效电厂项目，年节电量6000多万千瓦时，有效减少了二氧化碳的排放。

为了推广常州供电公司的经验，更好地促进全社会节能减排，常州市经信委联合常州供电公司，选择全国"十二五万家节能企业"或者电能消耗量较大的工业企业，组成常州市节能俱乐部。成员单位按行业分，机械30家、化工18家、冶金17家、纺织10家、电子9家、建材和热电各8家。

国务院常务会议决定设立"全国低碳日"[②]

国务院总理温家宝2012年9月19日主持召开国务院常务会议。会议决定，为普及气候变化知识，宣传低碳发展理念和政策，鼓励公众参与，推动落实控制温室气体排放任务，自2013年起，将每年6月全国节能宣传周的第三天设立为"全国低碳日"。

风机等6类节能产品推广将获财政补贴[③]

记者2012年9月9日从财政部获悉，经国务院批准，财政部、国家发展改革委、工业和信息化部决定将6类节能产品纳入财政补贴推广范围。

财政部有关负责人指出，此次将在消费品领域增加高效节能台式计

---

① 《经济参考报》，2012年8月17日。
② 中国政府网，2012年9月19日。
③ 新华网，2012年9月9日。

算机和高效节能单元式空调,在工业品领域新增风机、水泵、压缩机、变压器4类节能产品推广。

这位负责人表示,上述新出台的6类节能产品推广政策执行期暂定为一年,力争将高效节能产品市场份额提高到40%以上。为此中央财政将增加补贴140亿元,预计拉动消费1556亿元,实现年节电约313亿千瓦时,以更好地起到扩大居民消费与深入推进节能减排的政策效果。

8月我国清洁能源发电同比增长41%[①]

国家电力监管委员会9月19日发布的《2012年8月清洁能源发电收购情况》显示,8月份,我国清洁能源发电1094亿千瓦时,同比增长41%,其中,水电增长48%,风电增长59%。截至8月,全国共消纳清洁能源电量6158亿千瓦时,占全部上网电量的19.3%,较上年同期提高1.1个百分点。其中,水电4890亿千瓦时,同比增长20.6%,风电635亿千瓦时,同比增长32.4%,核电633亿千瓦时,同比增长10.5%。

截至8月底,全国新增水电796万千瓦,风电524万千瓦,全国规模以上水电装机20383万千瓦,同比增长6.7%;风电5437万千瓦,同比增长37.2%,核电1257万千瓦,同比增长5.6%。清洁能源装机规模持续增长。

中国成为世界第一电力装机大国[②]

电监会2012年9月20日发布我国火电科技进步情况,资料显示,截至2011年底,全国电力装机达到10.6亿千瓦,超过美国成为世界第一电力装机大国,火电在装机总量中所占比重长期保持在70%以上。

2002年以来的10年间,我国电力装机迅速增长。尤其是自2006年以来,每年新增电力装机在1亿千瓦左右。目前,我国超临界机组发电技术应用达到国际先进水平,大型空冷发电机组的开发和应用居世界领先水平,并成为世界上大型循环流化床锅炉应用最多的国家。

截至2011年底,我国已建成投产的百万千瓦级超(超)临界机组达到38台。30万千瓦及以上火电机组占火电装机容量比重超过70%。2011年,全国供电标准煤耗330克/千瓦时,单位供电煤耗较2002年下降50克以上。

---

① 新华网,2012年9月20日。
② 中国新闻网,2012年9月20日。

北京：符合条件的学校都将装太阳能屋顶[①]

2012 年 9 月 14 日，"百兆瓦阳光校园金太阳光伏屋顶工程"在八一中学举行开工仪式，今后，北京市符合条件的学校及教育设施都将安装太阳能屋顶，预计每年可发电 1.2 亿度。折算起来，这些电能够满足本市 5.5 万多户家庭 1 年的用电需求。

这一工程是我国最大规模的公共机构太阳能光伏屋顶项目。北京市能源与经济运行领导协调小组办公室专职副主任王英建说，太阳能是首都北京最丰富的可再生能源，将新能源与教育设施以及教育功能结合起来是一个创新。据悉，世界银行也被吸引并将为此项目提供优惠贷款。

国务院新闻办发布《中国的能源政策（2012）》白皮书[②]

国务院新闻办公室 24 日发布《中国的能源政策（2012）》白皮书，全面介绍中国能源发展现状、面临的诸多挑战以及努力构建现代能源产业体系和加强能源国际合作的总体部署。2011 年，中国一次能源生产总量达到 31.8 亿吨标准煤，居世界第一。

我国林业剩余物年"产"1.05 亿吨标准煤[③]

全国林业生物质能源发展高级研讨班 2012 年 10 月 14 日至 16 日在湖南省长沙市举办。相关专家透露，我国每年约产生采伐剩余物 1.09 亿吨、木材加工剩余物 0.418 亿吨、木材制品抛弃物 0.6 亿吨，这些林业剩余物折合标准煤约 1.05 亿吨。

此外，我国木本淀粉植物年产淀粉 750 万吨，可生产 380 万吨燃料乙醇，近 1 亿公顷宜林荒山荒地、盐碱地等边际性土地可年产生物质 3 亿吨，相当于 1.5 亿余吨标准煤，现有灌木林生物量约 1.81 亿吨，折合标准煤 0.9 亿吨。

电监会：我国首例风电和火电替代交易在东北完成[④]

近日，在电监会东北电监局和东北电网公司组织下，中电投集团通

[①] 《北京晚报》，2012 年 9 月 14 日。
[②] 新华社，2012 年 10 月 24 日。
[③] 《中国绿色时报》，2012 年 10 月 23 日。
[④] 电监会网站，2012 年 10 月 17 日。

辽发电厂和花灯风电场开展了我国首次风电和火电替代交易,交易电力1万千瓦,累计交易电量3万千瓦时,减少弃风电量3万千瓦时,风火替代交易机制顺利通过实践检验。

蒙东地区是我国风电发展的重点地区,风电装机656万千瓦,占该地区发电总装机容量的31.2%。风电的快速发展和大规模接入给蒙东地区电力系统安全稳定运行和风电消纳带来了巨大挑战,弃风现象日益严重。

山西发布能耗限额地方标准[①]

记者18日从工业和信息化部获悉,山西近日发布水泥、氧化铝、电解铝、合成氨、烧碱、钢铁、风电法兰、铸钢件8项能耗限额地方标准。这是我国首个地方性能耗限额标准。据介绍,近年来山西省加大节能标准制定力度,先后出台了以能耗限额标准为代表的地方节能标准30余项。目前有16项地方标准立项并通过征求意见稿的技术审查。

电企节能首个国家标准出台[②]

国家标准化管理委员会近日发布2012年第13号国家标准公告,《电力企业节能降耗主要指标的监管评价》标准将于11月1日起实施。从发电标准煤耗、供电标准煤耗、电网综合线损率等方面严控电力企业能耗损失和电力生产输送成本,推进低碳电力发展。电力监管机构每年将对监管范围内的发电企业上年度供电标准煤耗予以公布,并提出监管意见。这是国家标准化管理委员会首次以发布国家标准的方式实施对电力企业节能降耗工作的监管,使电力企业的节能降耗工作可计量、可比较、可评价,强化了电力监管的权威性、公平性和科学性,丰富和完善了电力监管的手段。

中央3380多亿元支撑节能减排　带动社会投入上万亿元[③]

近年来,全国财政经建系统紧紧围绕"夯实基础、明确责任、创新机制、加大投入、创造环境"的节能减排工作思路,把节能减排与应对国际金融危机、培育发展战略性新兴产业紧密结合起来,大胆探索,勇于创新,陆续出台30多项财税制度和办法,并调整财政支出结构,

---

① 《法制日报》,2012年10月18日。
② 《中国能源报》,2012年9月26日。
③ 财政部网站,2012年11月5日。

中央财政累计安排 3380 多亿元资金，加上地方财政配套资金，共同带动社会投入上万亿元，为完成"十一五"节能减排目标提供了有力支撑和保障。

央视纪录片《环球同此凉热》在京举行首播仪式[①]

2012 年 11 月 19 日上午，央视纪录片《环球同此凉热》首播仪式在京举行。《环球同此凉热》共 12 集，是我国第一部全景式人文生态纪录片，该片以气候变化为主题，深入探讨了人类文明发展与气候变化的关系，全面展现了我国积极应对气候变化的政策和行动，对宣传气候变化知识、提升公众应对气候变化意识具有积极作用。该片已于 11 月 19 日晚在中央电视台纪录片频道首播。

中国部分城市开始考虑控制二氧化碳排放总量[②]

中国国家气候变化专家委员会副主任、清华大学教授何建坤 2012 年 11 月 27 日在多哈接受记者采访时透露，中国一些沿海地区城市已经开始考虑控制二氧化碳排放总量。他指出，这样的尝试将给其他城市提供经验，体现了中国推进低碳发展的认真态度。

证监会副主席姜洋：从三方面把握碳排放交易权试点[③]

证监会副主席姜洋 2012 年 11 月 17 日表示，证监会正在和国家发改委研究碳排放权交易市场的顶层设计。他表示，建立碳交易市场，可以满足不同碳排放成本企业的需求，也可以通过价格信号，推动社会资本向低碳领域流动。

姜洋认为，碳交易具有多层次的市场结构，证监会支持碳排放交易权试点在符合国家有关规定的前提下规范发展，一是坚持市场总体规划框架下推进区域性试点工作，同时为构建全国统一碳市场预留政策空间，最终实现"地方粮票"全国通用；二是初期立足现货交易，以企业参与为主，不盲目发展大众投资者，不要发展成为类期货市场；三是通过区域试点，以交易为龙头，促进市场能力和基础设施两方面的建设。

---

① 搜狐网，2012 年 11 月 19 日。
② 中国新闻网，2012 年 11 月 27 日。
③ 《证券日报》，2012 年 11 月 19 日。

我国政府将完善绿色采购制度体系[1]

"了解和学习国际上关于政府采购领域引入碳排放量指标、实施供应链管理的最新做法,研究以政府为主导、企业为主体的供应链管理新模式,以丰富和完善我国政府绿色采购制度体系。"在日前召开的中英政府绿色采购研讨会上,财政部国库司司长翟钢作出上述表示。

据了解,我国从 2004 年开始探索建立政府绿色采购制度。财政部分别会同国家发展改革委、环保总局先后建立了节能产品、环境标志产品政府优先采购制度。在不断完善政策措施、扩大政府优先采购节能、环保产品范围的基础上,于 2007 年正式建立了政府强制采购节能产品制度。翟钢表示,几年来,各级政府机构在政府采购活动中,积极采购、使用节能和环保产品,2011 年政府强制采购或优先采购的节能、环保产品规模分别达到 910.6 亿元和 739.8 亿元,占同类产品的 82% 和 60%,节能、环保产品采购规模占政府采购总规模的比例达到 14.5%。政府绿色采购政策的实施,有效降低了能耗水平,减少了污染物排放,对全社会形成节能减排风尚起到了良好的引导作用。为此,中国国民经济和社会发展第十二个五年规划进一步提出,推行政府绿色采购,完善政府强制采购制度,逐步提高节能节水产品和再生利用产品比重。

三年内完成全国重点用能单位首次能源计量审查[2]

从国家质检总局获悉,到"十二五"末,即未来 3 年(2013~2015年)内,全国质监系统将完成对全国重点用能单位,共计 17000 家单位的首次能源计量审查工作。为指导审查工作,国家质检总局还专门发布实施了《重点用能单位能源计量审查规范》,对审查内容、审查要求、审查方法及结果做出详细规定。

据介绍,本次审查的对象是国家发改委 2012 年发布的《"万家企业节能低碳行动"企业名单》中所列工业企业、交通运输企业、宾馆饭店企业、商贸企业、学校等,约 17000 家;审查内容主要是重点用能单位的能源计量器具配备和使用、能源计量数据管理以及能源计量工作人员配备和培训等能源计量工作情况。

---

[1] 《中国财经报》,2012 年 11 月 27 日。
[2] 《中国质量报》,2012 年 12 月 27 日。

电子垃圾变城市矿产"十二五"预计节能 11.55 亿吨标准煤①

记者 2012 年 12 月 3 日从首届"城市矿产"博览会上获悉:"十二五"期间,我国有望通过"城市矿产"开发实现节能 11.55 亿吨标准煤,减排 7.2 亿吨二氧化碳。

中国再生资源回收利用协会相关负责人介绍,我国目前已进入电器电子产品及汽车报废高峰期,废弃产品呈逐年增长态势。预计今后几年,每年至少有 1500 万台家电和上千万部手机进入淘汰期,到 2020 年电子产品每年报废数量将达 1.37 亿台;而每年报废的汽车将达到 400 万~600 万辆,到 2020 年汽车年报废量将超过 1400 万辆。这些城市垃圾,蕴含着丰富的再生资源,其利用价值不亚于原生矿产资源,被称为"城市矿产"。

近年来,中国已经批准设立了 29 个国家级"城市矿产"示范基地。"十二五"期间,中国将建设 100 个资源综合利用示范基地、50 个"城市矿产"示范基地。

甘肃在新建建筑中全面实施节能强制性标准②

对建设领域节能减排情况展开的专项监督检查表明,甘肃省在新建建筑设计和施工阶段已经全面实施建筑节能强制性标准。

据甘肃省住房与城乡建设厅副厅长周应军介绍,甘肃省新建建筑设计阶段执行建筑节能强制性标准的比例达到 100%,施工阶段执行建筑节能强制性标准比例达到 98.85%。甘肃省从 2011 年起全面执行居住建筑节能 65% 标准,并在 2012 年将新建建筑节能标准执行情况列入了建筑市场综合执法检查内容。

与此同时,甘肃省可再生能源在建筑领域应用的规模进一步扩大。

我国首个余热发电并网意见出台③

国家电监会近日出台我国首个余热发电并网意见,就水泥窑低温余热发电机组的并网程序、电量消纳、收费行为等作了明确规定。专家指出,规范余热发电并网,对维护企业合法权益、提高能源利用效率、发

---

① 中央人民政府网站,2012 年 12 月 5 日。
② 新华网,2012 年 12 月 17 日。
③ 《人民日报》,2012 年 12 月 21 日。

展循环经济具有重要意义。

据统计，目前国内已建成投产的水泥窑低温余热发电机组达700多台套，装机容量580多万千瓦，年发电量350多亿千瓦时。此次出台意见规定，电网企业在接到水泥窑低温余热发电机组接入电网申请后，应及时组织接入系统方案审核及并网验收，审核结果应书面通知相关企业。

2015年节能环保产业总产值将达4万亿元[①]

中国环境与发展国际合作委员会2012年年会12月12日在京开幕，中国国家发展和改革委员会副主任解振华在会上介绍了"十二五"时期重点推行的多项政策措施。

解振华强调，为进一步推动绿色、循环、低碳经济发展，建设资源节约型和环境友好型社会，要加强调整产业结构，提高行业的准入门槛，严格落实固定资产投资项目节能评估和环境影响评价，严控高耗能、高排放行业过快增长，加快淘汰落后产能，大力发展服务业和节能环保等战略性新兴产业。到2015年，服务业的增加值比重要提高4个百分点，达到47%，战略性新兴产业增加值的比重要达到8%左右，其中节能环保产业增加值的比重要达到2%左右，总产值4万亿元左右。

---

① 《证券时报》，2012年12月13日。

第二部分

低碳分析报告

低碳大势

中国"十一五"应对气候变化工作回顾和"十二五"展望

中国一贯高度重视气候变化问题,把积极应对气候变化纳入经济社会发展全局,在"十一五"期间(2006~2010年)采取了一系列减缓和适应气候变化的重大政策措施,成效显著。

"十一五"期间,中国加快转变经济发展方式,通过调整产业结构和能源结构、节约能源提高能效、增加碳汇等多种途径控制温室气体排放,声势浩大,真抓实干。

在优化产业结构方面,中国通过政策引导和措施落实,积极改造提升传统产业,培育和壮大战略性新兴产业,加快发展服务业。

在节约能源方面,经过各方努力,中国完成了"十一五"规划提出的节能目标,2010年单位国内生产总值能耗比2005年累计下降19.1%,相当于少排放二氧化碳14.6亿吨以上。"十一五"期间中国以能源消费年均6.6%的增长支撑了国民经济年均11.2%的增速,能源消费弹性系数由"十五"时期(2001~2005年)的1.04下降到0.59,缓解了能源供需矛盾。

在能源结构调整方面,中国积极发展低碳能源,例如,加快发展天然气等清洁能源,天然气在中国能源消费结构中所占比重达到4.3%。又如,通过国家政策引导和资金投入,积极开发利用非化石能源,加强了水能、核能等低碳能源开发利用,支持风电、太阳能、地热、生物质能等新型可再生能源发展。

在控制非能源活动温室气体排放方面,中国强化了对工业生产过程、农业活动、废弃物处理等领域的温室气体排放控制。

在增加碳汇方面,增加森林碳汇与提高农田和草地碳汇的工作都得到积极推进。

为加强低碳发展的地方示范推动工作,2010年,中国在五省八市启动了低碳试点工作,探索符合中国国情的低碳发展模式。在这些试点以外,各地也在积极探索低碳发展经验,加快发展绿色经济、低碳经济和循环经济,大力发展战略性新兴产业和现代服务业,加快现有建筑、交通体系低碳化改造,倡导低碳消费和低碳生活方式。

"十一五"能够实现减排温室气体的巨大成就,气候变化融资支持发挥了积极作用。例如,财政部门以公共财政的发展为依托,积极会同相关部门出台了一系列财税扶持政策,初步构建了一套既立足中国国情,符合市场经济原则,又与国际接轨的促进节能减排和新能源发展的财政政策体系框架,创新机制体制,加大财政投入,大力推广使用成熟先进的节能技术和高效节能产品,大力推进新能源和节能环保等战略性新兴产业发展。再如,气候变化国际合作资金也发挥了特殊作用,其中,CDM项目收入通过改善项目投资收益,促进了风力发电等可再生能源开发利用工作。

"十一五"期间,除减排温室气体工作外,中国还积极开展其他方面的应对气候变化行动,包括:努力提高农业、水资源、海洋、卫生健康、气象等领域适应气候变化的能力,减轻了气候变化对经济社会发展和人民生活的不利影响;加强法律法规、管理体制与工作机制、统计核算、科技交易等方面的基础能力建设;提高公众的低碳发展意识,促进全社会参与;以高度负责任的态度,积极建设性参与应对气候变化国际谈判;本着"互利共赢,务实有效"的原则积极参加和推动与各国政府、国际组织、国际机构的务实合作。

总结"十一五"期间中国应对气候变化的行动,企业节能减排的经验具有很大代表性。节能减排是中国调整经济结构、加快实现经济增长方式转变的一个重要突破口。我国坚持节能与发展相促进,开发与节约相协调,政府调控和市场机制相结合,综合运用经济、法律、技术和必要的行政手段,有效地开展了企业的节能减排工作,最终确保了"十一五"节能减排目标的完成。

脚踏"十一五"造就的坚实基础,中国迎来了"十二五"开局之年。2011年,经全国人大批准,国务院颁布了"十二五"规划纲要,前所未有地以一章篇幅部署应对气候变化工作。"十二五"期间,中国将把积极应对全球气候变化作为经济社会发展的一项重要任务，坚持以科学发展为主题，以加快转变经济发展方式为主线，牢固树立绿色、低碳发展理念，把积极应对气候变化作为经济社会发展的重大战略、作为调整经济结构和转变经济发展方式的重大机遇，坚持走新型工业化道路，合理控制能源消费总量，综合运用优化产业结构和能源结构、节约能源和提高能效、增加碳汇等多种手段，有效控制温室气体排放，提高应对气候变化能力，广泛开展气候变化领域国际合作，促进经济社会可持续发展。

为具体落实"十二五"规划纲要关于应对气候变化等方面工作的部署，国务院随后印发了《"十二五"节能减排综合性工作方案》和《"十二五"控制温室气体排放工作方案》。2012年，中国还将陆续发布"十二五"节能减排规划、应对气候变化规划、循环经济发展规划、节能环保产业发展规划、全国城镇污水处理和生活垃圾无害化处理设施建设规划等，比"十一五"规模更大、影响更深远的应对气候变化行动即将展开。

"十二五"期间，我国在控制温室气体排放的体制机制建设方面将有一系列创新性的重大举措：一是开展低碳试点示范；二是提出探索建立我国碳排放交易市场，充分发挥市场机制在资源配置方面的基础性作用，以较低成本实现绿色低碳发展目标；三是建立温室气体排放统计核算体系。控制温室气体排放的工作落实保障机制将包括：加强组织领导和评价考核、健全管理体制、落实资金保障、强化科技和人才支撑、推动全社会低碳行动。

落实资金保障是《"十二五"控制温室气体排放工作方案》的一项重要内容，为此，要加快形成政府为主导、企业为主体、市场有效驱动、全社会共同参与的局面。第一，继续创新财税政策，加大财政投入，为此要加大节能减排和新能源发展资金投入、健全绿色税收政策、创新政策体系、加快资源环境制度创新、建立健全生态补偿机制。第二，充分利用中国清洁发展机制基金资金，为此要发挥它作为国家应对气候变化创新机制的作用。第三，要拓宽多元化投融资渠道，积极引导社会资金、外资投入低碳技术研发、低碳产业发展和控制温室气体排放重点工程。同时，要求调整和优化信贷结构，积极做好控制温室气体排放、促进低碳产业发展的金融支持和配套服务工作。

作为国家应对气候变化的一个创新机制，在实现市场减排、技术减排和新兴产业减排的行动中，中国清洁发展机制基金已经踏上征程，并且重任在肩。

推动国际合作　促进绿色低碳发展

"低碳经济"概念最早由英国提出。2003年英国发表题为《我们未来的能源——创建低碳经济》白皮书,把低碳经济作为国家长期坚持的基本政策。一般认为,低碳经济是指生产、流通和消费过程中降低化石能源消耗,减少温室气体排放等一系列活动的总称。它以高能效、低能耗、低排放为基本特征,以减少温室气体排放,应对气候变化为基本要求,以实现经济社会可持续发展为目的,是继生态经济、循环经济兴起的又一种新型经济形态。

一、世界各国积极调整政策,促进绿色低碳发展

随着国际社会对促进低碳发展、应对气候变化认识的逐步加深,走绿色、低碳、可持续发展道路、实现人与自然和谐共处已成为各方共同追求的目标。

近年来,包括美国、欧盟、日本在内的许多发达国家以应对气候变化为契机,积极调整政策,推动向低碳经济转型,将实现低碳发展作为实现产业升级和重塑经济竞争力的战略举措。具体手段包括通过立法或国民经济发展规划,促进可再生能源发展和提高能效。

与此同时,广大发展中国家也意识到,气候变化已成为全球性的挑战,绿色低碳发展是发展中国家应对气候变化,实现可持续发展的必然要求。一些发展中国家根据各自国情,制定了本国的促进低碳发展、应对气候变化的目标和政策措施。

二、我国开展与国际金融组织在低碳发展领域的合作,取得了显著成果

作为人口最多、经济规模最大的发展中国家,中国面临着长期和艰巨的发展任务,也深受气候变化带来的不利影响。2007年,中国政府制定实施了《应对气候变化国家方案》,采取了一系列促进低碳发展、应对气候变化的政策措施。为积极推动和配合国内节能减排和应对气候变化工作,财政部作为国际金融组织在华窗口部门,会同有关部门和地方政

府积极开展与世界银行、亚洲开发银行等国际金融组织的合作，通过开展贷赠款项目和技术援助合作，积极引进国外优惠资金和先进经验，探讨节能减排和应对气候变化的有效途径，促进我国低碳发展理念的更新和节能减排事业的发展。

"十一五"期间，我国与世行合作实施了5个可再生能源和提高能效贷款项目，协议资金总额达5.23亿美元；世行集团下属的国际金融公司通过非主权贷款、股权投资、担保等方式支持了18个对华项目，投资总额5.99亿美元。这些项目的实施，有力地促进了国内可再生能源的发展、节能减排技术的应用以及体制机制的创新。比如，世行贷款能效融资项目通过国内银行转贷向中小企业提供节能技术改造项目贷款，提高了银行开展低碳融资业务的能力，帮助国内探索了节能融资的市场化机制。通过实施世行贷款生态农业项目，地方政府扩大了农村沼气池建设，引导农村居民将沼气纳入农业生产体系，并通过技术援助支持了现有农村新能源的可持续利用。

亚行作为区域性开发银行，自2006年以来，共计在华实施节能减排、可再生能源等应对气候变化领域项目16个，承诺贷款资金达17.06亿美元，其中，主权贷款项目7个，贷款总额5.12亿美元；非主权贷款项目9个，涉及金额11.94亿美元。比如，亚行贷款天津整体煤气化燃气－蒸汽联合循环示范电站（IGCC）项目，帮助我国相关企业掌握了IGCC这一高能效、低污染并在二氧化碳捕捉方面具有成本优势的洁净煤发电技术，提高了企业竞争力。

作为《联合国气候变化框架公约》的资金机制，全球环境基金与中国政府在气候变化领域开展了卓有成效的合作。自1991年以来，全球环境基金理事会共批准40个对华气候变化领域赠款项目，承诺资金4.80亿美元，项目涉及可再生能源发展、提高能效、城市交通减排、节能融资、履行国际公约能力建设等多个领域，有力地促进了上述领域的政策法规制定、技术研发和机制创新。近年来，欧投行将可再生能源发展和提高能效作为与我国贷款项目合作的优先领域，已累计向中国提供了10亿欧元的应对气候变化框架贷款，其中第一期项目贷款已经支持了14个子项目，涉及风电、生物质发电、造林、小水电、工业节能、建筑节能等领域，通过引进先进技术和设备支持了中国可再生能源发展和能效提高。

三、深化与国际金融组织合作，促进低碳发展的几点思考

中国正处于工业化、城镇化快速发展的关键阶段，能源结构以煤为

主，降低排放存在特殊困难，但作为负责任发展中大国，中国始终把应对气候变化作为重要战略任务。2009年，中国政府提出到2020年单位国内生产总值二氧化碳排放比2005年下降40%~45%，并将减排目标作为约束性指标纳入国民经济和社会发展的中长期规划。面对日趋强化的资源环境约束，"十二五规划纲要"提出：必须增强危机意识，树立绿色、低碳发展理念，以节能减排为重点，健全激励与约束机制，加快构建资源节约、环境友好的生产方式和消费模式，增强可持续发展能力，提高生态文明水平。

推动绿色低碳发展、积极应对气候变化是我国经济社会发展的重大战略和加快发展方式转变及结构调整的重要机遇。要抓住这一历史机遇，实现经济转型，需要从法律法规、政策体系、激励约束机制、技术研发、公众意识着手，进一步完善相关体制机制，同时开发多元化投资渠道，加大对低碳发展领域的投资。

第一，积极开展政策对话和知识合作，推动我国发展理念创新。目前，政策对话和知识合作是我国与国际金融组织合作的重要形式。世行、亚行、全球环境基金等国际金融组织在促进低碳发展方面积累了丰富的经验，我们要充分发挥其作为"知识银行"的优势，通过举办研讨会、技术援助、合作调研等方式，积极开展各种形式的政策对话和知识合作，使其有重点、有针对地为我国实现低碳发展提供相关政策建议，积极建言献策。

第二，继续引进国际金融组织优惠贷赠款资金，支持我国绿色低碳发展。实现"十二五规划纲要"关于节能减排和应对气候变化的重点工作，需要大量的资金投入。根据规划，在节能减排和应对气候变化领域，我国2011~2014年计划利用世行贷款9.7亿美元；2011~2013年计划利用亚行贷款7.73亿美元；2010~2014年计划申请全球环境基金赠款1.5亿美元；2010~2012年计划安排5亿欧元的欧投行应对气候变化框架二期贷款项目，目前正就新的林业框架贷款进行磋商。

第三，积极利用国际金融组织平台宣传我国促进低碳发展应对气候变化的政策与行动，与其他发展中国家分享中国发展经验。中国是首个制订《应对气候变化国家方案》的发展中国家，在促进低碳发展、应对气候变化方面采取了一系列有效的政策和行动，正在探索适合中国及发展中国家的在可持续发展框架下应对气候变化的实践。我们可以充分利用国际金融组织平台积极开展南南合作，推动发展中国家经验共享和相关合作，展示中国负责任大国形象。

积极应对气候变化　走低碳发展道路

当前以全球变暖为主要特征的气候变化，从人类活动原因上看，主要是工业革命以来人类大量使用石油、煤、天然气等化石能源，排放的二氧化碳等温室气体增强了大气温室效应。低碳发展正是以控制和减少温室气体排放为宗旨，是实现可持续发展的一个重要组成部分，已经为世界各国所认同，成为世界发展潮流。它与我国转变经济发展方式、实现可持续发展的战略方向是一致的。

"低碳经济"并无明确的概念认定和衡量标准，总体上是指温室气体排放量尽可能低，以低能耗、低排放、低污染为基础的经济发展方式。"低碳"概念首次被政府官方使用是2003年英国政府发表的白皮书《我们能源的未来——构建一个低碳社会》。之后，英国政府于2006年和2007年陆续发布了《能源回顾——能源挑战》、《能源白皮书——迎接能源挑战》等政府文件，这些文件提出了建设低碳经济和低碳社会的初步构想。英国以"低碳经济"概念为引导的气候变化和能源政策，推动了欧盟成员国相关能源政策的制定，澳大利亚、日本、美国等也纷纷提出了自己的低碳导向考虑。我国对于低碳发展也进行了广泛的社会讨论，并很快在政府发展政策中予以体现。2008年，联合国将世界环境日的口号定为"转变传统观念，推行低碳经济"，显示了全球对于低碳发展的高度关注。在此过程中，"低碳发展"、"低碳社会"、"低碳城市"、"低碳世界"、"低碳技术"、"低碳生活方式"、"碳足迹"等一系列新名词应运而生。

改革开放30年来，我国经济发展取得瞩目成绩，人民生活水平极大提高。但在经济快速发展的同时，也日益暴露出资源和环境约束的矛盾，以高消耗、高投入、高排放为特点的粗放型发展模式难以为继。转变经济发展方式和人民的生活方式，是实现中国经济可持续发展、建设和谐社会的必由之路。我国政府已经庄严承诺，到2020年单位国内生产总值二氧化碳排放比2005年下降40%~45%。"十二五"期间非化石能源占一次能源消费比重达到11.4%，单位国内生产总值能源消耗降低16%，单位国内生产总值二氧化碳排放降低17%。"十二五"规划明确提出，要树立绿色、低碳发展理念，加快构建资源节约、环境友好的生产方式和消费模式，增强可持续发展能力。

我国政府从中国人民和全人类的根本利益出发，为应对气候变化采取了切实行动，取得了积极成效。我国于2007年制订实施《应对气候变化国家方案》，并先后制定和修订了节约能源法、可再生能源法、循环经济促进法、清洁生产促进法、森林法、草原法和民用建筑节能条例等一系列法律法规。实施并不断完善鼓励节能减排、促进能效、新能源和可再生能源的财税政策措施，加大了应对气候变化的财政资金投入，在推进节能减排、提高能效、优化能源结构、加强能力建设等方面做出了不懈努力，取得了显著成效。但相比发达国家而言，我国低碳发展起步较晚，特别是在如何利用市场机制促进低碳发展方面尚处于起步阶段。需要借鉴国际经验，积极探索建立创新型资金机制，有效促进低碳转型。

在《京都议定书》框架下产生的发达国家和发展中国家开展合作的清洁发展机制（Clean Development Mechanism，CDM），就是气候变化国际合作的一个创新性成果，它是目前发达国家和发展中国家关于减排的唯一基于市场的合作机制。作为《京都议定书》确定的灵活履约机制之一，CDM允许《京都议定书》的发达国家缔约方与发展中国家缔约方开展项目级合作。发达国家通过投资合作项目（即CDM项目）产生的合格减排量（即"经核证的减排量"，CERs），低成本地履行其部分减排、限排义务，发展中国家因此获得额外的资金和技术，促进可持续发展，并通过帮助发达国家减排而对实现气候公约的最终目标做出贡献。2005年2月《京都议定书》正式生效后，CDM国际合作快速发展。事实证明，CDM机制不但通过项目和融资合作为发展中国家带来了可持续发展资金，而且使应对气候变化的概念深入人心，发展中国家企业在学习和吸收国际碳减排的先进理念和管理经验的同时，也认识到碳减排活动本身具有的商业价值，只要形成碳信用就可以成为有价值的商品进行交易，从而大大提高了企业参与的积极性；同时，发展中国家通过CDM合作有效地参与了国际碳市场活动，并由此获得了有关碳减排的培训，为进行国内"三可"实践提供了知识储备，培养了一批专业机构，为发展国内碳市场打下了基础。

中国作为《京都议定书》发展中国家缔约方，是CDM项目市场最活跃的参与者。我国把可再生能源、提高能源效率和回收利用甲烷确定为CDM项目的优先领域，已开发的CDM项目涉及风力发电，小水电，生物质能发电，煤改气发电，垃圾焚烧发电，养殖场沼气、垃圾填埋气和煤层气回收利用，冶金、水泥等行业的废气和余热回收利用等的新建或技改项目。根据联合国清洁发展机制审核理事会数据，截止到2011年4月12日，我国共有1308个项目注册成功，占全部注册成功项目总数的44.04%，这些项目的预期年减排量将达2.9亿吨二氧化碳当量，占全部注册CDM项目预期年减排总量的63.39%。

  清洁基金是依据《清洁发展机制项目运行管理办法（修订）》和《中国清洁发展机制基金管理办法》征收的CDM项目国家收入。为管理好这部分国家收入，支持国内节能减排和应对气候变化事业发展，基金管理中心于2007年11月成立，具体负责基金的筹集、管理和使用工作。它是我国首次建立的国家层面专门应对气候变化的基金。基金将采取赠款、有偿使用等方式，通过组织开展项目，积极配合国家主渠道，促进国家应对气候变化的能力建设和提高公众意识，并以创新思维支持应对气候变化新资源、新机制的建立和发展。具体而言，清洁基金要充分发挥资金投入平台、资金合作平台、行动合作平台和信息收集与交流平台的作用。第一，作为资金投入平台，清洁基金将通过资金投入支持国家、行业、地方等不同层面的应对气候变化行动。第二，作为资金合作平台，清洁基金将积极发展与各方面的资金合作，积极促进政府投入、国际援助资金合作和私人资金在国家应对气候变化行动中的参与和协同，为国家应对气候变化行动动员、组织多来源、多渠道资金。第三，作为行动合作平台，清洁基金将积极发展同各种应对气候变化行动力量的合作，提高全社会对应对气候变化的参与。第四，利用以上工作基础，清洁基金将广泛和系统地收集国内和国际与应对气候变化相关的信息，并促进信息交流与共享。总之，清洁基金应充分发挥国家应对气候变化创新型基金的"种子资金"作用，动员、组织更多的社会资源参与国家应对气候变化行动，为实现低碳发展做出积极贡献。

控制能源消费总量　提高清洁能源比例

能源为国家发展提供动力支持，也因此成为低碳发展的一个核心问题。为实现"十二五"单位国内生产总值能耗降低16%和二氧化碳排放降低17%的约束性指标，我国需要采取积极行动，努力控制能源消费总量和逐步实现能源发展的转型，在此过程中，促进和实现低碳发展。

根据国家能源局的数据，2009年我国一次能源消费总量为30.66亿吨标准煤，2010年超过32亿吨标准煤。分析我国能源消费总量增长较快的原因，一方面仍然处于工业化、城镇化高速发展阶段，另一方面面临人口多、资源禀赋不足、环境承受压力大、应对气候变化任务艰巨的局面。以庞大基数的能源消费总量来维持经济的高速增长，必然会受到环境和资源瓶颈的强烈制约，矛盾突出，形势严峻。

而为实现国家的可持续发展，合理控制能源消费总量已纳入政府关注范围并已经考虑相关政策跟进。2012年7月全国农村能源工作会议指出：2010年中国能源消费总量已经占世界总量的20%，但是GDP不足世界的10%；中国的人均能源消费与世界平均水平大体相当，但人均GDP仅是世界平均水平的50%；我国的GDP总量和日本大体相当，但能源消费总量是日本的4.7倍；我国的能源消费总量已经超过美国，但经济总量仅为美国的37%。这种单位能源消费的差距反映了产业结构、创新能力、国际产业分工、国民经济总体素质差距。尽管这与中国所处的工业化阶段有关，但也体现了中国经济大而不强，粗放型经济急需调整的紧迫要求。

合理控制能源消费总量的目的，不是不增长，而是合理增长，以较少的能源消费支持较大的经济增长。在能源消费与经济增长的关系方面，从改革开放到20世纪末，我国基本实现以能源消费翻一番保障国民经济翻两番。进入21世纪以来，我国基本上是以能源消费翻一番来支持实现国民经济翻一番。为降低经济增长对能源的依赖，国家大力推进节能减排政策措施，积极调整产业结构，加快淘汰落后产能，近年来能源消费总量增速总体上逐年放缓，能源消费强度不断降低，这就说明可以以较低的能源消费增长支撑国民经济的平稳较快发展。

为控制能源消费总量，我们首先要强调通过调整产业结构和优化产业布局来提高能源效率，包括更加注重技术进步、强化管理和能源综合利用，从而控制高耗能产业发展和淘汰落后产能，减少经济增长对能源需求的压力。建筑、交通等领域的节能减排工作也要大力加强。在工业化阶段，提高能源效率是减少碳排放最为有效的方式，而且能源效率提高的空间非常大。控制能源消费总量还需要立足国情，高度重视火电的可持续发展的政策问题。发展循环经济应该引起足够的重视，加强资源产业链的循环综合利用，通过规划、政策、监管等手段，实现火电更为清洁的健康发展。这里要提出的，即在促进低碳发展中的一个重要措施，是在能源消费总量中增加清洁能源，特别是可再生能源的消费比例。为此，要大力促进清洁能源的开发利用。

中国的可再生能源资源非常丰富，虽然可再生能源成本较高，但相当一部分已经商业化。例如太阳能热水器，农村的小沼气，运用得很普遍。近年来，我国的清洁能源发展迅速，与之对应的是大量投资支持。2010年，全国新增发电装机超过9100万千瓦，其中水电、核电、风电、光伏发电等非化石能源装机容量新增超过3600万千瓦，占总装机的26.5%。根据联合国环境规划署发布的《2011年可再生能源投资全球趋势》报告，全球2011年用于可再生能源方面的投资达到创纪录的2110亿美元，其中，中国的投资额就高达489亿美元，是世界上对可再生能源领域投资规模最大的国家。有专家认为，我国的可再生能源发展已经进入到了能够产业化、规模化、商业化发展的阶段。例如，2010年风电的电价为0.5~0.65元，与火电价格比较接近，太阳能的发电价格是1.5元，生物质发电是0.4~1元。如果继续努力，可再生能源的成本将接近化石能源的成本水平。

尚须指出，目前清洁能源所占的比例总体上还十分有限。有数据表明，截至2010年底，我国水电装机达到2.16亿千瓦，核电装机容量为1082.4万千瓦，风电并网运行容量达到2957.55万千瓦，分别占总装机容量的22.36%、1.12%、3.06%。全球来看，2010年，可再生能源已占到全球能源总消费的16%，占全球总发电量近20%，我国的相应比例还比较低。为达到今后5年非化石能源占一次能源消耗比重达到11.4%，到2020年非化石能源比例达到一次能源消费比例15%的目标，我们还有一段艰难的路要走。根据《中国的能源政策（2012）》白皮书，到2015年，中国水电装机容量将达到2.9亿千瓦，核电装机容量将达到4000万千瓦，中国风电装机将突破 1 亿千瓦，其中海上风电装机达到 500 万千瓦。2015 年，中国将建成太阳能发电装机容量 2100 万千瓦以上，太阳能集热面积达到 4 亿平方米。

低碳发展需要在能源领域采取可以落实到现实的行动。经济发展方式的转型、能源效率的提高、能源结构的转型，将促进我国的低碳发展。为动员全社会的力量参与低碳发展，我们要坚持以政府推动为引领，更加注重运用市场机制和法律手段。

如何认识"十二五"调低绿色发展指标

"十一五"期间，中国节能减排力度大、绩效好。"十二五"时期的一个主要发展目标是实现经济的可持续发展转型，重点突出清洁能源建设，大力推进减排、大幅降低能源强度和碳强度。因此，"十二五"规划明确，在未来五年，单位 GDP 能耗降低 16%，单位 GDP 碳排放降低 17%，常规污染物二氧化硫和化学需氧量的排放降低 8%。但相比"十一五"的要求，"十二五"这些指标数字调低。我们应如何理解和执行这些指标呢？

一、节能减排目标下调符合经济发展实际

从发展阶段和城市化发展的需要来看，"十二五"的目标宜积极保持高压，但不必过激。从发展阶段、"十一五"绩效和资源禀赋等多方面总体来看，节能指标为 16%，维系了高压，较为符合我国社会经济发展的实际。不仅如此，"十二五"规划中也明确提出能源消费总量控制的要求。应该说，"十二五"规划有经济增长目标，有节能指标，能源消费总量也就明确了。

为什么"十二五"的指标比过去的 5 年的指标表面上要保守？比较"十一五"期间的目标完成情况，单位 GDP 能耗下降略低于目标值 20%，但化学需氧量和二氧化硫减排量却大幅超过目标值 10%：分别下降 12.45% 和 14.29%。这说明，只要加大投资，常规污染物的排放总量就可减少。但对单位 GDP 能耗控制并非如此，因为只要增加投资，就有能源消费增长，影响对单位 GDP 能耗的控制。"十一五"期间的目标是从高处着手，但"十二五"期间不可能再有"十一五"那样的能源强度下降，因为在"十一五"期间，小火电、小炼钢已关停很多，"十二五"期间关停的空间已非常有限。不仅如此，中国规模以上的企业能源效率已接近世界水平，"十一五"投资装机的火电效率比日本高，汽车燃油效率比美国高，规模以上钢铁企业的吨钢综合能耗优于发达国家平均水平。所以说，"十二五"期间单位 GDP 能耗降低只能而且必须低于"十一五"。

二、"十二五"发展压力依然，节能减碳难度加大

能源消费弹性系数决定了 GDP 与能源消费增长之间的线性关系，因而，单位 GDP 与碳减排也线性相关。"十五"期间，能源消费弹性系数大约在 1.0，即 1% 的 GDP 增长，就有 1% 的能源消费增长。"十一五"期间，这一系数降至 0.7~0.8。那么，"十二五"期间，如果进行经济结构调整，能源消费弹性系数会持续降低，可能在 0.6 左右。如果全国平均 GDP 增长达到 10% 上下，能源消费增长将达到 5%~7%，GDP 增长 8%，能源消费增长将达到 5%。以此计算，由于"十二五"期间的经济增长目标仍将保持高位，能源消费总量仍将呈现较快增长，不然难以支撑经济发展和社会进步的需要。例如，城市化水平的提高和生活品质的提升，需要增加商品能源的消费。

"十二五"期间碳减排还面临许多困难。东部发达地区排放量大，但碳生产率即单位碳排放产出高，减排成本和难度相应也高，如果指令性规定大幅减排，不仅有鞭打快牛之嫌，而且也确有实际困难。中西部地区为了经济发展，要承接东部转移的高耗能工业，不但不希望大幅减排，甚至还要求有所上升，所以中西部减排指标的落实也困难重重。因此，从政策层面考虑，减排不应该采取"一刀切"的简单行政管制，应根据各地情况不同，提供弹性空间。例如，在向地方分解减排目标时应适当考虑当地发展阶段。又如，允许地区间开展减排交易等。

三、加强技术研发，提升零碳能源市场竞争力

大力开发可再生能源，不仅有利于减碳目标的实现，而且直接关乎"十二五"非化石能源占一次能源消费比例目标的完成。但是，大规模利用可再生能源不能一蹴而就，必须考虑到两方面问题：第一，现阶段，大力开发可再生能源不但不能替代化石能源，有可能反倒会大量增加其消耗。这是因为风能、太阳能等具有间歇性，要最大限度保障稳定和充足的能源供给，必须发展更多煤电，而且煤电机组因不能满负荷运行，发电效率会降低。另外，在当前的技术水平下，开发利用可再生能源的成本较高，必须对其进行补贴，这部分钱只能从价格相对低廉的化石能源上来，从而使得可再生能源规模越大，需要的补贴也越多，化石能源利用规模也越大。第二，技术锁定效应也须得到足够重视。目前的可再生能源技术，投入大，发展快，进步日新月异。但是，整体水平不具备市场竞争力，不能满足当前社会经济发展的需要。在技术尚在快速

发展但不成熟的情况下，大量的生产性投入意味着大量的浪费。因此，目前发展可再生能源的策略应是加大研发，而非大规模布局，不搞大跃进。与此相适应，财政补贴也应该侧重研发，而非推广利用。加快技术进步，提高技术竞争力，市场会自动选择适用，而且减少了不必要的浪费。

四、保障民生也是节能减碳的责任与承诺

中国"十一五"节能减碳工作取得了举世瞩目的成果，中国的努力和绩效被很多国家所认可，因此，"十二五"目标也受到了世界广泛关注。国家层面的"十二五"指标将分解到各省市和各部门，作为约束性目标加以落实。对一些省市来讲，完成17%难度的确不小。根据这样的情况，我们需要与发展阶段相衔接，充分考虑经济转型的实际，特别是保障民生的需要。一个明显的例子是，综观2011年3月日本的超强地震、灾难性海啸和核泄漏事故的影响与应对，足以看出发展阶段的重要性。中国近年来的四川汶川地震、青海的玉树地震、云南的盈江地震，经济损失远比日本低，但生命代价远比日本高。社会进步，在于对生命价值的推崇和尊重，不在于经济数额。民生的需要，人格的尊严，应该优先于节能减碳目标。

中国作为新兴经济体，能源消耗和温室气体排放位居世界首位，经济总量也跃居第二。这也意味着，中国应该准备而且需要承担相应的责任。但是，这种责任必须与中国的实际能力相吻合，不能加大国际预期。"十一五"时期的高目标是通过分解指标，加上行政手段强制地方减排，一些地方政府为了完成任务，采取拉闸限电等措施，严重影响了居民正常的生产生活。高目标与行政强制手段可以表明节能减碳的决心和力度，但是很大程度上得不到国际社会的认同，也有违"十二五"规划提出的"保障和改善民生"这一根本出发点和落脚点。相反，如果我们实事求是，量力而行，循序渐进，留有弹性空间，避免过激措施，保障民生的目标就能够实现，中国的国际形象和地位也会得到认可和不断提升。

撬动私人投资：公共资金在低碳经济中的角色

要使全球经济走上低碳发展的轨道，需要付出高昂的成本。据国际能源机构（IEA）估计，到 2020 年，发展中国家和新兴经济体发展低碳经济所需资金为 1970 亿美元。

2011 年 4 月，英国智库"海外发展学院"一篇题为《撬动私人投资：公共资金在低碳经济中的角色》的研究报告认为：从目前全球能源投资现状来看，绝大多数低碳投资源于私人部门，公共财政在这一领域的投资只占很小一部分。即使公共财政大量投入，私人投资仍将继续在未来能源供应结构的塑造中扮演最重要的角色。面对发展中国家和新兴经济体对于发展低碳能源技术的资金需求，亟须政府政策和公共资金发挥应有的作用，充分撬动私人部门投资，以最大限度地动员私人部门力量支持低碳经济的发展。

《报告》认为，首先是强有力的政府角色。吸引私人投资者进行低碳投资的首要前提是要有一个良好的而且强有力的政策框架。因为几乎所有低碳投资的成本都高于高排放行业，需要政策的强有力支持才能进行下去。政府在创造政策与制度环境、激励私人部门投资低碳项目方面，扮演着重要的角色。具体而言，最能激励投资者的是潜在投资的盈利率。获得有利于提升公司价值、改善资产负债表质量的国内或国际政策的支持，将有利于改善盈利率。例如，通过逐步减免化石燃料补贴，将降低耗能企业的利润结构，从而鼓励私人资本进入非化石燃料领域；引入碳税可以加大高耗能、高污染能源生产成本；通过制定可再生能源的上网电价有利于提高收入的可预测性，从而鼓励对光伏产业投资。

其次是风险降低与缓解。一般来讲，低碳项目具有一系列真实存在的风险，特别是在发展中国家，这些风险极大提高了项目开发的成本，这也是旨在撬动私人资本的政府政策需要着力关注的领域。这些风险主要分为六个类别：一是政治风险，反映对某国政治稳定性和财产权安全的担忧，以及在不熟悉的法律系统之下工作所承受的高成本。二是货币风险，反映对某国货币贬值（以及其对海外投资者的效用降低）的担忧。三是法规和政策风险，反映对监管和政策环境的稳定性和确定性的担忧,包括针对低碳投资的激励政策的期限以及电力购买协议的可靠性。四是执行风险,反映对地方项目开发者可能缺乏有效实施项目能力或经验的担心,以及在陌生国家投资经营的难度。五是技术风险,反映对未经足够试验的新技术或系统可能无法按照预期工作的担忧。六是陌生风险,反映投资者为理解其未曾从事的项目所耗费的大量时间与努力。

而政府的作用就是降低或缓解上述低碳项目的风险,撬动私人投资。随着时间的推移,政策更加确定、技术得以证实、投资者对相关领域更加熟悉,低碳投资所面临的特有的风险应被降低,低碳融资缺口也会相应缩小。

最后,风险防范工具与机制。公共财政部门可以利用几个实用的融资工具撬动私人投资,通过直接公共融资或通过公共担保,撬动债权和股权投资。

比如促使放贷人更积极地放贷并降低贷款利率,从而降低低碳项目融资成本,提高盈利率的贷款担保,它允许政府和其他公共资金机构为项目贷款提供担保,将部分或全部风险从放贷人转移至保证人,保护投资者免受违约威胁。通过由财政部门购买传统保险以应对政策改变,从而降低低碳项目政策的不确定性风险的政策保险。例如,如果政策是通过上网电价支持可再生电力项目,财政部门可以购买政策保险以防止上网电价补贴被取消或降低。政策的长期可持续性将确保可再生电力项目的盈利率,为私人投资者提供明确信号。可以通过创造一系列能在项目需要资金时支取并在项目有盈余时偿还的信用政策,降低使用外币贷款相关的风险。这是一项普遍的投资风险缓解工具,可减少各类部门的投资风险,而非仅被用于低碳投资。

比如公共资金提供者提供少量股本用来支撑和鼓励私人投资者拿出大量更高额的股权保证基金,目的在于撬动其他投资者,并确保后者具有利润分配的第一请求权,从而增加其风险调整收益。

不同的工具适用于不同类型的投资者、项目和国家背景,一些工具正在被使用或被开发,来支持私人部门投资低碳项目。多边开发银行包括 IFC 是这一领域最重要的参与者,它们通过投资和担保参与低碳项目,被认为大大降低了私人部门投资者面临的政治与政策风险。据估计,多边开发银行有能力用其 1 美元贷款撬动 3 美元私人资本投资,其自有贷款资金的 50% 来源于国际社会。因此,多边开发银行可以利用其特殊的地位和作用,在撬动私人部门投资低碳经济中扮演特别重要的角色。

除了多边开发银行，另一个针对撬动私人资本投资低碳领域的激励机制的例子是全球气候伙伴基金（Global Climate Partnership Fund，GCPF），一个由德国政府和德国国家开发银行联合发起的机制，现委托德意志银行管理，旨在筹资 5 亿美元，通过与本地金融机构合伙的形式，为 13 个新兴经济体和中等收入国家的低碳能源项目提供债权融资。美国政府海外私人投资公司（OPIC）最近的一个启动项目将为新的私募股权投资基金提供至少 3 亿美元，以撬动新兴市场可再生能源项目至少 10 亿美元的投资。

稳步推动碳资产评估事业健康发展

积极应对气候变化，发展低碳经济已为越来越多国家所共识，成为一种发展趋势。随着国际国内碳市场的深入发展，碳资产评估作为一项全新事业应运而生。碳资产评估涉及多学科交叉领域的广泛业务内容，需要聚合各方面优势资源共同推进发展。本文即是清洁基金秉承创新理念，对于推进碳资产评估事业发展的探索和思考。

一、低碳产业和碳资产评估事业前景广阔

近十多年来，随着气候变化国际合作不断深入发展，在《京都议定书》的约束下，碳排放额日益成为一种经国际法认可的稀缺资源，并具有了进行受法律保障交易的商品属性，针对碳排放权和减排量的国际碳交易市场由此产生。1998~2010 年，短短十二年间，在强烈的国际减排意愿驱动下，碳市场交易量从最初的 1900 万吨提升到 87 亿吨，交易额也急剧增加到 1419 亿美元。碳市场的快速发展和繁荣兴盛，真实地反映了国际社会对环境和气候变化问题的高度重视。

企业是碳市场的主要参与者，也是推动碳市场发展的重要力量。对碳排放额作为资产进行管理，从会计计量角度衡量和报告企业对气候变化的影响与贡献既是碳市场深化发展的必然要求，也是碳融资活动不断创新丰富的必然趋势。

2010 年，国际综合报告委员会（IIRC）提出在财务报告中加入气候变化因素，即建立一项全球认可的会计可持续发展框架，使公司经营中对气候变化的影响通过财务报告得以体现，而且企业对拥有的碳资产可以进行交易，将其转变为可以带来价值增加的资产。国际会计准则委员会和美国财务会计准则委员会对此倡议持支持态度。这将对与气候变化直接相关的产业和技术的发展产生更加直接的影响，碳减排量作为一种资产进行管理和交易的必要性愈加突出。

中国始终以高度负责任的态度积极应对气候变化。党的十八大提出要着力推进绿色发展、循环发展、低碳发展，努力建设美丽中国，把生态文明建设放在突出位置，并将之纳入社会主义现代化建设总体布局。

国家"十二五"规划将应对气候变化和低碳发展作为加快转变经济发展方式的重要抓手，首次明确减碳约束性指标，即到 2015 年单位 GDP 二氧化碳排放强度要降低 17%；同时提出要逐步建立国内碳排放交易市场。现在，17% 的碳强度减排指标已经被分解到地方，"五市两省"（北京市、上海市、天津市、重庆市、深圳市和广东省、湖北省）碳交易试点工作也已启动。

在这个大背景下，伴随政府节能减排工作力度的加大，国内市场化的碳融资活动也在不断走向丰富和深化，与碳资产配置、交易和管理相关的量化估值业务，以及企业对碳资产计量和管理的专业化需求也在快速增长。碳资产评估作为一个新兴行业开始萌芽并悄然兴起。推动这个行业发展的，是不断积累的供需两个方面的要素：一方面，伴随政府不断严厉的减排要求和约束措施，温室气体排放大户企业对碳排放权的需求不断上升；另一方面，是通过运用新技术新能源减排的企业、团体及其对碳排放权的供给。连接供需两端的，正是近年来活跃于 CDM 市场和碳融资领域的金融机构、相关咨询中介机构等。这些机构或通过碳市场交易，或通过排放权抵押帮助企业获取贷款等各种各样市场化的运作方式，赋予碳排放权一定的价值，这种价值的实现过程其实已经包含了经典意义上的资产评估的内容。

转变经济发展方式，走绿色发展之路的明确大方向和更多通过市场机制推动实现节能减排的主流共识，决定了碳资产评估行业发展潜力巨大，前景广阔。

二、清洁基金的创新低碳融资探索

清洁基金是财政统筹内外，支持节能减排和低碳发展的创新资金机制。它是发展中国家第一个国家层面专门应对气候变化的政策性基金，把中国参加联合国《京都议定书》下 CDM 合作以可持续的方式，从项目层面升级和放大到国家层面，是气候变化国际合作中令人瞩目的创新性成果。创立伊始，清洁基金努力创新思路，以打造应对气候变化的资金平台、合作平台和信息平台为己任，利用自有资金，同时动员、组织其他多渠道的资金，为应对气候变化提供资金支持，推动市场减排、技术减排和新兴产业减排，促进国家应对气候变化事业的产业化、市场化、社会化和国际化发展。同时，通过多层次的宣传和交流活动，促进信息共享和经验交流，提高全社会对应对气候变化工作的关注和支持。

清洁基金来源于气候变化国际合作的创新，因此视创新为生存之根本、发展之基础、壮大之利器。近年来，清洁基金在低碳融资领域做了一系列创新的努力，包括：

第一，作为财政补充手段，为节能减排项目提供优惠贷款。截至2012年底，累计安排有偿使用资金36.15亿元，支持全国18个省市68个项目，涉及节能、提高能效、可再生能源和新能源开发利用、相关装备制造业等，撬动社会资金近225亿元。清洁基金已与陕西、江西、河北、山西、江苏五省签署战略合作协议，拟以清洁发展委托贷款为开端，开展低碳融资战略合作。

第二，以股权投资的方式，战略入股上海环境能源交易所，积极推动未来国内碳市场建设，并借此推动低碳领域所涉核证、咨询、会展、金融等相关服务业的发展。

第三，借鉴 IFC 在中国开展的能效领域贷款损失分担融资模式（CHUEE），与 IFC 合作，动员地方政府投入公共资金，共同撬动商业银行资金支持低碳发展项目。目前，清洁基金与财政部国际司、江苏省财政厅、IFC、江苏银行等合作的 CHUEE 江苏项目已经签约并启动执行。

与投资业务齐头并进的，是清洁基金在碳资产管理相关领域做出的一系列有益的探索：

一是在2011年3月，加入全国节能减排标准化技术联盟，与国内领先的标准研究机构、行业机构、认证机构等联手制定《项目层面的温室气体减排成效评价技术规范》、《钢铁行业余能利用项目温室气体减排成效评价技术规范》等五项节能减排标准，填补了该领域的空白，其中，《项目层面的温室气体减排成效评价技术规范》作为标准的标准，正在申请成为国家标准。

二是在清洁基金委托贷款工作中，开展针对性的碳减排核算，制定"碳预算"报告，保证项目碳减排成效。

三是积极走出国门，与世界银行、IFC、德意志银行建立务实合作关系，引进碳资产管理的国际惯例，借鉴国际先进经验，促进国内标准与国际标准顺利衔接。

四是携手中国资产评估协会（以下简称"中评协"），召集低碳融资和资产评估两方面的行业机构和专家，共同研究推动碳资产评估事业发展的方法和思路。2012年4月，与中评协共同召开"碳资产评估——实践与展望"座谈会，吸引了从事碳资产认定和评估的咨询服务机构、银行、碳交易所、开展碳盘查的企业、资产评估公司等15家相关部门和单位参加。会议就碳资产评估的国内外已有实践与经验、发展前景和所需条件、面临问题和解决思路、组织管理模式等主题进行了热烈讨论,并一致认为有必要尽快聚合各方面优势和资源,形成促进碳资产评估工作发展的合力。

清洁基金一直秉承锐意进取的精神,努力在探索中创新,在创新中发展。对于碳资产评估,清洁基金愿意与有识之士一道,共同努力,不断探索,促进碳资产评估业务成长,为中国低碳发展做出新贡献。

三、发挥各自机构优势,共同推进碳资产评估发展

碳资产评估是一项全新的处于交叉领域的业务,通过已有的极为有限的实践发现,碳资产评估在理论、方法、技术和实务等各方面,都与碳融资和资产评估存在较大差异,所以需要打通并融通两个领域的知识,做好规划布局,保障有序健康发展。

清洁基金是致力于推动低碳发展的政策性基金,中评协是资产评估业的牵头机构,利用清洁基金和中评协两个机构的平台作用,充分发挥各自的专业优势、机构能力和行业影响力,将两方面的专业人才队伍结合起来,打通两个领域的合作通道,相互学习,互为支撑,可以协同促进碳资产评估发展。因此,两机构应该联手搭建服务平台,尽快聚合各方面优势和资源,引领形成合力,与各方机构共同推进碳资产评估的市场培育、能力建设、业务培训、行业管理和国际合作,全力打造碳资产评估的服务链,同时为财政部门支持国内碳市场建设探索新的手段,为国家低碳发展做出新贡献。

对于正处于起步阶段的碳资产评估行业,建议尽快开展四个方面工作以推动其稳步健康发展:

第一,建立碳资产评估相关标准和工作规范。碳减排量由于看不见、摸不着,必须经过先期科学严格的核算和审定、核证程序,才能成为具有公信力的商品进行交易。因此,对碳资产评估业而言,标准和规范是必不可少的基础性要素。应在现有的碳资产评估实践基础上,尽快总结并推动制定碳资产评估相关标准和工作规范,开展有关示范、推广,为碳资产评估业的发展提供更高层面的技术支持。

第二,加强碳资产评估业管理。建议尽快组建相关专业性组织平台,为行业发展提供组织保障、协调机制和智力支持,努力推进碳资产评估管理工作的建立和完善。

第三,加强碳资产评估相关能力建设。碳资产评估行业发展刚刚起步,缺乏专业的从业机构和人员。清洁基金与中评协应在加强双方优势

领域的知识共享的基础上,共同组织专家编写培训教材,开展相关培训,推动碳资产评估机构和从业人员的能力建设。

第四,促进碳资产评估相关国际合作。在国内工作的基础上,应促进先进理念和经验的国际交流,并努力争取国际话语权,引导和推动碳资产评估相关国际规则的制定。

日本核泄漏事故影响全球能源消费格局

2011年3月11日，日本地震海啸引发核泄漏事故，在国际社会引起强烈反响。拥有核电站的多个国家政府相继宣布对本国正在运行的核电站进行安全检查，收紧审批新建核电站安全标准，并开始重新审视本国核电发展计划。长期以来被视为清洁能源的核电，一时广受质疑，国际能源价格剧烈动荡，对未来能源消费格局产生着深远的影响。

一、全球能源价格剧烈动荡

电价飙升。根据国际能源署数据，2008年全球发电量中，使用煤、天然气、核能和石油所产生的发电量分别占40.8%、21.2%、13.5%和5.5%。日本核泄漏事故之后，核电供应中断，造成日本电力供应的极度短缺。同时，作为欧洲最大电力供应来源的德国宣布关停全国7座建立最早的核电站，欧洲电价随之飙升。2011年3月16日，德国电价升至2008年11月以来的最高值，达每兆瓦时62.75欧元（相当于每度电0.574元人民币），升幅8.75欧元，升高16%。此后近两周内电价基本保持高位，3月底由于执行夏令时等因素，电价下降到每兆瓦时57.75欧元。

石油价格震荡。日本大地震对日本经济形成重创，加上短期内为应急需要，日资机构纷纷从海外撤资，导致此前受中东、北非部分国家国内政治动荡影响而飙升的油价出现回调。2011年3月15日纽约商品交易所4月份交割的石油期货价格跌破100美元，至97.2美元；4月份交割的布伦特原油期货价格也从日本大地震之前3月10日的115美元降至3月15日的109美元。市场分析人士认为，鉴于日本灾后重建将对石油产生巨大需求，加上地缘局势不稳定造成石油供给的不确定性，未来一段时间国际油价总体将呈震荡上升的趋势。

天然气价格飙升。核泄漏事故发生后，日本对天然气的需求猛增，日本政府紧急请求俄罗斯增加对日本的液化天然气供给。2011年3月10日至16日，纽约天然气期货价格上涨4.3%，3月29日美国能源信息局公布的天然气期货价格比16日上涨7.6%。受价格持续上涨影响，法国、俄罗斯等国纷纷调升天然气价格。

二、碳市场价格上涨

德国关闭老旧核电站导致核电供给减少4900兆瓦。根据市场人士分析,如果核电设施被永久关闭,欧盟不得不更多依赖化石能源发电,从而导致二氧化碳排放增加。初步估算2020年欧洲将增加排放2.7亿吨二氧化碳,相当于当年欧盟排放限额的13%。这导致使用化石能源的发电企业需要从欧盟碳交易体系购买更多的欧盟碳信用(排放权),来抵消增加的二氧化碳排放量,由此欧盟碳信用价格飙升到近两年来的最高值。2011年3月15日,位于伦敦的洲际交易所期货欧洲交易市场欧盟排放权12月合约的收盘价较前一日上升了3.7%,达到每吨二氧化碳当量17.21欧元(24.08美元),是2009年5月以来的最高价。

三、各国政府的反应

欧盟国家共有143座核电站。欧盟于2011年3月21日举行能源部长特别会议,讨论如何制定欧盟统一的核能安全使用标准。

法国80%以上的电力依靠核能。法国政府要求核安全局对全国的核设施,尤其是核电站的安全性进行"逐一排查",考察上述设施在洪水、地震、断电、冷却系统故障以及运行管理事故五种情况下的应对能力,并总结日本核事故的经验教训,为改善法国核安全提出建议,要求在2011年底前向总理提交调查报告。

德国核电占总发电量的23%。德国政府已决定对所有核设施进行全面安全检查,并决定每年至少增加200亿欧元(约合280亿美元)投入可再生能源建设,以最终彻底替代核能需求。德国此举,使其成为日本核泄漏事故发生以来发达经济体中唯一表示计划永久停止使用核能的国家,日本福岛核电站的灾难加速了德国结束利用核能的进程。

美国目前有104座核电站,都是在20世纪80年代三里岛核泄漏事故前建设的,核电分别占总电力、清洁能源电力的20%和80%。美国总统奥巴马于2011年3月30日发表讲话,强调清洁能源开发的重要性及紧迫性,重申2035年前美国80%电能来自清洁能源的目标。按照奥巴马的能源计划,2035年前将建成20座新核电站,目前正有5个核反应堆在建设中,预计2020年前投入运营。奥巴马还主张力推美国"能源独立",提出到2025年石油进口减少三分之一,并为此提出四大举措,主要包括增加国内能源产量、确保能源进口多元化及安全、开发替代石油的能源包括生物燃料和天然气以及提高汽车和卡车的能源利用率。

四、全球能源消费结构将出现变化

在节能减排和低碳发展的总体大环境下,其他非核能清洁能源将借此机会获得大的发展。首要的是天然气。近年来,随着页岩气的发现和大量开采利用,天然气产量一路攀升,在能源领域几乎可形成与石油平分天下的格局。日本灾后重建势必增加对液化天然气的需求。

此外,具有较高安全性的风电和光伏可能受到更多关注和重视。欧洲风能协会2011年3月15日在比利时首都布鲁塞尔发表公报表示,欧盟计划今后20年投资4000亿欧元,以实施风电工业计划。根据欧盟成员国目前制定的2020年国家规划,未来10年,风能发电将占到欧盟发电总量的14%。同时,太阳能光伏具有安全性最好、储量最丰富、发电质量稳定、对环境友好的特点,很可能受到新一轮追捧,从而带动太阳能光伏产业发展。

总体来看,日本大地震短期内对日本经济形成重创,对石油等传统能源价格形成了较大的下行压力。但从中长期来看,大地震所造成的破坏为日本经济增长创造了空间,作为工业化发达国家,日本的灾后重建将创造更多的需求,特别是对能源的需求,成为支撑石油等化石能源产品价格的重要因素。但日本大地震和海啸所造成的核泄漏,将促使今后一段时期世界范围内能源消费结构的调整,对核电的利用将更加审慎,安全系数高的新一代核电技术可能由此获得突破;而对天然气和更加清洁的能源的需求将大幅上升。传统的发电原料——煤炭由于对环境造成的污染,其在能源消费结构中的比重可能保持相对稳定甚至略有下降。

低碳发展共识造就德班气候变化谈判成果

正应了中国"事不过三"这句老话，气候变化国际谈判经历了2009年哥本哈根的失落和2010年坎昆的僵持之后，2011年在德班最终没有让国际社会放弃希望。虽然德班会议也是一波三折，甚至一些国家的公开立场比在哥本哈根和坎昆更为保守和倒退，但是在这个决定2012年后国际气候制度何去何从的关键时刻，谁都不再愿意担负阻挠气候谈判进展的罪名或责任，会议进入少见的"加时赛"。在最后的30多个小时内，谈判峰回路转，发达国家和发展中国家各自做出了让步，会议终于取得了各方可以接受的成果：就《京都议定书》（以下简称《议定书》）第二承诺期问题做出安排，启动绿色气候基金，在坎昆协议基础上进一步明确和细化适应、技术、能力建设和透明度的机制安排，设立关于2020年后进一步加强公约实施的谈判进程等。其中，前三项成果都是发展中国家的关切，第四项成果是发展中国家为争取发达国家同意前三项成果而做出的妥协。可以看到，德班会议坚持了《联合国气候变化框架公约》、《议定书》和"巴厘路线图"授权，坚持了双轨谈判机制，坚持了"共同但有区别的责任"原则。

中国在德班扮演了建设者的角色，对会议取得进展做出了积极贡献。首先，中国通过现场新闻发布会表明在满足五个条件的情况下，可以接受有法律约束力的全球减排协议。这五个条件都是发展中国家的集体关切，都是站在发展中国家整体立场上的，既向发达国家表明立场，又团结发展中国家。其次，中国在美国、欧盟、基础四国、77国集团等之间积极斡旋，反复多边或双边磋商，努力弥合各方分歧。最后，中国在关键时刻同意设立关于2020年后进一步加强公约实施的谈判进程，做出了必要让步，同时为发展中国家争取到了主要关切。

应注意到，德班会议一揽子决议的内容，在"共同但有区别的责任"原则指导下，从不同程度和角度体现了国际社会成员对全球低碳发展的认识与行动。发达国家在低碳发展的同时要承担具有国际法律约束力的量化减排责任，像英国和德国主动把两者很好地结合起来，通过国内低碳发展，顺利完成《议定书》第一承诺期义务，而有的发达国家消极对待第一承诺期义务,缺乏把挑战转化成为机遇的主动意识和实干行动,温室气体排放比1990年不降反升,甚至升幅显著,难免在低碳发展进程中落于人后。发展中国家在发展经济和解决贫困等优先任务的前提下,也在自主地、力所能及地主动向低碳发展转型,但目前和将来一段时间内,还不能也不应当承担国际法律约束力的量化义务,开展减缓和适应气候变化行动,也需要得到发达国家在资金、技术和能力等方面的支持,以便更好、更快地走上低碳发展之路,更多地减少温室气体排放,造福全人类。回顾德班会议期间的激烈交锋,有意思的是,各国虽然存在明显分歧,但都持有一个基本相同的观点,就是务实地致力于低碳发展。正因为这个共识,才有可能在德班务实地达成妥协,设立关于2020年后进一步加强公约实施的谈判进程,既为近中期相关各项问题取得谈判成果提供了条件,又着眼于长远布局。

当前,无论发达国家还是发展中国家,都已经认识到低碳发展潮流势不可当,认识到只有赶上低碳潮流,甚至引领低碳潮流,才能不受制于人,取得保障能源安全供给、减少温室气体排放、获取高额附件价值等多重利益。美国奥巴马政府虽然在气候变化谈判下仍然坚持不承诺减排,但却在国内不断出台发展绿色能源经济的政策措施,投入巨额公共资金,支持风能、太阳能等可再生能源利用、高效清洁煤发电和碳捕获与封存示范工程等;最近,又采用类似中国财政"以奖代补"的方式,启动一项为期两年、价值40亿美元的建筑节能计划,减少燃料消耗,增加就业机会,争取到2020年将政府和私营部门建筑能效提高20%。欧盟一贯致力于促进可再生能源利用、能效提高和排放减少,在2008年就制定了到2020年实现这三方面三个"20%"的目标并开始实施。

对于中国代表团在德班的表现,媒体前所未有地大量使用了"主动出击"这个词语。中国之所以能够发挥如此积极的建设性作用,是因为国内一贯高度重视向绿色低碳可持续发展转型,采取积极措施节能减排和应对气候变化,有明确的目标、坚定的行动和显著的成果作为国际交流的坚实后盾。"十一五"期间,中国单位国内生产总值能耗下降19.1%,节能6.3亿吨标准煤,相当于减少二氧化碳排放约15亿吨。中国政府于2009年11月郑重宣布了到2020年控制温室气体排放行动目标,其中包括单位GDP二氧化碳排放强度比2005年下降40%~45%的目标。为落实这一目标,"十二五"规划提出到2015年单位GDP二氧化碳排放比2010年降低17%、非化石能源占一次能源消费比重达到11.4%等约束性指标,并将采取"合理控制能源消费总量"、"建立完善温室气体排统计核算制度，逐步建立碳排放交易市场"等切实的政策措施。正因为拥有过去长期的努力特别是"十一五"的成就，正因为已经踏上实现"十二五"目标的征程，中国才能有充分的自信在 2012 年后国际气候制度的设计中，发挥越来越大的作用，为国内发展去争取有利的国际发展环境。现在我们正在回顾加入世界贸易组织后的十年发展，我们完全可以把气候变化谈判的意义同"入世"谈判的意义相并列，这样就更容易理解"机遇与挑战并存"的含义。

中国在德班会议上同意设立关于 2020 年后进一步加强公约实施的谈判进程，既是更加智慧和灵活地参与国际谈判的表现，又向最终要面对的国际量化减排承诺迈出了一步，面临着一项新的挑战和更大压力。中国必须要克服重重困难，在短短的 8 年时间里，为 2020 年做好准备。作为发展中大国，客观必要的生存排放和发展排放仍然不可避免将有所增长，然后才能达到"峰值"。为此，中国必须在经济保持平稳较快发展的过程中完成绿色低碳转型。国内、国际形势两相对照，要求中国在处理好应对气候变化国际事务的同时，将国内节能减排和应对气候变化作为"经济社会发展的重大战略和坚定不移的政策取向"，常抓不懈，并利用国际公约等气候、能源、环境的多边和双边机制，借鉴和吸收国际低碳发展潮流的有益经验、技术和知识，为我所用。这对于未来能源资源安全供给、发展低碳技术和新兴产业、降低"峰值"绝对量、增强国际竞争力等都至关重要，也必定能为中国"获得公平的可持续发展"加分。如果可以实现这些期望，我们完全可以相信，当 2020 年到来时，中国将满怀更大信心，为国际气候制度的构建，为经济全球化背景下的可持续发展，做出更大贡献。

多哈气候大会取得各方可接受的成果

2012 年 11 月 26 日，各界广为关注的《联合国气候变化框架公约》（下称"公约"）第 18 次缔约方大会暨《京都议定书》（下称"议定书"）第 8 次缔约方大会在卡塔尔首都多哈开幕。被称为多哈气候大会的本次会议，其任务主要体现在三个方面："增加资金供给"议题在内的 2012 年后长期合作行动谈判、"议定书"第二承诺期谈判、构建 2020 年后国际气候制度的"德班平台"谈判。

会议达成了名为"多哈气候途径"的一揽子决议。尽管国际社会特别是发展中国家认为会议成果并不完美，但总体上还是取得了各方可接受的成果。

一、会议基本情况

如会前预期，原定为期两周、计划于 12 月 7 日结束的谈判进展缓慢，各方僵持不下，被迫延长 24 小时。会议的最后时刻，尽管还有不同"声音"，但在主要发达国家、"77 国集团 + 中国"、小岛屿发展中国家集团、非洲国家集团等表示对最终决议文本无异议后，东道国多哈气候大会主席强行落槌通过了"多哈一揽子决议"。此次"决议"包括增加资金供给在内的长期合作行动、"议定书"第二承诺期的期限和发达国家量化减排义务、德班平台谈判进程在 2013～2015 年的任务和时间节点等相关安排。就中国代表团而言，多哈会议达到了预期。

中国代表团团长、国家发展改革委副主任解振华对多哈会议的评价是——"并不完美但可接受"。他表示，多哈谈判从法律上确定了"议定书"第二承诺期，达成了为推进"公约"实施的长期合作行动全面成果，坚持了"共同但有区别的责任"原则，维护了"公约"和"议定书"的基本制度框架，这是多哈谈判最重要的成果。多哈谈判把联合国气候变化多边进程继续向前推进，向国际社会发出了积极信号。不过，解振华同时表示，对会议结果"也有遗憾"。比如，发达国家第二承诺期的"减排"力度明显不够，2020 年之前的出资规模和公共资金提供情况也不令人满意等。

分析会议决议内容可以发现，会议成果主要是定性的和对已有承诺的重申或记载，更多地强调体现政治意愿的框架性安排，缺少令人鼓舞的定量细节安排与承诺。这些，都成为了多哈会议的遗憾。

二、关于气候变化资金问题

同历次气候会议一样，资金是气候变化谈判最重要的议题之一。资金谈判包括多个专题，自2007年"巴厘路线图"以来，长期合作行动下"增加资金供给"一直是重点专题和焦点之一。2009年《哥本哈根协议》对资金安排做出了相关政治指导；2010年"坎昆协议"明确了长期资金（发达国家到2020年每年动员1000亿美元）、发达国家在2010~2012年提供300亿美元快速启动资金、建立绿色气候基金、设立资金机制常设委员会等；2011年德班气候大会主要决定启动绿色气候基金、对到2020年的长期资金、资金机制常设委员会做出了一些具体安排。与以往相比，本次会议在增加资金供给的决议方面，新增如下内容：2013~2015年中期资金规模不低于快速启动资金；延长长期气候资金工作计划一年至2013年底，目标是促使发达国家动员公共、私营及创新资金；对绿色气候基金董事会的指导等。

同时，绿色气候基金的构建和运行直接关系到"公约"下国际气候合作资金的筹集、管理和使用。本次会议做出了关于"公约"缔约方会议与绿色气候基金之间关系安排的决议，明确绿色气候基金向"公约"缔约方会议负责，在缔约方会议指导下工作，要求资金机制常设委员会和绿色气候基金董事会提出缔约方会议与绿色气候基金之间的进一步安排建议，供2013年底的"公约"第19次缔约方会议讨论同意。

本次会议要求发达国家在2020年前在快速启动资金之后继续增加出资，重申到2020年达到每年1000亿美元的规模，但并未明确2013年起量化的出资规模。"77国集团+中国"呼吁发达国家分阶段落实长期资金，提出2013~2015年发达国家应提供中期资金600亿美元。但发达国家整体并未承诺2013~2015年的中期资金数量。直到谈判临近尾声，欧盟及其成员国英国、德国、法国、丹麦、瑞典才"松口"，宣布将在2015年前提供气候资金合计约60亿美元。这一承诺出资额度不仅远远低于600亿美元，甚至远未达到多哈会议决议要求的不少于快速启动资金，与发展中国家的实际所需则差距更大。资金承诺的不明确和承诺量严重不足给政治互信和未来的谈判进程蒙上了一层阴影。

此外，资金的透明度和所体现的诚意也存在问题。以快速启动资金为例，尽管发达国家已经宣布其共同完成了 2010~2012 年的 300 亿美元资金承诺，但完成情况还有很大争议。根据国际著名的气候变化非政府组织乐施会发布的研究报告，这些资金中只有三分之一是额外的新增资金，只有不到一半的资金是赠款，其余均是贷款，且用于减缓和适应的比例高达 4∶1，严重不平衡。

深究资金问题谈判艰难背后的原因，一方面，在全球经济滑坡的大背景下，发达国家自顾不暇，财力有限，紧张的国内财政需要投入到更重要的经济建设之中，对应对气候变化的支持明显力不从心。另一方面，近年来自然灾害频发，贫困国家尤其是小岛屿国家更加迫切的关注扶持资金，而不是减排目标。减缓气候变化是长远的、看不见摸不着的行动，而资金用于能力建设和防治气候变化损失和损害是能够产生短期效果的。

此外，对于一些即便是对气候变化资金问题比较支持的发达国家，也需要平衡其国内外应对气候变化的资金投入。比如，这次多哈会议上，英国表示向发展中国家提供 29 亿英镑，但究竟能够有多少资金落实到发展中国家还很难说。有研究指出，英国为履行自身减排目标就需要在 2020 年前花费 230 亿英镑。

三、关于议定书第二承诺期

本次会议明确，议定书第二承诺期从 2013 年到 2020 年共八年，继续参加议定书的发达国家在第二承诺期的量化减排承诺具有法律约束力，发达国家缔约方最迟到 2014 年可以提高其第二承诺期的量化减排承诺，CDM 这一灵活履约机制继续有效，并将发达国家作出量化减排承诺作为其继续利用 CDM 履约的条件，还对议定书第一承诺期分配给发达国家和前苏联东欧经济转型国家缔约方的排放指标（即分配数量单位，Assigned Amount Units）如何转入第二承诺期作出了规定。这一决议在 2011 年德班气候大会决议关于第二承诺期长度在 5 年或 8 年之间作出了选择，也落实了 2010 年"坎昆决议"确保议定书第一、第二承诺期之间不出现空当的要求。

议定书第二承诺期谈判从 2005 年开始，至今历时八年，本次会议就第二承诺期安排作出了决议，维护了议定书和"共同但有区别的责任"原则，对于推动应对气候变化国际合作具有重要的意义。

但应当看到，加拿大、日本、新西兰、俄罗斯已退出议定书，美国仍然没有加入议定书。这些因素意味着第二承诺期的发达国家缔约方主要就是欧盟和澳大利亚，只涉及全球温室气体排放的 15%。而且，欧盟只是将其内部已立法的到 2020 年在 1990 年水平上减排 20% 的目标移植到第二承诺期，没有作出更有力的承诺。澳大利亚的承诺也早已在 2010 年坎昆气候大会上宣布。表面上看是对发达国家缔约方第二承诺期量化减排承诺的法律化，实质上只是记载欧盟和澳大利亚各自国内已经立法通过的减排目标，并没有新意。

发展中国家一直要求发达国家大幅提高量化减排承诺，欧盟和澳大利亚也提出有条件承诺提高量化减排目标。因此，本次会议决议还明确，在 2014 年底之前，发达国家缔约方可以提高其量化减排承诺目标。但是，所谓条件在 2007 年"巴厘路线图"已基本明确，就是美国等发达国家排放大户要作出与其他发达国家可比的量化减排温室气体承诺，中国、印度等发展中国家排放大户也要采取与其各自能力相当的减缓气候变化行动。6 年没有突破的条件，期望在接下来两年内突破，非常困难。

四、关于德班平台进程

本次会议给议定书延长了脆弱的 8 年生命，但只有更少的国家履约，很可能没有更高的减排目标。由于主要发达国家中的排放大户美国、日本等没有参加第二承诺期，2020 年以后议定书能否继续坚持下去不容乐观，或者将以另一个有约束力的法律文本形式延续。为此，国际社会瞩目德班平台谈判进程。

德班平台谈判的主要目的是在公约下构建 2020 年后国际气候制度。本次会议决定，在 2015 年 12 月召开的联合国气候变化大会上，通过一项在公约下具有法律效力并适用于所有缔约方的议定书、其他形式法律文件，或商定的成果，并于 2020 年生效实施。为实现这一安排，决定在 2013 年确定和探索一系列缩小 2020 年前减排目标差距的行动方案，旨在于 2014 年确定提高 2020 年前减排力度工作计划的进一步活动，以根据公约确定最大可能的减排努力，同时决定德班平台特设工作组在 2014 年 12 月联合国气候变化大会前，为形成谈判文本草案考虑各种要素，以在 2015 年 5 月前提供一份谈判文本。

由此可见，本次会议明确了德班平台谈判的任务和时间节点，为气候谈判尤其是扩大减排努力提供了新的选择。未来的减排将不仅仅限于发达国家，发展中国家一样要履行部分责任。

可以预料，德班平台谈判将会非常艰难，主要原因在于：第一，以美国为代表的部分发达国家经济复苏缓慢，缺少开展应对气候变化行动的动力；第二，"共同但有区别的责任"原则在新的国际气候制度框架中如何实施，才能既满足发展中国家利益，又带动发达国家减排的积极性，需要新的智慧；第三，如果发达国家不提供大量的援助资金，或者不能采取有利于发展中国家获得气候融资的政策行动，那么，新的框架很难获得发展中国家的欢迎。

五、中国的参与和展望

作为负责任的发展中国家，中国本着积极、务实、开放的精神，全面、深入地参加了多哈会议各个议题的谈判磋商，从不同层面广做各方工作，为多哈会议取得成功作出了不懈努力，发挥了建设性的重要作用。联合国秘书长潘基文先生和公约执行秘书菲格雷斯女士等国际政要对中国发挥的作用均高度赞赏。

中国之所以有底气在气候变化国际多边谈判中发挥重要作用，是因为中国政府以高度负责任的态度和切实有效的措施积极应对气候变化，国内采取了正确的、强有力的节能减排、发展清洁能源、植树造林、增加碳汇等措施，取得了明显成效；同时积极支持和推动应对气候变化国际合作，坚持"共同但有区别的责任"原则，维护发展中国家整体利益。

展望未来，作为第一大排放国和正处于工业化、城镇化加速发展阶段的发展中大国，中国面临的机遇和挑战并存。根据多哈会议达成的协议，2020年前发展中国家不承担量化减排义务已成定局，这为国内发展争取了宝贵的时间和空间。但应对气候变化和低碳发展是大趋势，中国必须做好准备。在国际上，气候变化国际谈判下一步的重点进一步集中于德班平台，尽管2020年前发达国家的减排、可比承诺、出资和技术转让等问题还可能成为发展中国家在德班平台谈判中继续抵挡发达国家攻势的筹码，但在2020年后国际气候变化制度框架构建中发达国家和排放大国都要承担量化减排义务等问题不可回避。中国在2011年德班大会上已经承诺有条件减排，如何在参与构建2020年后国际气候变化制度的过程中，既能进一步争取发展权和发展空间，同时积极推动应对气候变化多边进程向前发展，将是一大挑战。

碳市场发展

什么是碳市场

"碳"作为一种新型的虚拟商品，同时具备了商品的两种属性，即价值和使用价值。这两种属性都是建立在政策的基础上，即在《京都议定书》的约束下，各国都要履行其各自的减排义务，从而产生了对碳排放权的需求。然而，一旦这种约束不复存在，那么碳排放权就没有了稀缺性，成为一种公共产品，也就没有了交换的必要，其商品属性也随之消失。

碳本身所具备的商品属性以及排污权交易理论的实践，都对碳交易的产生发挥了重要作用。鉴于碳排放的外部性，碳减排不是一国的努力可以实现的，需要全球的合作，这就决定了碳交易具有国际性，从而催生了国际碳市场。

一、国际碳市场发展的启示

传统市场无法解决环境外部性问题，因此存在市场失灵现象。气候变化问题和应对气候变化行动，把大气这个人类生存与发展的一个全球环境，通过与全球变化相联系的温室气体的大气环境容量约束，创造出"碳"这个虚拟商品和进行"碳"商品交易的碳市场。并且由于碳市场和传统市场的连接，以及未来的融合，过去的环境外部性可以转入市场内部，"看不见的手"的作用得以延伸。

在应对气候变化的行动方面，碳市场发挥了产业减排行动和成果的集成作用，并且通过这种作用影响传统市场，对支持经济社会发展的各种资源和行动力量进行动员和集成，对它们的配置和组织方式进行优化，并从降低应对气候变化的综合行动成本方面，降低经济社会发展的综合成本。在应对气候变化的资金方面，碳信用的金融属性以及它所具有的实体产业支撑，受到资本市场的青睐，使碳市场可以成为气候融资的渠道和工具，并有潜力成为资本市场中的活跃一员。

同时，国际碳市场的建立来自应对气候变化的需要，它的发展与气候变化国际谈判的演进同步。我们已经知道，气候变化国际谈判的目的是构建国际气候制度，而气候变化问题作为发展问题的本质决定了国际气候制度实际上是一种国际政治经济制度。因此，国际碳市场的建立和发展同未来国际政治经济制度的建立和发展紧密联系在一起，体现为分配和重新分配全球环境资源的过程，还体现为制定分配和重新分配全球环境资源的规则的过程。

二、我国碳市场现状

第一，国内的碳交易主要通过 CDM 机制进行。综合 EB（联合国CDM 执行理事会）网站数据，截止到 2013 年 3 月 26 日，我国共有3527个项目获得联合国清洁发展机制项目执行理事会批准注册成功，占联合国已批准注册项目数（6784 个）的 51.99%，项目的预期年减排量达5.55 亿吨二氧化碳当量，占全球已注册项目预期年减排总量（8.55 亿吨二氧化碳当量）的 64.91%，高居全球首位。第二，除了 CDM，国内的自愿减排也一直在发展之中。2009 年 8 月 5 日，天平汽车保险公司购买了 2008 年奥运期间北京"绿色出行"活动产生的 8026 吨碳减排指标，用于抵消该公司自 2004 年成立以来至 2008 年年底公司运营过程中产生的碳排放，这宗交易开启了中国自愿减排市场的新篇章。自此，中国的自愿减排项目逐渐增长，参与的企业与个人不断增加，但基本上来讲，国内的碳交易还只是一些零星的交易，难以形成规模。

三、未来中国碳市场发展的趋势

首先，碳交易约束性指标出现，碳交易的全面发展是大势所趋。中国政府明确把大幅降低能源消耗强度和二氧化碳排放强度作为约束性指标，有效控制温室气体排放，这不仅是中国应对全球气候变化的积极表现，为国内碳交易提供了充分的政策保障，更为重要的是为中国碳市场提供了最为急需的发展动力，碳交易的全面发展已是大势所趋。其次，特定地区和特定行业的减排试点，是中国碳市场的真正起步。2010 年，国家启动低碳省和低碳城市试点工作，7月19日，国家发改委气候司下发《关于开展低碳省区和低碳城市试点工作的通知》，确定了首批低碳试点省和低碳试点市。最后，将形成强制性碳交易为主、自愿减排为辅的有效机制。2009年11月25日，温总理提出，中国"2020年前，将在2005年基础上减少单位GDP碳排放强度40%到45%"。单位碳排放强度降低的减排目标，对于中国的特定行业和企业来说，就相当于减排任务的出现，势必促进碳交易需求的激增。需求决定市场，自愿减排缺乏大规模进行碳交易的需求和动力，只能形成零散的减排行为，远不足以形成碳交易市场，所以只能作为强制性碳交易的补充而存在。

2010 年国际碳市场形势分析
——《全球碳市场发展现状与趋势 2011》摘要分析之一

2011 年 6 月,世界银行发布了《全球碳市场发展现状与趋势 2011》(以下简称报告),这是世界银行自 2003 年以来连续第九年发布该类年度报告。它已成为全球碳市场发展信息最权威和影响力最大的报告。该报告包括坎昆会议及 2012 年后的国际发展环境、各国政策纵览、碳市场风险与规则、碳融资与气候融资以及碳市场供需展望五部分,详细论述了全球碳市场所面临的新形势,指出全球碳市场受未来政策不确定性影响,正面临一场严峻的考验。

一、全球碳市场发展停滞,清洁发展机制市场继续呈现大幅萎缩

报告指出,2010 年全球碳市场的交易额为 1419 亿美元,较 2009 年的 1437 亿美元有所降低,全球碳市场发展呈现停滞状态。其中,欧盟排放交易体系(EU-ETS)的交易额为 1198 亿美元,较 2009 年的 1185 亿美元略有增加,但 CDM 一级市场的交易额由 2009 年的 27 亿美元骤降到 15 亿美元,降幅达 44%。这也是 CDM 一级市场交易额自 2008 年以来连续三年呈现两位数下降,已低于 2005 年全球 CDM 市场启动时的交易额(2005 年的市场价值为 26 亿美元)。而其他碳市场发展依旧难成气候,受此影响,EU-ETS 在碳市场中的作用进一步凸显,加上 CDM 二级市场交易额 183 亿美元,由 EU-ETS 驱动的碳市场交易额占全球碳市场的 97%。

二、未来国际气候政策的不确定性阻碍碳市场发展,影响气候融资

2012 年后的碳市场发展主要受限于市场需求。当前距离 2012 年《京都议定书》第一承诺期结束仅有不足两年时间,国际社会仍未对 2012 年后全球应对气候变化达成实质性协议,导致未来全球气候政策具有很大的不确定性,各方对碳市场、特别是 CDM 的未来发展信心严重不足,碳市场对气候变化的融资作用明显减弱。现行的做法已难以进一步刺激市场供给,这使发达国家和发展中国家都丧失了利用市场手段动员私营部门参与气候行动的机会。

三、各国内部碳市场政策实施纷纷受阻，进一步削弱碳市场信心

2010年，美国、日本、澳大利亚、韩国等雄心勃勃的国内碳市场计划纷纷受阻或推迟实施，使各方期待的区域碳市场或国内碳市场迟迟未能出现。这进一步削弱了各方对碳市场的预期。

欧盟虽然在2010年推出了《2050年向低碳经济转型路线图》，提出到2050年欧盟内部温室气体减排降低80%~95%的宏伟目标，但修改后的EU-ETS指令对来自CDM项目的减排量进行了更为严格的限定，向最不发达国家的CDM市场倾斜，使较发达的发展中国家利用碳市场（主要是CDM）这一市场手段推动国内应对气候变化工作受到限制。

四、CDM市场变为买方市场，卖方面临被动

受各种CDM利空信息影响，大量买家转向分配数量单位（AAUs）市场或购买二级CERs，以保证供应量的可预测性。2012年前对一级CERs的需求量大幅减少、2012年后项目合格性的不确定性以及缺乏交易等成为当前买家议价的有力工具，并导致CDM市场由2006~2008年的卖方市场转向买方市场。这在买卖双方签订的减排量购买协议中已有具体体现，包括：在减排量购买协议中规定交付的减排量必须符合EU-ETS要求，否则可以降价或选择性购买；国际买家在合同中签订浮动价格以分担政策不确定性风险。这与2006~2008年的情形完全相反。

五、CDM是募集低碳资金的有效工具，但难以根本解决融资困境

报告指出，CDM历经几年发展已经成为发展中国家低碳融资的催化剂。它通过增加低收入国家项目的财务可行性，撬动了其他资源和投资转向气候行动，但发展中国家仍面临低碳融资障碍，包括碳市场发展规模仍较小、国内商业环境不完善、CDM项目实施风险高、竞争力弱以及资本市场发展不完善等。这尤其反映在2012年后欧盟碳市场计划支持的最不发达国家。尽管目前已明确CDM的政策转向最不发达国家，但受低碳融资障碍影响，报告预测2013~2020年间，最不发达国家能提供给欧盟碳排放交易体系的核证减排量也不超过5%。

报告同时指出，市场手段可以吸引更多资源投入到气候行动中，降低可持续发展成本的作用是毋庸置疑的。尽管当前全球碳市场因未来政策不确定性而暂时陷入低迷，但碳资产的发展，包括新型碳资产的出现，仍在继续。碳市场仍被认为是筹集私营部门资金应对气候变化的有效手

段。根据报告预测,预计到2020年前,每年通过改进的碳市场为发展中国家带来的资金流将达300亿~500亿美元,成为2020年前每年为发展中国家筹集1000亿美元的主要渠道之一。

六、2013~2020年减排供应量仍主要来自于2013年前注册的CDM项目

虽然受未来政策不确定性影响,2013~2020年全球对《京都议定书》下碳减排量的需求量尚难以确定。但据报告预测,2013~2020年,通过CDM及JI产生的碳减排量约为25亿吨。这些供应量中有50%~70%将来自于2013年前注册成功的项目。

2011 年国际碳市场形势分析

2011 年，国际碳市场发展受到全球经济动荡和国际气候变化谈判不确定性等因素的影响，呈现持续低迷的总体态势。主要市场长期供过于求，价格持续走低，但受金融衍生品交易工具等因素作用，国际碳市场总市值和交易总量仍保持上涨。其中，CDM 改革加快，近期 CDM 市场虽市值下降，但远期市场保持强劲走势。同时，一些国家和地区层面新交易机制的逐步建立，将为国际碳市场发展带来新的机遇。

一、国际碳市场总体价格低迷

2011 年，国际碳市场价格呈现持续走低趋势。欧盟排放权（EUA）、二级市场核证减排量（sCER）及减排单位（ERU）三种产品的年平均价格都大幅下跌。EUA 均价同比下降 4%，至 18.8 美元/吨。ERU 和 sCER 合计价格平均值同比下降 21%，至 12.8 美元/吨。核证减排量（CER）总体合约平均单价从 2010 年的 11.8 美元/吨降至 2011 年的 10.9 美元/吨。

碳市场价格下跌的主要原因是欧盟国家碳减排量需求的下降。欧盟排放交易体系（EU-ETS）作为国际碳市场的引擎和欧盟气候政策的支柱，供过于求的总体态势趋于长期化，拉低了 2011 年的碳价。

欧盟 2011 年减排量需求下降，是自 2009 年金融危机导致经济活动衰退引起排放量减少后，三年来出现的第二次下降，主要受到以下几个因素影响：首先，2011 年欧洲经济复苏缓慢，且欧债危机愈演愈烈，引发人们对再次出现经济衰退的担忧，对碳市场需求也有一定影响。其次，2008~2009 年经济危机以后工业活动恢复缓慢，EU-ETS 实施区域工业活动减退，实施《京都议定书》的遵约减排量供应大于需求。此外，2011 年欧洲地区冬季较为温和，供热能耗少，造成排放量下降，因而对减排量的需求减少。考虑到欧洲各国近年来国内可再生能源投资扩大、国际碳信用的供给增多等因素，今后几年 EUA 可能继续供大于求。

国际气候变化机制安排的不确定性也对市场需求造成一定负面影响。随着欧盟对 2013 年后碳市场交易设置更多限制，2013 年后将不再接受中国、印度等新兴国家新批准的 CDM 项目的减排量指标，加上未来气候变化机制安排存在较大的不确定性等因素,加剧了各方对碳市场前景的担忧。受此影响,2013年前的一级CDM市场明显供大于求。2011年,2013年前一级CDM市场合约交易量同比下降27%,至9100万吨二氧化碳当量。而世行预计2013以前发放的CER量将达12.7亿个(1个CER=1吨二氧化碳当量),约一半以上由氢氟碳化物(HFC)和己二酸类CDM项目产生。报告估计到2012年末还需要2.9亿吨二氧化碳当量的联合国机制下的碳信用需求,包括合约CER和ERU、前苏联东欧国家出售的分配数量单位(AAU)交易,以及政府参与的二级交易等。这些需求将几乎全部来自欧洲政府。

2011年在南非德班召开的联合国气候变化大会建立了加强行动德班平台特设工作组,还决定实施《京都议定书》第二承诺期并启动绿色气候基金,为此将制定路线图,以在2015年达成全球气候变化协议并于2020年生效。但由于承担第二承诺期量化减排义务的区域有限,且全球协议形成并生效仍需漫长时日,因此,构建国际气候制度的这些进展难以使当前碳市场保持繁荣,也无法逆转2012年碳价持续下降的情形。

二、碳市场交易量和交易市值保持上涨

虽然碳市场价格持续低迷,国际碳市场总市值在2011年仍然保持上涨,同比增长11%,增至1760亿美元。交易总市值增长主要是由于碳交易总量强劲上扬并创新高,达到103亿吨二氧化碳当量。2011年,EU-ETS的交易总市值增至1710亿美元,同比增长11%。交易产品中,欧盟排放权(EUA)、二级市场sCER及减排单位(ERU)增长最为突出,共增长20%,达97亿吨二氧化碳当量。

2011年交易量大幅增长的主要驱动因素是对冲、资产组合调整操作、差价获利、套利等衍生产品交易活跃。随着期货和期权在碳市场所占份额日益增加,政策的决策过程也越来越受到复杂交易工具(包括金融和宏观经济指数、统计算法、模拟预测等)的影响,相关参数包括碳和其他能源相关商品的关联、欧洲的天然气与煤炭间的能源转换成本、反映市场动向和未来预期的未平仓量等。日益活跃的金融衍生品交易和金融创新为碳市场注入更多活力,也增加了碳市场未来发展的信心。

三、CDM改革加快,远期市场强劲增长

2013年及之后的远期CDM市场呈现强劲走势,一级CDM市场交易

量大幅增长，约为2013前交易量的两倍。虽然欧盟决定2013年起不再接受来自中国等新兴国家的CER，但中国目前已注册成功的项目达2101个，占EB全部注册成功项目总数（4300个）的48.86%，来自中国的CER占2012年后一级CDM市场份额的43%，仍然是CER的最大来源国。

由于项目监测和核证成本加上CDM项目开发费用将超过销售CER所获得的收入，当前的CER价格和发展状况使CDM项目开发商缺乏进一步获得新项目CER或已有CDM项目交付CER的动力，这在一定程度上影响了CDM这一市场机制的发展。但CDM改革进程的加快也为缓解困境带来新的希望。2011年德班气候变化大会推动取得了CDM相关成果，在建立CDM体系下工作规则和制定标准方面取得新的进展。各国还同意将碳捕获和封存（CCS）列入CDM合格项目活动。CDM标准化工作及简化行政程序等方面的改革将在2012年继续进行，包括规划类CDM项目（PoA）管理程序的简化。

虽然当前CDM发展充满不确定性，但还是应当看到它的总体积极作用。截至目前，已签订的2013年前CER合约价值已达28亿美元。如果所涉及的CDM项目都能够得到实施，这些合约将能够在发展中国家带动1300亿美元以上的额外投资，并进一步证明基于项目的碳减排量交易机制可以动员资金开展成本有效的低碳投资。

四、碳市场未来发展仍具潜力

2011~2012年间，国际上一些国家开始陆续建立新的国家层面和地区层面的碳市场计划及机制，为碳市场发展带来新的机遇。澳大利亚计划到2015年建立全国总量管制和交易计划，预计将覆盖澳年碳排放量的60%。美国加州的总量管制和交易法将于2013年生效，到2015年预计覆盖加州年碳排放量的85%。此外，新西兰、加拿大魁北克、墨西哥、韩国等也开始了相关的准备工作。中国作为全球低碳经济发展的领头羊，正在开展碳交易试点，并期望未来在此基础上建立全国统一市场。

中国的"十二五"规划进一步加强了原有的有效机制，例如，将"千家企业节能行动"扩大到"万家企业节能行动"；制定了各种能效标准；采取措施加强中央节能减排政策在地方的实施和监督；积极推进创新工具的建立；明确提出加强碳交易机制建设等。这将为中国建设碳市场和解决实施过程中可能出现的各种挑战打下基础，包括解除能源市场管制、跨省治理及与CDM工作的协调等。

在许多国家和地区积极筹备建立碳减排交易机制的过程中，吸引竞争力强的私营部门参与碳市场计划有利于制定和实施成本最低的气候变化减缓和适应方案，而市场机制也能对这一参与起到促进作用。但是，短期及长期碳价格低迷的状况影响着私营资本对新型低碳技术的规模化应用的支持，金融市场的动荡又降低了市场的风险承受力。因此，需要更多国家提出更大的碳减排目标，增加需求，在可行的各种市场计划的基础上，进一步推进建立真正创新的碳市场。

五、几点初步认识

第一，国际碳市场价格虽持续走低，但国际社会仍对其远期活力抱有期待。2013年前一级CDM市场与2012后一级CDM市场价值走势呈现鲜明对照，表明虽然经济下滑及工业活动减退对近期市场造成一定影响，但市场机制的有效性仍然得到广泛认可，各国与地区新提出的低碳发展计划也将带来新的机遇，各方对碳市场长期走势仍有信心。此外，国际气候变化谈判将继续推动提高CDM的效率和有效性，加快CDM改革进程，这些因素都给市场发展带来积极信号。

第二，国际碳市场的金融创新更加活跃，碳市场作为金融市场的一个分支，总体发展方兴未艾。2011年，在国际碳市场价格下跌、欧盟碳减排量需求下降的情况下，对冲、套利、资产组合等因素推动欧盟市场交易量增长，围绕碳减排量所催生的各种金融衍生工具和金融创新，在活跃交易、提振市场的同时，也有利于进一步提高政府、企业对市场的认识，反过来增进发展碳市场的信心。

第三，全球范围内国家层面和地区层面的碳市场逐步建立，呈现通过市场机制推动碳减排的发展趋势，为国际碳市场发展带来新机遇。我国应在此进程中积极行动，加强同国外相关机构交流，充分借鉴国际上各碳排放交易机制的设计和运行经验，以此推动国内节能减排和低碳发展工作。

我国清洁发展机制碳交易实践及其对国内碳交易市场建设的意义

CDM 作为《京都议定书》下三种灵活履约机制之一,是当前国际强制减排义务下唯一联系发达国家与发展中国家的温室气体减排交易机制,即碳交易机制。它具有双重目的:一方面帮助未列入《京都议定书》附件一的缔约方(发展中国家)实现可持续发展,有益于实现《联合国气候变化框架公约》最终目标;另一方面协助附件一所列缔约方(发达国家)实现其量化的温室气体排放限制和减排承诺。

CDM 项目自 2004 年在我国开始实施以来,得到了迅速发展,我国早已成为全球 CDM 项目发展最迅速和最成熟的国家。系统分析、总结我国 CDM 项目的实践经验,对于促进国内碳交易市场建设,以市场化手段推进我国应对气候变化和节能减排工作,具有重要的借鉴意义。

一、我国 CDM 项目发展状况

1. 项目类型。我国的 CDM 项目主要集中在以下 11 个领域:

(1) 新能源和可再生能源,主要包括风电、水电、生物质发电、太阳能、地热能、潮汐能等;

(2) 节能和提高能效,主要包括节能技改、余热余压利用等;

(3) 甲烷回收利用,主要包括煤层气和垃圾填埋气回收利用、户用沼气等;

(4) 燃料替代,主要包括天然气代替燃煤发电、锅炉燃煤替代等;

(5) 原料替代,主要包括废弃物代替石灰石制水泥等;

(6) 垃圾处理,主要包括垃圾焚烧、垃圾堆肥等;

(7) 资源回收利用,主要指对工业废气、废料中有价值资源进行回收再利用;

(8) 三氟甲烷(HFC-23)分解,主要指将氟化工产品二氟一氯甲烷(HCFC – 22)生产过程中产生的高温室效应副产物三氟甲烷,经焚烧或催化处理,转化为无温室效应或者低温室效应气体;

(9) 氧化亚氮(N_2O)分解,主要指将硝酸、己二酸等生产过程中产生的高温室效应副产物氧化亚氮，经焚烧或催化处理，转化为无温室效应或者低温室效应气体；

（10）六氟化硫（SF_6）回收利用；

（11）造林再造林。

2. 国家批准项目状况。根据联合国 CDM 规则，一个 CDM 项目的开发和实施先后须经历国家批准、联合国 CDM 执行理事会注册、联合国 CDM 执行理事会签发项目产生的核证减排量三个关键环节，项目业主才能获得核证减排量并进行交易。统计、分析这三个关键环节的项目信息，有助于全面了解 CDM 项目的总体发展状况。

自 2005 年 1 月 25 日首个 CDM 项目获得国家批准至 2013 年 3 月 26 日，我国共有 4893 个项目获得国家主管机构批准，项目的预期年减排达 7.69 亿吨二氧化碳当量。

地域分布状况。这些项目分布在除西藏自治区以外的所有省份（市、自治区），未出现一省或几省独大的分布状况。按项目数统计，位居前六位的省份依次是四川、云南、内蒙古、甘肃、河北和山东。这 6 个省份的项目数占国家已批准项目总数的 43.3%。由于不同省份资源禀赋不同，实施的项目类型不同（如东部地区主要为工业类项目，而西南地区主要为水电、风电等新能源可再生能源类项目），且项目产生的减排规模不同。因此，国家批准项目的预期年减排量在各省分布状况与项目数分布状况明显不同。按项目预期年减排量统计，位于前六位的省份依次是四川、山西、内蒙古、云南、江苏和山东。这 6 个省份的项目预期年减排量占国家已批准项目预期年减排总量的 43.5%。国家已批准项目在各省分布状况详见表 1 和表 2。

表 1　　　　　　　　国家批准项目在各省分布状况

省　份	项目数（个）	比例（%）
四　川	518	10.6
云　南	479	9.8
内蒙古	369	7.5
甘　肃	255	5.2
河　北	250	5.1
山　东	250	5.1
其　他	2772	56.7
合　计	4893	100.0

表2　　　　　　　国家批准项目预期年减排量在各省分布状况

省　份	预期年减排量（$MtCO_2e$）	比例（%）
四　川	87.81	11.4
山　西	55.80	7.3
内蒙古	54.14	7.0
云　南	49.36	6.4
江　苏	44.14	5.7
山　东	43.29	5.6
其　他	434.50	56.5
合　计	769.04	100.0

注：1 $MtCO_2e$ = 1000000tCO_2e。

行业分布状况。按项目数统计，国家批准项目主要集中在新能源和可再生能源、节能和提高能效以及甲烷回收利用3个行业。这3个行业的项目数占国家批准项目总数的95.8%。按预期年减排量统计，项目主要分布在新能源和可再生能源类、节能和提高能效类、甲烷回收利用、HFC-23分解、N_2O分解消除以及燃料替代6个行业。这6个行业的项目预期年减排量占国家批准项目预期年减排总量的97.8%。需要指出的是，虽然HFC-23分解及N_2O分解两类项目的项目数仅分别为11个和43个，但因HFC-23和N_2O的温室效应较强（分别为二氧化碳的11700倍和310倍），它们单个项目的减排规模巨大，故这两类项目预期年减排量分别排在第4位和第5位。国家批准项目的行业分布状况详见表3和表4。

表3　　　　　　　　国家批准项目的行业分布状况

行　业	项目数（个）	比例（%）
新能源和可再生能源	3661	74.8
节能和提高能效	609	12.4
甲烷回收利用	419	8.6
其他	68	1.4
燃料替代	50	1.0
N_2O分解消除	43	0.9
垃圾焚烧发电	27	0.6
HFC-23分解	11	0.2
造林和再造林	5	0.1
合　计	4893	100.0

表4　　　　　国家批准项目预期年减排量的行业分布状况

项目类型	预期年减排量（MtCO$_2$e）	比例（％）
新能源和可再生能源	452.35	58.8
节能和提高能效	95.73	12.5
甲烷回收利用	81.67	10.5
HFC-23 分解	66.80	8.7
N$_2$O 分解消除	28.18	3.7
燃料替代	27.88	3.6
其他	11.17	1.5
垃圾焚烧发电	5.10	0.7
造林和再造林	0.16	0.0
合　计	769.04	100.0

3. 项目注册状况。自2005年6月26日我国首个CDM项目注册成功至2013年3月26日，我国共有3527个项目获得联合国CDM项目执行理事会批准注册成功，占联合国已批准注册项目数（6784个）的52.0%，项目的预期年减排量达5.55亿吨二氧化碳当量，占全球已注册项目预期年减排总量（8.55亿吨二氧化碳当量）的64.9%，高居全球首位。

地域分布状况。按项目数统计，我国注册项目遍布于除西藏自治区以外的所有省（市、自治区），排名前六位的依次为云南、四川、内蒙古、甘肃、山东和河北，这6个省份的注册项目数占我国注册项目总数的45.2%。按注册项目的预期年减排量统计，排名前六位的依次为四川、内蒙古、云南、浙江、江苏和山东6省份。这一排名与按项目数统计的排名有很大区别。其中，除内蒙古、云南是因项目数多而使其注册项目的预期年减排量排名靠前外，其他省份皆因为有减排规模较大的HFC-23分解及N$_2$O分解项目，使其注册项目预期年减排量排名靠前。这6个省份的项目预期年减排量占注册项目预期年减排量总量的45.6%。我国注册项目在各省分布状况详见表5和表6。

表5　　　　　我国注册项目在各省分布状况

省　份	项目数	比例（％）
云　南	348	9.9
四　川	336	9.5
内蒙古	333	9.4
甘　肃	225	6.4

续表

省　份	项目数	比例（%）
山　东	180	5.1
河　北	171	4.9
新　疆	154	4.4
其　他	1780	50.4
合　计	3527	100.0

表6　　我国注册项目预期年减排量在各省分布状况

省　份	预期年减排量（$MtCO_2e$）	比例（%）
四　川	64.73	11.7
内蒙古	48.11	8.7
云　南	37.23	6.7
浙　江	34.68	6.3
江　苏	34.39	6.2
山　东	33.20	6.0
其　他	302.76	54.4
合　计	555.10	100.0

　　行业分布状况。按项目数统计，我国注册项目主要分布在新能源和可再生能源、甲烷回收利用以及节能和提高能效3个行业。这3个行业项目的数量占我国注册项目总数的94.4%。按项目预期年减排量统计，主要集中在新能源和可再生能源、HFC-23分解、甲烷回收利用、燃料替代、N_2O分解以及节能和提高能效等6个行业。这些项目占注册项目预期年减排总量的96.9%以上。我国注册项目的行业分布状况详见表7及表8。

表7　　我国注册项目数的行业分布状况

行　业	项目数	比例（%）
新能源和可再生能源	2976	84.4
甲烷回收利用	214	6.1
节能和提高能效	136	3.9
其他	201	5.6
合　计	3527	100.0

表8　　我国注册项目预期年减排量的行业分布状况

行业	预期年减排量（MtCO$_2$e）	比例（%）
新能源和可再生能源	347.44	62.7
HFC-23分解	65.65	11.8
甲烷回收利用	47.22	8.5
燃料替代	31.11	5.6
N$_2$O分解消除	24.59	4.4
节能和提高能效	21.87	3.9
其他	17.22	3.1
合计	555.10	100.0

4. 核证减排量签发状况。自2006年7月3日我国首笔核证减排量获得签发至2013年3月26日，我国共有1202个项目的3189批次7.83亿吨二氧化碳当量的核证减排量获得签发，占全球已签发核证减排量总量（12.68亿吨二氧化碳当量）的61.8%，居全球首位。

地域分布状况。除西藏外的省份（市、自治区）均有核证减排量获得签发。排名前六位的省份是浙江、江苏、山东、辽宁、四川和内蒙古，其共同特点是都拥有减排规模大的HFC-23及N$_2$O分解类项目。这6个省份的核证减排量占我国总量的69.4%。我国核证减排量在各省分布状况详见表9。

表9　　我国核证减排量在各省分布状况

省份	项目数	签发批次	签发量（MtCO$_2$e）	比例（%）
浙江	25	160	150.32	19.2
江苏	36	161	139.41	17.8
山东	48	173	99.05	12.7
辽宁	52	134	73.51	9.4
四川	89	242	43.66	5.6
内蒙古	146	318	36.50	4.7
其他	806	2001	240.35	30.6
合计	1202	3189	782.80	100.0

行业分布状况。我国的核证减排量主要分布在HFC-23分解、新能源和可再生能源以及N$_2$O分解这3类项目。这3类项目的核证减排量占我国总量的86.8%。其中，HFC-23分解类项目占我国总量的46.1%，远高于其他

类型的项目。这主要是因为：第一，HFC-23 分解、N_2O 分解项目规模较大，实施较早；第二，单个新能源和可再生能源类项目的规模虽不大，但其数量众多。我国已获得的核证减排量的行业分布状况详见表10。

表 10　　　　　　　我国核证减排量的行业分布状况

行　业	项目数	签发批次	签发量（$MtCO_2e$）	比例（%）
HFC-23 分解	11	234	360.62	46.1
新能源和可再生能源	979	2328	221.14	28.2
N_2O 分解	19	116	97.79	12.5
甲烷回收利用	70	175	35.64	4.6
燃料替代	24	103	35.29	4.5
节能和提高能效	54	126	18.44	2.4
其他	45	107	13.88	1.7
合　计	1202	3189	782.80	100.0

我国 CDM 项目的实施总体情况详见表 11 及表 12。

表 11　　　　　　　我国 CDM 项目地域分布状况

省　份	国家批准		注册		核证减排量签发		
	项目数	预期年减排量（$MtCO_2e$）	项目数	预期年减排量（$MtCO_2e$）	项目数	批次	签发量（$MtCO_2e$）
四　川	518	87.81	336	64.73	89	242	43.66
云　南	479	49.36	348	37.23	132	289	25.44
内蒙古	369	54.14	333	48.11	146	318	36.51
甘　肃	255	31.04	225	27.34	84	190	23.26
山　东	250	43.29	180	33.20	48	173	99.05
河　北	250	30.69	171	21.91	71	177	17.51
新　疆	196	30.87	154	23.97	29	83	10.61
湖　南	194	18.91	136	13.75	53	139	14.96
山　西	186	55.80	113	28.77	29	96	27.20
宁　夏	165	15.28	147	13.03	23	66	6.03
河　南	158	24.85	88	14.33	28	79	28.12
辽　宁	155	33.60	129	28.11	52	134	73.51
贵　州	155	24.66	101	12.32	38	95	5.03
吉　林	148	17.82	127	14.20	36	100	8.13
黑龙江	140	23.53	107	15.11	20	58	5.01

续表

省份	国家批准		注册		核证减排量签发		
	项目数	预期年减排量($MtCO_2e$)	项目数	预期年减排量($MtCO_2e$)	项目数	批次	签发量($MtCO_2e$)
湖北	130	14.27	94	11.66	39	73	6.50
江苏	127	44.14	68	34.39	36	161	139.41
广西	127	15.61	77	9.35	26	59	6.10
陕西	123	15.92	85	9.24	23	44	5.13
广东	123	20.69	88	13.85	36	99	9.58
福建	122	14.92	90	13.23	40	96	11.65
浙江	119	42.68	60	34.68	25	160	150.32
安徽	88	12.58	61	7.32	21	54	5.69
江西	80	7.81	51	4.47	22	48	2.54
重庆	77	12.62	48	7.15	20	63	6.24
青海	65	4.94	56	4.15	12	31	3.39
海南	26	1.35	17	0.89	9	23	1.18
北京	26	9.20	13	3.43	9	30	8.83
上海	25	8.51	16	4.49	4	5	1.97
天津	17	2.15	8	0.69	2	4	0.25
合计	4893	769.04	3527	555.10	1202	3189	782.80

注：数据截止到2013年3月26日。

表12　　　　　　　　我国CDM项目行业分布状况

项目类型	国家批准		注册		核证减排量签发		
	项目数	预期年减排量($MtCO_2e$)	项目数	预期年减排量($MtCO_2e$)	项目数	批次	预期年减排量($MtCO_2e$)
HFC-23分解	11	66.80	11	65.65	11	234	360.92
新能源和可再生能源	3661	452.36	2976	347.44	979	2328	221.14
N_2O分解消除	43	28.18	46	24.60	19	116	97.79
甲烷回收利用	419	81.67	214	47.22	70	175	35.64
燃料替代	50	27.88	34	31.11	24	103	35.29
节能和提高能效	609	95.73	136	21.87	54	126	18.44
其他	68	11.17	79	13.69	41	103	13.35
造林和再造林	5	0.16	3	0.14	1	1	0.13
垃圾焚烧发电	27	5.10	28	3.38	3	3	0.10
合计	4893	769.05	3527	555.10	1202	3189	782.80

注：数据截止到2013年3月26日。

二、我国开发与实施 CDM 项目的成功经验

我国能够成为全球 CDM 发展最快、数量最多、实施情况优良的国家，主要得益于以下几个方面：

1. 政府高度重视、大力支持 CDM 工作。一是成立专门管理机构。我国自 CDM 实施伊始就成立了专门的政府管理机构——由国家发展和改革委员会、外交部、科技部、财政部、国家环保总局（现为环境保护部）、农业部和中国气象局等七个部委组成的 CDM 项目审核理事会，具体负责我国 CDM 项目的审核、批准事宜，同时在国家发展和改革委设立应对气候变化办公室（现为气候变化司），具体负责指导我国项目的开发实施、受理项目审批，以及作为国家指定联系机构与联合国 CDM 执行理事会沟通等事宜。

二是出台专门管理办法。为推进项目的顺利实施，早在 2004 年 6 月 30 日，即我国 CDM 项目实施起步阶段，政府就颁布了《清洁发展机制项目运行管理暂行办法》，以规范我国项目开发流程。经过一段时间的实践，结合项目实际运行中遇到的新情况、新问题，又先后于 2005 年 10 月 12 日正式颁布《清洁发展机制项目运行管理办法》，于 2011 年 8 月 3 日对管理办法进行了修订。相关制度的出台、完善，规范了我国项目开发和国家审批流程，保证了项目实施的公开、透明、公平性，维护了项目有序实施。

三是开展全国范围的专业能力建设。鉴于 CDM 项目的全新性和高度的国际性，在其实施初期，政府就在全国范围内大力开展能力建设，通过对各级政府、企业、相关从业机构等不同层面的人员开展专题培训、讲座、研讨和经验交流等活动，使 CDM 理念得到广泛推广，一批企业、从业机构迅速掌握了必备的专业技术能力，并在实践中得到快速提高。

四是设定企业与国家共同分享 CDM 碳交易收入制度。为使 CDM 碳交易对国家应对气候变化和节能减排工作发挥更大作用，考虑到温室气体减排资源的公共性，我国对 CDM 碳交易收入设定了国家与企业共同分享制度，并成立了中国清洁发展机制基金及其管理中心，统筹收取、管理和使用国家收入部分的资金。清洁基金的资金专门用于支持包括 CDM 在内的国家应对气候变化工作。这一制度，使得 CDM 这一原本为国外企业与国内企业之间的合作机制，提升到国家层面，便于政府集中一部分资源，统筹推进国家应对气候变化和节能减排整体战略，放大了 CDM 对促进我国可持续发展的作用。

2. 我国经济发展为实施 CDM 项目提供了机遇。近年来，我国政府高度重视环境友好型、资源节约型社会建设，大力推进节能减排工作，促进经济结构转型。一方面淘汰落后产能，提升产业技术水平，降低能耗；另一方面积极鼓励新能源和可再生能源发展。这些活动是优质的 CDM 项目资源，为我国 CDM 项目发展提供了难得的机遇。同时，实施 CDM 项目也可推动企业技术革新、产业转型。另外，我国工业类型齐全，还拥有较多 HFC-23 分解、N_2O 分解等规模较大的 CDM 项目。

3. 我国丰富的自然资源促进了 CDM 项目多元化。我国幅员辽阔，拥有丰富的风电、水电、太阳能、地热、潮汐能等自然资源。这使得我国 CDM 项目资源丰富，类型多元化。

4. 咨询公司是我国 CDM 发展的重要引擎。由于 CDM 项目遵循的国际规则和程序复杂，又以英语作为工作语言，我国绝大多数项目业主难以依靠自身的力量有效地开发、实施 CDM 项目。我国在推广 CDM 初期就充分认识到了这一问题，非常重视专业咨询机构的作用，在国内迅速培养了一批专业化的咨询机构。这些咨询机构在市场动力驱动下，在全国各地寻找、开发项目，积极向潜在的项目业主推介 CDM 的概念，提供一站式服务，极大地推动了 CDM 在我国的普及和发展。据初步统计，目前在我国从事 CDM 项目开发的咨询机构已达百余家之多。

此外，我国政府还积极培育国内的独立第三方核查核证机构。目前，我国获得联合国 CDM 执行理事会认可的核查核证机构已达 4 家。这一本土化工作，有效消除了国外核查核证机构因语言、文化差异等因素影响项目核证、核查进度的情况。

三、CDM 碳交易实践对国内碳交易市场建设的意义

1. 推广了用市场机制促进节能减排和环境保护工作的理念。我国 CDM 碳交易实践遍及除西藏自治区以外的所有省份（市、自治区），可以通过市场化融资手段促进节能减排和环境保护工作的理念在全国范围内广泛传播，节能减排和环境保护不再被认为只有经济付出而少有经济回报了。同时，不少地方政府也看到，碳交易这一市场化融资机制可以大大减轻国家财政压力，是一种可持续的融资模式。我国 CDM 碳交易实践为国内碳交易市场建设、运行做了很好的理念铺垫。

2. CDM 项目的管理体系为国内碳交易市场建设提供了很好的参照。CDM 项目管理体系包括联合国 CDM 执行理事会管理、碳交易注册登记体系、国内项目审批、独立第三方机构核查核证等。这一管理体系经多

年的运行实践，已证明其可行性和科学性，也被国内业界熟知。国内碳交易市场在建设过程中，应充分参照这一管理体系，去其糟粕，取其精华。

3. 为国内碳交易市场建设和运行进行了必要的能力储备。首先，经过多年的 CDM 碳交易实践，我国已经培养了一批与国际接轨、具备从事碳交易能力的政府管理人员、咨询机构、专家学者和独立第三方核查核证机构。他们将帮助国内碳交易市场的建设和运行实现国际化、标准化、有序化。其次，CDM 项目已建立了一套较完备的温室气体减排量核算方法，为国内碳交易的温室气体减排量核算提供了标准化依据，从而保证项目减排量的真实性和可靠性——这是碳交易市场的生命线。

4. 示范了碳交易市场成功运行的模式。CDM 碳交易的成功运行表明，除了需要公开、公平、公正的管理程序和管理者之外，还需要企业、金融机构的积极参与，他们要有充分的市场化理念，即把碳交易产品看成一种可交易的商品，防止捂盘惜售。只有这样才能保证碳交易市场的流动性，市场才能真正运行起来。为此，在选择国内碳交易市场试点时，应考虑试点地区的市场经济发展水平、可开展碳交易项目的丰富程度、金融市场发展水平等因素。

欧盟独立交易簿情况及启示

欧盟碳排放交易体系（EU-ETS）自 2005 年创建至今，已成为全球最大的碳交易市场，其交易量占全球碳市场总交易量的 2/3 以上。欧盟碳市场的设计和运作，为中国设计开发国内碳市场提供了重要的经验和参考。下文旨在介绍欧盟碳市场最重要的基础设施之一——欧盟独立交易簿（Community Independent Transaction Log，CITL）在信息收集、发布和履约管理方面的做法，并探讨对我国建立碳市场登记注册系统的启发。

一、欧盟碳排放交易体系的信息支柱——成员国登记注册系统（National Registries）和欧盟独立交易簿（CITL）

1. 成员国登记注册系统。在碳排放交易的总量控制与交易体系（cap and trade）中，法律法规对排放设施的排放总量在一段时间内进行限定，并在排放设施之间进行分配。总量控制与交易系统的基本原则就是鼓励低成本减排的设施将其减排量出售给高成本减排的设施，以实现收益 - 成本的最大化。为清楚掌握配额的交易情况，就需要对配额的发放进行登记注册。登记注册系统就像会计账本一样，应详细记录每个设施的排放配额分配和变动情况。

自 2005 年欧盟碳排放交易体系启动运行伊始，欧盟各成员国就开始建立自己的国家排放登记注册系统。登记注册系统的主要作用是对参与者的碳排放进行集中登记，方便排放配额的交易，记录排放配额的所有权情况，记录参与者的履约情况，执行各成员国和欧盟减排承诺方面的法规。

登记注册系统中最重要的账户是经营者持有账户（Operator Holding Accounts，OHA），它是所有受监管的排放设施开立的账户，用于履约管理。一方面，各成员国监管当局将分配的排放配额转入经营者持有账户，另一方面，这些账户的持有者——相关排放设施必须按要求于每年 4 月 30 日向监管当局提交上一年度经核证的排放量。注册登记系统的另一类账户是个人持有账户（Personal Holding Accounts，PHA），所有参与碳市场交易的市场参与者均可开立。为了便利交易，碳交易所通常持有自己的个人账户用于当日交易，在交易日末对各个排放设施的排放额进行轧差后在登记注册系统中的经营者持有账户中反映出来。也正是因为这个原因，欧盟碳排放交易的登记注册系统独立于资金清算体系，它只记录碳排放数据，并不记录碳排放交易价格和金额，也不记录相关碳市场衍生品的交易。

2. 欧盟独立交易簿。为提高欧盟碳排放权交易体系的有效性，欧盟委员会在欧盟碳排放交易体系于 2005 年运行之初，即开发了 CITL。作为欧盟碳市场的中央登记注册系统，CITL 和欧盟各成员国国家登记簿（National Registry）联通，实时进行信息交换并更新。整个过程在各个年度循环往复，并 24 小时运行。在收集汇总各国排放设施排放额发放和交易变更的基础上，CITL 提供每个排放设施和各成员国碳排放情况，并于每年 4 月进行年度履约检查。

CITL 既是履约管理工具，又是碳市场非常有效的信息核证来源。对于每个在 CITL 登记备案的排放设施来说，有两种数据是公开可行的：一是，该种排放设施按照成员国国家分配方案（Member States' National Allocation Plan）所分得的排放额度；二是，该种排放设施往年的排放情况。排放数据通过一系列监控、报告以及核实过程来收集，这个过程由官方认可的私人公司来实施，然后在国家排放注册系统内进行全国汇总。

二、欧盟独立交易簿数据的可行性和可靠性

准确可靠的市场信息对于确保市场参与者为排放配额支付正确价格来说具有重要的意义。在一个信息完全对称的市场，二氧化碳的价格等同于减少每吨超额二氧化碳排放的最低成本。而要达到这个市场最佳的状态，准确预测排放量和进行配额分配十分重要。实际的排放量又被四个因素所直接影响：气候条件、经济活动、能源价格、减排量。

在欧盟碳交易体系运行的第一阶段（2005~2007 年），欧盟 25 国排放设施总排放量为 60.91 亿吨二氧化碳，而配额是 62.47 亿吨二氧化碳，超过了实际的排放量，这样就有了 1.56 亿吨的配额盈余（相当于这三年配额的 2.5%）。在 2006 年 4 月，当这个实际排放的信息被首次公开时，立即造成了碳市场的崩溃，碳交易价格下跌一半以上。

自那以后，欧盟对配额和排放预测方面都做出了很大的改进。CITL 作为数据公开化的主要渠道，在提供碳排放的参考信息方面，发挥着重要的作用。

通过展示各年度排放设施和各成员国经核证的碳排放量分配平衡表，

CITL 给予市场参与者一条获取公正信息的渠道。为了保护排放设施和各成员国商业利益，CITL 同时也设置了一些信息封锁限制，包括对于五年之内每笔配额交易信息的获取限制。

CITL 的一些缺陷还有待于改进：

一是 CITL 有关实际配额数额披露的透明度不高。首先，一些在国家层级上进行的调整不能为 CITL 所及时汇总；其次，一些信息始终被隐藏。特别是在 EU-ETS 第一阶段，新进入者排放储备配额的使用在 CITL 公共领域并不可行，导致一些对于排放设施状况评价的偏见。

二是通过 CITL 确认排放设施的精确活动存在较大困难，尤其是对于化学燃烧类排放设施。

三是信息的层级。CITL 只提供了排放设施层级的数据，以此来理解市场参与者的行为将异常困难。真正的市场参与人是一些拥有很多排放设施的公司，这些公司作为一个排放整体，其信息并不反映在 CITL 中。

为此，欧盟已经做出努力改变上述技术缺陷，制定实施"登记立法修订案"和"2013 年及以后管理与报告指南"，旨在对现有的 CITL 进行改造升级，使 CITL 在信息收集更新、履约管理等方面更有效，新系统于 2013 年开始运行。

三、对中国建立碳市场相关基础设施的启示

碳市场是以二氧化碳排放为标的物的交易市场，与其他金融市场相比，既有特殊性，也有共性。特殊性在于，碳信用作为特殊的交易标的物，需要由独立的核证机构认证、签发后才能交易；共性在于，碳信用如同金融市场上交易的其他标的物一样在市场上进行买卖，市场参与者都包括监管机构、买卖双方以及登记注册和结算体系。其中，登记注册系统的作用至关重要，它类似于股票市场的证券登记公司，负责建立、管理碳排放交易日志，正确记录碳资产交易、过户信息，并通过汇集排放设施总排放额信息，帮助国家主管部门核查排放设施或者行业部门是否达到承诺的减排目标，也就是进行履约管理。

考虑到目前中国国内碳市场的试点从个别经济发达的省市开始，再逐步建立全国统一的碳市场，欧盟碳交易排放体系的经验尤为值得借鉴：

第一，在碳市场设计之初，就要建立统一的中央登记注册系统（或碳排放国家登记簿），以便于进行履约管理，监督相关地方完成减排指标的情况。

第二，统一的中央登记注册系统应该与各地登记注册系统实时联网，

以便利跨区域交易，防止利用区域间信息不对称的漏洞进行投机，同时为将来建立全国统一的碳市场打好基础。

第三，统一的中央登记注册系统提供了所有受监管的排放设施的排放信息，有利于监管当局掌握排放情况，为准确预测排放量，从而为合理确定排放配额总量提供依据。

欧盟排放交易体系中防止欺诈行为的对策
——《全球碳市场发展现状与趋势 2011》摘要分析之二

欧盟排放交易体系（EU-ETS）是全球最主要的温室气体排放交易市场。世界银行《碳市场发展现状与趋势 2011》表明，2010 年欧盟排放交易体系中，欧盟排放配额（以下简称配额）交易市值 1198 亿美元，核证减排量（CERs）二级市场交易市值 183 亿美元，两者合计占国际碳市场总市值的 97%。

由于其庞大的规模，与其他以网络为基础的金融系统一样，EU-ETS 的风险无处不在。涉及登记注册、责任报告、拍卖平台、结算、二级市场整合等。其主要风险之一，就是内幕交易和市场操纵等欺诈行为。EU-ETS 近年来发生了一系列交易欺诈问题，主要有网络钓鱼、黑客攻击、增值税欺诈、碳信用重复出售等。风险管理对于维护市场完整性至关重要。为此，欧盟委员会及成员国正在开展碳市场监管改革，作为 EU-ETS 系统改革的一部分，使得 EU-ETS 在鼓励参与、方便交易与管制欺诈等风险之间取得平衡。

一、欧盟单一注册系统

2011 年 1 月若干欧盟成员国注册系统中约 310 万配额被盗，再次引发了关于碳市场作为减排政策工具是否有效的公开辩论，并导致现货市场被暂停交易，EU-ETS 注册系统暂时关闭。此举进而导致市场崩溃，表明需要综合方案才能彻底解决问题。

欧盟委员会的综合解决方案是建立单一的注册登记系统，代替当前由各成员国主导的国内注册系统。该单一注册系统将由欧盟委员会负责运行，同时接替成员国承担运行风险。成员国仍要继续对身份证明机制进行管理。这种情况给开发成员国之间协调的身份证明机制提供了机会。这并不是要求每个成员国建立同样的身份证明机制，而是意味着每个成员国将拥有强有力的身份证明机制。

二、身份证明机制

身份证明旨在让交易双方互相知道对方身份。足够的身份证明应当是注册账户、参与碳市场的先决条件。但欧盟成员国对身份证明的规定各不相同。一些成员国脆弱的身份证明机制被认为助长了增值税欺诈。丹麦为预防增值税欺诈等犯罪，严格限定永久居民才能申请注册交易。

收紧身份证明机制，可能影响希望参与碳市场的发展中国家个人或公司。其实，可以在无须牺牲市场完整性的情况下，确保市场进入的安全。

三、配额及其衍生品的法律地位

欧盟"金融工具市场指令"已将配额衍生品定义为金融工具，因而现行"市场滥用指令"就适用于配额衍生品市场，涵盖内幕交易和市场操纵。但是，很多成员国还没有解决配额的法律地位问题。配额未被定义为金融工具，使得现货交易不适用市场滥用指令。欧盟委员会"市场监管框架审查"将评估是否有必要采取更好的措施避免内幕交易和市场操纵。

四、反向征收机制

欧盟采用反向征收机制解决增值税欺诈问题。反向征收机制针对配额的跨国转让，规定由买方而非外国卖方负责计算、报告和缴纳增值税，外国卖方出具给买方的销售发票上都要声明不含增值税，同时外国卖方可以申请返还其在本国内由于购买上游原材料已经缴纳的增值税。

解决办法是所有成员国都采取反向征收机制或同等措施。此外，欧盟之外的一些国家开始参与碳市场，为了防止增值税欺诈重演，相关措施的协调一致十分重要。

五、场外交易

配额盗窃现象以及欧盟成员国之间认定被盗配额所有权的规则不一致，导致场外现货交易重新引发兴趣。在某些成员国，从可信来源善意购买的被盗配额不会被赋予所有权，不能使用。在现实紧急状况下，对被盗配额所有权的认定规则进行协调不太实际，但急需解决措施，重建市场信心。与已知对家进行场外交易，是管理对家信用风险的有效途径。

而且，买家还可通过场外现货交易，避免无意间受到旋转木马式增值税欺诈的牵连。因此场外现货交易是控制此类对家风险的实用方法。

六、税务和会计处理

对配额的税务处理在各成员国不尽相同。在为履约而购买配额的情况下，有9个成员国在税务上将配额作为商品对待，并允许购买价格直接扣除，其余18个成员国将配额作为无形资产，其中5个国家允许在资产的预期使用年限内进行折旧。当配额在同一税务年度内为履约目的购买并使用时，所有成员国税务处理方法的效果一样。当涉及跨税务年度存储时，直接扣除可能更具优势。

目前并无"国际财务报告准则"涉及配额和许可的会计。配额会计处理在各国和各实体之间并不统一。有些实体将免费配额计为零价值，并且不纳入资产负债表。有些实体可以继续采用已撤回的国际财务报告解释委员会3准则。

七、金融市场监管改革的影响

针对全球金融危机的国际、国内监管改革，也为碳市场监管提供了法律依据。以法国为例，新的银行和金融管理法（LBFR）为欧盟内外国家碳市场监管改革提供了示范。

LBFR的应用之一是，法国金融市场管理局（AMF）和能源管理委员会（CRE）合作监管法国碳市场。AMF和CRE签订了关于温室气体排放配额、电力、天然气及其衍生品市场的信息交换、控制和监管的备忘录，明确了双方合作。AMF负责监督配额及其衍生品的市场运作，CRE负责监督能源市场参与者进行的配额交易。CRE还负责结合支撑能源市场的经济技术因素分析配额的行为。

强有力的、透明的监管对于确保市场和公众信心至关重要，反过来也将有助于提升市场进行成本收益率高的减排的能力。欧盟及其成员国正在采取的一系列监管改革措施，将为其他考虑建立碳市场的国家提供宝贵经验。

欧盟排放交易体系未来政策
——《全球碳市场发展现状与趋势2011》摘要分析之三

世界银行《碳市场发展现状与趋势2011》表明，2010年欧盟排放交易体系（EU-ETS）在30个国家（27个欧盟成员国和冰岛、列支敦士登、挪威）运行，是全球最主要的温室气体排放交易市场。欧盟一直努力实现在2050年之前过渡到低碳社会的目标，制定了欧盟2050路线图，包括减排80%~95%的长期目标。为此，欧盟将加强EU-ETS政策，并在EU-ETS未涵盖的部门采取"责任共担"政策。

一、EU-ETS第三阶段新政策

EU-ETS第三阶段从2013年到2020年，是实现欧盟2020年比1990年减排20%目标的最主要政策手段。为此，欧盟修订完善了EU-ETS指令，规定从2013年起：

欧盟范围内排放配额上限将在第二阶段年度上限平均水平的基础上每年递减1.74%。在2020年，上限将达到比2005年减排21%的目标。

更多排放配额将通过拍卖进行分配——自2013年起，至少50%的配额将被拍卖，而在第二阶段，实际拍卖仅为3%。在欧盟很多成员国，电力部门的全部配额都将被拍卖。此举将提高EU-ETS的经济效率。

利用《京都议定书》下抵消额将被限制在不超过EU-ETS规定所需的减排额总量的50%。这一规定意味着欧盟自身将做出更大减排努力。

出于维护欧盟内部统一和公平考虑，12%拍卖配额的收入将分配给GDP较低的成员国。它们当中的大多数是新加入的东欧成员国。

欧盟成员国提议将拍卖所得的至少50%用于欧盟和发展中国家应对气候变化。

出于国际竞争和泄漏的考虑，工业部门将在产品基准的基础上，获得免费配额。基准的设定，将以欧盟前10%最有效率的温室气体装置的平均额为基础。被视为具有显著碳泄漏（因碳价格而将生产转移至欧盟境外）风险的部门，将获得基准100%的免费配额；那些被认为不具有显著碳泄漏风险的部门，将在2013年获得其基准80%的免费配额，2020年减至30%，2027年减至0%。

第二阶段不超过3亿新加入者储备配额将用于支持碳捕捉和封存技术的示范项目，以及可再生能源技术创新。

为减少监管负担，小型排放源和医院可以不纳入EU-ETS。

二、拍卖政策

在EU-ETS第二阶段（2008~2012年），绝大部分配额一直被免费分配。表13展示了EU-ETS第二阶段配额拍卖的概要情况。而自2013年第三阶段开始，拍卖将成为政府分配配额的默认方式，大约一半的配额将被拍卖。

表13　　　　　　　　　　EU-ETS第二阶段拍卖

成员国	计划年度平均拍卖量	相关情况
德国	4000万（约9%）	自2010年1月起，拍卖将按周（周二现货拍卖和周三期货拍卖）在欧洲能源交易所（EEX）举行。在2008年和2009年，一家银行集团代表德国政府在相关交易所以市场价格销售配额
英国	1700万（7%）	英国预算管理办公室已经制定2011年11月之前的拍卖计划。自2010年1月起，一个不具竞争性的投标系统也已经启用
荷兰	320万（3.7%）	首批400万配额的拍卖已于2010年4月15日在荷兰国库机构举行。在10月27日和11月18日，又有两批各200万配额由气候交易所主持拍卖。荷兰官方尚未决定剩余配额（约800万）的拍卖细节
奥地利	40万（1.3%）	估计2009~2012年每年两次拍卖
匈牙利	270万（2%）	频率和规模尚未确定

资料来源：世界银行《碳市场发展现状与趋势2011》。

2010年11月11日，欧盟委员会正式通过"欧盟拍卖规则"，该规则作为欧盟范围内的规则，将决定第三阶段内每年的10亿配额如何进行分配。该规则为成员国提供了一个常规拍卖平台。据估计，第三阶段拍卖总配额中，最多将有60%通过常规拍卖平台进入市场。欧盟委员会还提议，将属于第三阶段的1.2亿配额提前到2012年拍卖。这将通过EU-ETS拍卖规则修正案的方式确定。目前，欧盟正在采购常规拍卖平台及拍卖监督系统，该监督系统将对各拍卖平台上进行的拍卖实施监督。

成员国也可指定其自有的拍卖平台，但必须在 2011 年 2 月 18 日前向欧盟委员会递交通知，且这些通知将由气候变化委员会投票决定。德国、波兰和英国已经通知欧盟委员会，其有意指定自有拍卖平台。

三、航空领域政策

航空排放占欧盟温室气体排放的 3%，主要来自欧盟成员国之间或欧盟成员国和非欧盟成员国之间的国际航班。近年来，航空排放增长迅速。因此，欧盟计划从 2012 年起，将所有在欧盟机场起飞或降落的国内和国际航班的排放纳入 EU-ETS。EU-ETS 每年将新增 2 亿额外配额。其中，82% 将被免费分配给航空公司，15% 将被拍卖，剩下的 3% 将被分配给特殊新加入者储备（见表 14）。

表 14　　　　　　　　　　　　航空指令概要

事　项	情况简介
时间	2012：包含所有从欧洲机场起降的航班
排放上限水平	2012：2004~2006 年排放额平均水平的 97% 2013：2004~2006 年排放额平均水平的 95%
拍卖	2012：15% 拍卖 2013：2013~2020 年将拍卖的数量已被设定为每年 15%，但是可能被修订
免费分配份额	大循环距离 +95 公里（固定）。运营商可以选择适用（i）实际重量；（ii）标准重量；（iii）默认乘客重量 100kg
特别储备	为新加入者和快速增长的航线在上限内预留储备。数量为该阶段总配额的 3%。分配给新加入者及年度增长超过 18% 的参与者
2012 年将创造与 AAUs 无关的新型配额，其将被分配/拍卖给航空运营商。CERs 和 ERUs 可用	可利用公开交易机制，但取消了 AAUs 和 EUAs 可转换的条款 2012：可用 15% 的核证减排量（CERs）和减排单位（ERUs。） 2012+：将在 EU-ETS 评估谈判中被确认
显著的免除（完整列表请见欧盟委员会网站）	重量——核定起飞重量不超过 5.7 吨的飞机 免除国家限于非欧盟国家 最外区域之间特别路线的，或者容量不超每年 30000 席位的公共服务义务 3 个连续的 4 个月周期的运营频率低于每时段 243 架次航班，或者一年排放少于 10000 吨 CO_2

资料来源：世界银行《碳市场发展现状与趋势 2011》。

将航空纳入 EU-ETS 的举动引起了中国和美国等的反对。美国航空运输协会（ATA）代表美国航空公司、大陆航空公司和美国联合航空公司，针对欧盟指令发起法律诉讼。中国航空运输协会代表三家中国航空公司参与 ATA 的法律诉讼，并表示如果中国航线被要求参与 EU-ETS，将采取报复性措施。

欧盟委员会针对航空指令规定：当非欧盟航空公司采取类似减排措施时，免除其在 EU-ETS 的减排任务。

四、责任共担政策

虽然 EU-ETS 对于欧盟完成中长期减排目标必不可少。但是在 2008 和 2009 年，受经济危机接近尾声、经济复苏、排放增加等原因，欧盟的年度排放目标却无法达成——温室气体排放量反弹了 3.3%，如果将新加入者计算进来，则年度整体排放增长高达 3.5%。为了加强全社会减排力度，欧盟决定实行"责任共担"（effort sharing）政策，作为与 EU-ETS 互补的政策，为欧盟成员国在 2013～2020 年没有纳入 EU-ETS 的部门设立具有约束力的年度排放目标。在责任共担政策之下，成员国有责任订立并实施相关政策与手段，以限制 EU-ETS 未涵盖部门的排放。为此，欧盟成员国将在运输、建筑、农业、废物等部门实施补充措施。英国的补充措施已经在执行中，如表 15 所示。

表 15　　　　　　　　英国在 EU-ETS 之外的补充措施

措　施	情况简介
汽车排放税	基于排放的汽车税以每公里油耗计算
气候变化税	在工业、商业、农业、公共管理以及其他服务等部门针对光、热、能商品征税
可再生能源进口关税	激励小型（小于 5 兆瓦）低碳发电站
可再生热能激励	激励从各类可再生源头产生的热能（预计 2011 年 6 月开始）

资料来源：世界银行《碳市场发展现状与趋势 2011》。

在欧盟层面，EU-ETS 未涵盖的部门将在 2020 年比 2005 年减排 10%。责任共担目标因各成员国而不同，取决于其相对财富（GDP/资本）。丹麦、爱尔兰、卢森堡被要求的减排目标最高，保加利亚、拉脱维亚和罗马尼亚则被允许增加排放的目标最高。成本控制措施包括：允许成员国向其他欧盟成员国转让其部分年度排放配额，以及使用从联合履约（JI）和 CDM 获得的碳信用。

被要求必须减少 EU-ETS 未涵盖部门排放的成员国，或这些部门的排放被允许在 2005 年基础上增加不超过 5% 的成员国，可以使用额外的 1% 的 CDM 和 JI 信用。这些信用仅可来自于最不发达国家和小岛屿发展中国家的 CDM 项目，不可储存、不可转让。上述成员国还应当至少满足下列四个条件之一：

第一，根据欧盟委员会影响评估，成员国执行责任共担政策的总成本不低于 GDP 的 0.7%。

第二，由于以人均 GDP 而非成本效率为基础设定目标，根据欧盟委员会影响评估，成本增加至少为 GDP 的 0.1%。

第三，成员国责任共担政策范围内 50% 以上的排放与运输相关。

第四，成员国可再生能源目标超过 30%。

五、结语

合理、有效的未来政策对于确保市场持续稳定发展、减排目标顺利达成至关重要。欧盟排放交易体系作为全球最大的温室气体排放交易市场，正与其成员国制定一系列的未来政策，维护市场的运行与发展，并最终达成欧盟中长期减排目标。欧盟的这些未来政策也将为其他考虑建立碳市场的国家提供借鉴。

欧盟将航空业纳入排放交易体系及影响

2012年1月起,欧盟正式将航空业纳入欧盟排放交易体系(EU-ETS),要求在欧盟内起降的航班均需提交与其整个航程排放的温室气体等量的排放权或合格减排量,否则予以罚款及其他处罚。此举俗称欧盟航空碳税,引发国际社会广泛争议和反对。现就欧盟将航空业排放纳入EU-ETS的相关情况和影响简要整理分析如下,以供参考。

一、欧盟航空碳税的由来

EU-ETS是欧盟利用碳排放权配额分配和交易的市场手段,在欧盟成员国之间实现低成本减排的一种机制,目前是国际碳市场的主导力量。EU-ETS采用"上限-交易"模式,由欧盟有关机构向体系内的排放实体免费分配一定的二氧化碳排放配额。在限额以内的企业,可以出售他们多余的碳配额,排放超额的公司则必须通过参与竞拍或在EU-ETS进行购买,为超额部分买单,包括可以购买来自发展中国家的CDM"核证减排量",用于抵消超额部分。

EU-ETS于2005年1月1日正式启动,至今已实施两期,涵盖了欧盟成员国近12000个工业排放实体,其排放量约占欧盟温室气体排放总量的一半,但涉及企业多集中于少数能源密集型行业,如炼油、钢铁、水泥、玻璃、造纸等。欧盟于2008年发布2008/101/EC指令,决定于2012年12月1日启动EU-ETS第三期,增加行业覆盖范围,其中包括将航空业纳入EU-ETS。

根据联合国政府间气候变化专门委员会(IPCC)第四次评估报告,航空二氧化碳排放量约为全球温室气体排放量的2%;预测还将以每年3%至4%增长。另据欧盟数据显示,每个飞机乘客平均每公里就产生191克温室气体,欧洲境内国际航空温室气体的排放自1990年以来,累计增长87%,如果照此发展下去,到2012年,《京都议定书》要求欧盟达到的减排目标中所获得的环境效益的1/4以上将被欧盟内国际航空的排放增长所抵消。而且,欧盟认为"国际民航组织多年来在这方面无所作为",所以欧盟决定"填补空白"。EU-ETS作为欧盟履行《京都议定书》义务的一项重要举措,成为其实施该项政策的有效工具。

二、欧盟 2008/101/EC 指令中关于航空业参与的相关规定

欧盟在 2008/101/EC 指令中规定：

1. 欧盟各成员国需在 2010 年 2 月 2 日之前将 2008/101/EC 指令转化成其国内法。

2. 从 2012 年 1 月 1 日起，所有到达、离开或者在飞越欧盟的航班都将受 EU-ETS 的管制。各航空公司从 2010 年 1 月 1 日起将承担监测和报告排放情况的义务。

3. "限额—交易"体制的目标是迫使航空器运营人通过投资新技术或购买排放配额，从而达到减少排放的目的。

4. 限额数量将根据 2004～2006 年欧盟境内和境外航班二氧化碳排放量的平均值，计算出历史排放量。2012 年（即航空排放的第一交易期）总限额是历史排放量的 97%。在总限额内，82% 用于免费分配，3% 用于特别保留，15% 通过拍卖方式投入使用。从 2013 年到 2020 年（即第二交易期）期间，总限额是历史排放量的 95%。其分配比例与第一交易期相同。各航空器运营人取得的排放配额只能是用于免费分配的部分，前提是航空器运营人必须按时提交经核证的吨/公里排放数据。

5. 不遵守 EU-ETS 规定将受到严重处罚。如果航空器运营人没有取得相应的排放配额，具体承运人将因排放二氧化碳被处以罚款。超额排放的处罚是每排放一吨二氧化碳将被处以 100 欧元的罚款，并且航空器运营人必须在下一个交易期购买排放配额以补足其超额排放的部分。尽管有些处罚对来自于非欧盟国家的航空器运营人难以实现，但是需要注意的是，每个管理成员国在其国内强制措施无法奏效的情况下，可以请求欧盟委员会对该航空器运营人发出禁飞令，每个欧盟成员都应当对涉及的航空器执行该禁飞令。最后对于不遵守 EU-ETS 规定的航空器运营人，该指令还建立了黑名单制度，使这些航空器运营人在公众面前曝光。

三、各方反应

欧盟航空碳税引发国际社会轩然大波。中国、美国、俄罗斯、加拿大、印度、巴西、南非等主要经济体表示反对。美国参议院通过法案，明确反对欧盟向飞经欧洲的航班征收碳排放税。由中国、印度、巴西和南非组成的"基础四国"于 2012 年 2 月 14 日在印度新德里举行的第 10 次部长会议上共同反对欧盟强征航空碳排放税。欧盟内部也有争议。例如，空客公司担心这一机制引发全面贸易战，对欧洲飞机销售甚至解决

债务危机带来不利影响。但是,欧盟依然表态坚决如期执行。

国际社会的反对意见主要集中在两个方面:

第一,欧盟航空碳税违背了"共同但有区别的责任"原则。"共同但有区别的责任"原则是《联合国气候变化框架公约》确定遵守的基本原则,要求发达国家应率先采取措施以应对气候变化。国际社会为实施该公约而签署的《京都议定书》再次重申了这一原则,并针对发达国家和发展中国家不同的经济发展水平和历史排放情况,规定其附件一所列的包括欧盟在内的发达国家应当承担量化的减排义务,而那些未列入附件一的国家,应当重申对现有承诺的遵守,制订相应的国家方案,继续促进履行这些承诺以实现可持续发展的目标。

EU-ETS 对航空器运营人不作任何区分,不论在发达国家登记的还是在发展中国家登记的,均要按照 EU-ETS 的规定执行量化的减排义务,这显然与"共同但有区别的责任"原则相悖。

第二,欧盟航空碳税违背了《国际民用航空公约》的有关规定。《国际民用航空公约》于 1944 年在美国芝加哥订立,因此也称《芝加哥公约》。该公约为管理世界航空运输奠定了法律基础,可视为国际民航组织的宪法。欧盟单方面通过立法将国际航空排放纳入 EU-ETS 违背了该公约的以下规定:一是违背了《芝加哥公约》关于主权的规定。该公约第 1 条规定,缔约各国承认每一国家对其领土之上的空气空间具有完全的和排他的主权。二是违背了《芝加哥公约》有关税费的规定。根据该公约第 24 条以及大多数双边航空服务协定的规定,对国际航空运输服务应免征燃料税或能源税。

四、欧盟航空碳税对中国民航业的影响

欧盟将中国国际航空公司、东方航空、南方航空等约 33 家中国内地航空企业纳入其航空碳税政策。

根据测算,欧盟航空碳税 2012 年正式实施后,中国民航业在 2012~2014 年,每年分别将有 25%、38%、44% 的碳排放配额需要购买,总计约 1100 万吨。不论是需要购买的配额比例还是配额总量,以后逐年递增,到 2020 年,中国民航业需购买的配额比例将达到 61%,年购买量有可能突破 1000 万吨。按每吨二氧化碳 30 欧元的价格计算,我国飞欧盟的航空公司仅 2012 年即需增加 7.4 亿元的成本,到 2020 年有可能超过 30 亿元。就国航而言,2012 年将有 36% 的碳排放配额需要购买,约 70 万吨,交易成本 2.1 亿元人民币,2015 年需购买的排放配额比例和交易成本为 48%

和 3.8 亿元，2020 年这一数字将是 67% 和 7.3 亿元。

在中国航空业和有关部门多次与欧盟协调未果后，国家民航总局发文禁止中国的航空企业未经政府有关部门批准参与 EU-ETS，禁止借此提高运价或增加收费。

五、下一步发展趋势

美国、中国、俄罗斯和印度等国于 2012 年 2 月 21 日在莫斯科举行会议，共同商讨结成统一阵线，反对欧盟航空碳税。

国际航空协会呼吁各方继续通过国际民航组织寻求全球性解决方案，并提出由三项内容组成的替代方案。一是推广生物燃料，但从生物燃料航班试飞成功到全面使用，还需要降低价格，增加供给；二是对机场航班时刻管理法则进行修订，使航空公司在没有运输需求的情况下不必安排航班；三是实施"单一欧洲天空"计划，增加空域容量，预计每年减少 1600 万吨二氧化碳，并实现空管成本减半。

面对各国反对，欧盟的强硬态度稍显松动。欧盟委员会气候变化部门负责人 2012 年 2 月 7 日表示，如果有关航空碳排放的国际谈判在 6~8 个月之内取得进展，国际民航组织在此期间能够制定一个"具有实质意义的机制"来遏制全球航空碳排放，那么欧盟就可能"考虑中止自己指令中的一个或者其他几个措施"。

欧盟委员会副主席、运输委员西姆·卡拉斯（Siim Kallas）也在 2012 年 2 月 13 日举行的航空领导人峰会上表示，欧盟愿意与其他国家在现有框架内进行谈判，但不会暂停实施欧盟碳税政策。

澳大利亚碳市场机制设计解读
及对我国的借鉴意义

欧盟排放贸易体系（EU-ETS）作为全球最大的区域碳市场一直被大家所讨论研究，然而，近两年亚太地区的日本、新西兰和澳大利亚的国内碳市场的设计、筹建引起了大家的广泛关注。澳大利亚碳市场由于其巨大的预期碳抵消额度的需求（极有可能成为未来全球第二大碳交易市场）、对来自CDM产生减排量的明确表态、对形成与国际市场对接的计划，以及与加拿大、日本等国在德班会议后明确或正在酝酿退出《京都议定书》的鲜明对比，而备受瞩目。

一、澳大利亚碳市场机制的立法历程

2012年7月，澳大利亚启动有关固定碳价机制的设计，该机制作为澳大利亚能源发展一揽子计划的四大支柱（分别是固定碳价机制、能源效率、可再生能源、以土地为基础的减排）之一，9月13日由总理杰拉德向国会提交。此举即意味着澳引入国内碳排放交易机制的法案已正式进入立法程序。该法案最终获得国会批准。澳大利亚成为继欧盟和新西兰之后第三个引入国内碳排放交易机制的发达国家。

二、澳大利亚碳市场机制总体介绍

1. 手段与目标。《京都议定书》规定，澳大利亚作为附件一国家，到2012年，可以在1990年温室气体排放水平上排放108%的温室气体。如果不采取任何措施，按照目前的排放量增长速度预测，到2020年，澳大利亚的温室气体年排放量将比2012年增加24%。为了减缓气候变化，澳提出：到2020年，其温室气体排放量在2000年水平上减排5%，甚至达到15%或者25%。2050年达到减排80%。

为了实现上述减排目标，澳决定引入碳价格机制，以期以最为经济有效的方式实现温室气体减排。

2. 涵盖范围。碳价机制覆盖的范围主要包括碳过程管理（CPM，即企业的温室气体减排）、燃料当量（Equivalent fuel）、人造温室气体进口（SGG

imports，即《京都议定书》规定的氟氢碳化物 HFCs、全氟碳化物 PFCs、六氟化硫 SF_6）。这样，占澳温室气体排放量60%以上的电力企业（37%）、直接燃料燃烧（15%）、交通（15%）等行业将被纳入碳价机制。由于澳大利亚严重依赖其丰富的煤炭（以黑煤和褐煤为主）储量进行发电。因此，澳大利亚是世界上人均碳排放最多的国家之一。此次碳价机制也正是主要瞄准了"高耗能"的发电企业，希望通过碳价机制激励其发展清洁能源。

三、碳价机制两步走

1. 第一步：固定价格阶段。从2012年7月1日起，为了使机构和企业树立信心、做好基础能力建设，首先设定了持续三年的固定碳价期：

2012年7月至2013年7月 23.00澳元/吨二氧化碳当量（A\$/tCO_2e）。

2013年7月至2014年7月 24.14A\$/tCO_2e。

2014年7月至2015年7月 25.40A\$/tCO_2e。

在此阶段，国内碳价固定，与国际碳市场没有联系，等同于碳税。所谓征收碳税也不是额外增加一个税种，而是在原有税收基础上对退税额度进行不同程度的调整，以间接实现碳税的征收。例如，原本的燃油税是38澳分/升、对于载重货车的退税额度是18澳分/升，在实施碳税后，退税额度下调为12澳分/升，即相当于多征收了6澳分/升的碳税。

此阶段主要是为了发现碳减排的边际成本以及让各企业做好参加碳市场的相关硬件和软件的建设，为进入碳市场打好基础。23A\$/tCO_2e（约合人民币160元）的选择，也是根据欧盟排放贸易体系排放配额（EUA）从2008年1月到2011年7月的平均价格来设定的。为3年固定碳价后更好地与国际碳交易市场对接做好准备。

2. 第二步：浮动价格阶段。在3年的固定碳价结束后，如果国际碳交易没有明显证据表明缺乏流动性和安全性，澳便会过渡到浮动碳价阶段，通过总量控制与排放交易（cap and trade）实现减排。在这一阶段，政府通过免费发放和拍卖两种方式分配排放许可（emission permits），碳市场参与方可以根据基年的排放量获得部分免费的排放许可，不过免费的发放量会逐年减少。参与方可以通过提升技术或者购买国内、国际的排放许可实现政府提出的排放限量。

为了保证碳市场的有序稳定发展，澳还设定了浮动价格的上下限，2015年的下限和上限价格分别是15A\$/tCO_2e和50A\$/tCO_2e，随着预期碳价的上升，2015年后每年的上下限价格都会逐年上升。

根据现有政策环境和整体国际社会的减排意愿，2050年碳价可能增加到 130A$/tCO$_2$e 左右；但是，如果国际社会形成更为严格的减排目标，碳价可能达到预测值的两倍（见图1）。

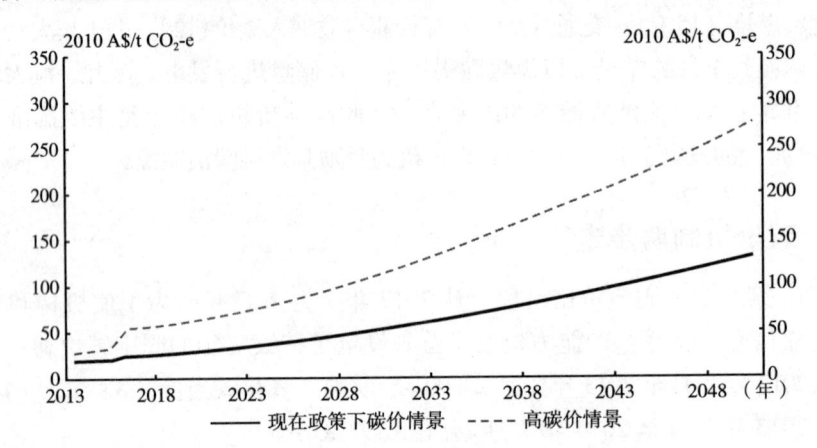

图1 两种情景下的澳大利亚碳价走向预测

资料来源：http://carbonpricemodelling.treasury.gov.au/carbonpricemodelling/content/report/09chapter5.asp。

3. 与国际市场的对接。从2015年开始采用浮动碳价起，碳市场参与方允许使用国际的补偿配额包括：《京都议定书》下CDM项目产生的核证减排量（CERs）、JI项目产生的减排单位（ERUs）及长期土地补偿的清除单位（RMUs），但是来自核电、某些工业废气类项目的减排量无法使用。

浮动价格的碳价发现和机制设计类似于EU-ETS，但是明显不同于EU-ETS的是澳没有如EU-ETS一样拒绝来自中国、印度等较大的发展中国家开发的CDM项目产生的CERs。这极大地促进了国际碳市场对于CDM发展前景的信心。加之，德班会议刚刚通过了决定实施《京都议定书》第二承诺期的决定，这为澳大利亚碳市场获得稳定的国际补偿配额提供了充分的保障。

实现不同区域碳市场的对接对于碳产品的流通和碳市场的成熟发展具有重要意义，但是碳交易机制的对接通常受到减排目标的力度、MRV体系以及产生的减排量的可比性等问题的影响，而且这些问题通常涉及当事国对碳交易机制相关标准的主导权问题，所以有关对接的谈判尚需时日。

4. 监测、报告、核查（MRV）体系。早在2008年，澳政府即颁布了《国家温室气体和能源报告法案》（National Greenhouse and Energy Reporting Act，NGER Act），该法案含有具体的能源审计指南。

作为国家报告温室气体排放量和能源使用情况的框架文件，所有碳价机制涵盖的减排实体在法案下已经需要承担报告义务，相当于已经初步建立了 MRV 体系，为下一步建立碳市场奠定了基础。

5. 对国民收入和居民生活的影响。碳交易不仅能以市场的方式促进经济结构的调整，而且将改善国民收入与民生。在碳交易设计阶段，澳即准备将碳市场创造收入的大部分用于个人所得税体系的调整，而且将主要关注中低收入群体。这将对国家的收入分配和生产力提高产生积极作用。

在现有政策背景下，平均国民收入将在引入碳市场后继续增长，预计到 2020 年，人均年国民总收入（GNI）将比 2010 年增加 9000 澳元（以现有价格水平计算），到 2050 年，增幅将到 30000 澳元（见表 16）。即，从 2010 年到 2050 年，人均年国民收入增速可达到 1.1%。相比没有碳市场情景下所预测的 1.2% 的增速，对国民收入整体影响并不大（见图 2）。

表 16　　　碳市场建立对于改善民生的体现（基准年：2010 年）

年份	人均年国民总收入增量 （澳元，现有价格水平）	新增就业 （万个）
2020	9000	160
2050	30000	440

资料来源：http://carbonpricemodelling.treasury.gov.au/carbonpricemodelling/content/report/09chapter5.asp。

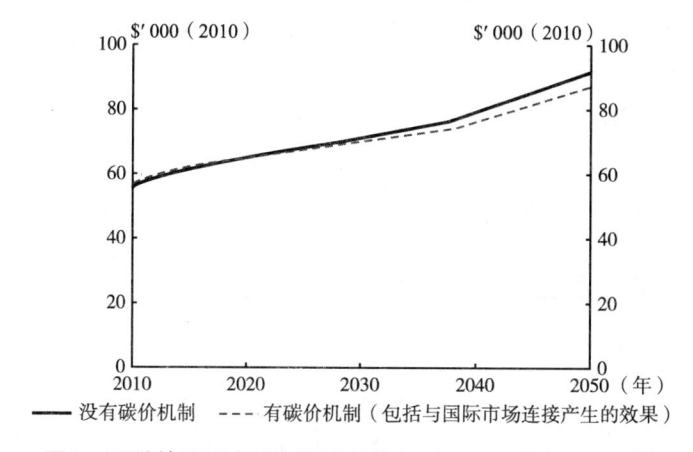

图 2　两种情形下人均年国民总收入（GNI，千澳元）比较

资料来源：http://carbonpricemodelling.treasury.gov.au/carbonpricemodelling/content/chart-tabledata1/chapter5.asp。

碳市场不仅将逐渐推动劳动力的转移：从排放密集型行业转向低排放行业。最终，90% 的劳动力将只会产生 10% 的温室气体排放。而且，碳市场将创造更多就业机会，到 2020 年，碳市场将为澳大利亚创造 160 万个就业机会，此数值到 2050 年将达到 440 万（见表 16）。对于现在西方社会普遍存在的失业率日益增高、就业情况不容乐观的情况而言，碳市场的建立无疑是一件好事。

据澳大利亚财政部长韦恩·斯旺所言，引入碳价机制后，以第一年23澳元/吨的碳价为例，电费将上涨10%，天然气费用将上涨9%，但是食品上涨小于0.5%，总体生活成本提高约0.7%，折合每周每户家庭需要由于碳价而额外多支出约9.9澳元（见表17）。

表17   碳价对生活成本的影响（以23澳元/吨的碳价为例）

项　目	上涨百分比（%）	每周增加开支（澳元）
电价	10	3.30
天然气价格	9	1.50
食品价格	<0.5	0.80
总影响	0.7	9.90

资料来源：http://carbonpricemodelling.treasury.gov.au/carbonpricemodelling/content/report/09chapter5.asp。

这对于普通澳洲家庭来说还是可以接受的，而且政府财政将通过提高转移支付能力和减税两种方式来补贴居民。在此基础上，共计900万户澳大利亚家庭中，根据相关条件限制，800万户家庭会得到财政补助，其中600万户家庭由于碳价所需额外支出的部分将被财政支持抵销，400万户将获得比原有生活更好的生活品质（家庭收入可达到实施碳价机制前的120%）。所以，碳市场的引入对居民生活将带来正面的影响，也必将得到广大民众的积极支持。

四、对我国建立国内碳市场的借鉴意义

1. 碳市场的建立需要有法律约束。无论是在固定碳价还是浮动碳价阶段，减排目标的确定、排放总量的限定、MRV体系的建立等都需要有法律的约束。否则，碳市场将仅仅成为一个展示自身企业社会责任的自愿减排市场，缺少约束力的市场必然很难运转起来。

我国虽然已把明确的减排目标和建立国内碳交易市场的计划写进了"十二五"规划，但是与之相匹配的细则、奖惩措施、MRV体系建立方法等都并未"法律化"，这很可能会阻碍国内碳市场的有序发展。

2. 通过准备阶段发现碳价。任何一个碳市场都有"发现碳价"的过程，有些用试运行碳市场的方式，如EU-ETS；而澳大利亚则采用了固定碳价，即碳税的方式。我国在建立国内碳市场的过程中，首先选择了7

个省市进行试点。在试点期间,除了进行能力培养、法规完善,更重要的一点就是在这个过程中发现碳减排的边际成本。这样对将来从7省市向全国推广碳市场有着非常重要的意义。

3. 充分考虑碳市场对人民生活的影响。澳大利亚通过提高转移支付能力和减税等方式减少由于碳市场的建立导致的对居民日常生活成本上涨的不利影响。非但没有起到负面作用,反而显著提高了将近一半家庭的居民生活水平。这使得该举措获得广大群众的支持。我国在建立碳市场后,碳减排所需要的资金投入最后势必会转嫁到终端消费者,必将在一定程度上增加居民的日常生活开销。所以,政府需要探索一些有效方式尽量减少建立碳市场对普通居民日常生活的负面影响,以减小碳市场发展的阻力。

美国加州将碳排放权拍卖收入和支出纳入预算管理的做法

将"总量控制与交易"机制下拍卖温室气体排放权(即碳排放权)所得收入和支出纳入预算管理,是美国加州议会和政府的共识。2012年1月,加州财政厅公布了2012~2013财年[①]预算草案,其中首次包括碳排放权拍卖收入和支出预算。随后,加州立法分析员办公室[②](Legislative Analyst's Office,LAO)对此进行了分析,认可政府提出的将拍卖收入用于替代一般预算(Genaral Fund)、支持新设或扩展的温室气体减排规划项目两方面内容,但认为应由议会在掌握更多信息的基础上,对拍卖收入和支出预算的具体内容做出决策。

现将 LAO 报告摘编成中文,供读者参考。

一、加州"总量控制与交易"机制及其排放权拍卖概览

加州2006年通过的全球变暖应对措施法案(加州众议院第32号法案,通常称为AB32),确立了到2020年将全州温室气体排放减少至1990年水平的目标。为此,加州政府机构"空气资源委员会(Air Resources Board,ARB)"根据AB32的授权,建立了"总量控制与交易"机制,针对占全州碳排放总量80%的约350家实体,设置了排放总量上限,根据该上限向这些实体发放排放权,并允许其在市场上交易排放权。加州"总量控制与交易"机制于2013年1月起实施,被纳入"总量控制与交易"机制的实体只能排放与其拥有的排放权等量的温室气体。政府通过逐步降低排放总量上限,达到减少温室气体排放的目标。

ARB 将采用拍卖和免费分配两种方式发放排放权。总体来讲,2012年至2020年,预计发放25亿个排放权,其中拍卖和免费分配各占一半。起初,大部分排放权将免费分配,旨在减少"经济泄漏",即企业因"总量控制与交易"机制造成的竞争不利而选择离开加州。

[①] 加州2012~2013财年是2012年7月1日到2013年6月30日。
[②] 加州立法分析员办公室是没有党派倾向的咨询机构,向议会提供财政和政策方面的信息与咨询服务,已有70年历史。

拍卖将按季度举行。2012～2013财年中，ARB计划拍卖排放权总量为6600万个，分别在每个季度的第二个月举行拍卖。2012年8月和11月，分别拍卖2000万个可供2015年及以后使用的排放权。2013年2月和5月，分别拍卖300万个可供当年使用的排放权，并分别拍卖1000万个可供2016年及以后使用的排放权。因此，按照"总量控制与交易"机制规则确定的每个排放权10～50美元的价格区间估算，预计2012～2013财年拍卖收入最低6.6亿美元，最高可达约30亿美元。实际拍卖收入将受到企业温室气体减排成本、宏观经济状况等因素影响。

二、2012～2013财年拍卖收入与支出预算

根据加州相关法律法规，碳排放权拍卖收入属于政府收费，而不是税收，因此必须用于减排温室气体或减缓温室气体排放带来的危害，除非议会2/3多数表决同意用于其他用途。

在加州2012～2013财年预算草案中，假定碳排放权拍卖收入为10亿美元，计入在加州现有"空气污染控制基金"中新设的"温室气体减排"账户。其中，5亿美元将用于替代一般预算，投入原本由一般预算支持的温室气体减排活动；另5亿美元将用于旨在减排温室气体的新设或扩展的规划项目，包括以下领域：清洁高效能源；低碳运输；自然资源保护；可持续基础设施开发。

加州政府认为，由于需要到2012～2013财年后期才知晓实际的拍卖收入，所以在预算草案中不会按规划项目列出相应的预算支出。相反，政府计划在2012年8月首次拍卖之后，向议会提交一份支出计划。这将很可能在议会通过2012～2013财年预算之后。同时，政府计划在向议会提交支出计划的30天以后，为具体规划项目分配拍卖收入。根据政府的建议，支出计划涵盖低碳汽车技术、居民能效改善规划、地方和区域可持续发展、公立大学或中学开展的特定项目等。

考虑到从2012年8月起就开始按季度拍卖排放权，州政府计划在2012～2013财年使用拍卖收入是合理的。

三、预算草案存在的问题

1. 限制议会对预算进行裁量和监管。根据预算草案，议会收到拍卖收入支出计划只比州政府具体分配拍卖收入早30天，因此将几乎没有机会进行审议。这就很难保证支出计划与议会的优先考虑相一致。加之拍卖收入的具体分配可能会对"总量控制与交易"机制实现AB32目标的效

率和效果产生或积极或消极的影响,州政府关于支出计划的时间安排就更让人担忧。为此,议会应该争取机会对支出计划进行审议。

2. 有可能高估拍卖收入对一般预算的可替代额度。对于州财政状况,利用拍卖收入替代部分一般预算,符合议会的考虑。州政府尚未提交支出计划,因此还不能知晓如何通过拍卖收入替代一般预算,从而为后者节省5亿美元。如前文所述,拍卖收入必须用于减排温室气体或减缓其排放危害。然而,根据 LAO 对一般预算支持此类活动的统计,总额约1亿美元,远未达到5亿美元。可见,预算草案有可能高估了拍卖收入对一般预算的可替代额度。

四、加州立法分析员办公室的建议

排放权拍卖收入将数额不菲,从长远看更是如此。考虑到州财政状况,议会应首先利用拍卖收入替代支持减排温室气体活动的一般预算。鉴于议会需确定用拍卖收入替代一般预算的哪些部分,并纳入 2012～2013 财年预算决策过程中,因此最好在 2012 年春季对该替代做出决定。此外,议会还需考虑如何有效分配其余拍卖收入,支持新设的或扩展的减排规划项目,但这一决定不必急于在 2012～2013 财年预算过程中完成。

1. 最大程度地替代一般预算。建议议会最大程度地利用拍卖收入替代一般预算。为此,议会应要求州政府在 2012 年 4 月 1 日前提供所有可能转由拍卖收入资助的现有活动列表。这将给予议会足够时间审议州政府的提案并考虑其他选择。拍卖收入替代一般预算的可行度,对于通过 2012～2013 财年预算有重要影响。例如,如果替代额达不到 5 亿美元,议会将考虑其他措施平衡预算(议会可以利用拍卖收入投入到与温室气体减排不相关的项目上去,如用于减少一般预算长期赤字。当然,这需要议会三分之二多数同意)。

2. 确保足够的时间来决定"其余拍卖收入"的用途。对于不用于替代一般预算的"其余拍卖收入",政府提出用于各种能源和资源保护活动。由于预算草案并没有给议会足够的时间仔细审议并分析拍卖收入如何分配,建议议会拒绝政府有关在告知议会 30 天后即具体分配拍卖收入的提案。考虑到州法律没有规定拍卖收入应在一定期限内用完,议会没有理由不花时间仔细审议各种方案。"其余拍卖收入"金额不菲,因此议会需要获得以下重要信息后才能做出决策:

第一,更加确定的拍卖收入额。2012～2013 财年拍卖收入预计在 6.6

亿美元与 30 亿美元之间，待拍卖结束后再分配，议会将确知拍卖收入额。

第二，详细的支出计划。议会需要通过一个详细的计划，该计划应按每个规划项目描述拍卖收入如何分配才能实现 AB32 的目标。为了启动这个决策进程，建议议会要求州政府提供支出计划，说明要支持的新建或扩展规划项目。然而，议会若发现州政府的预算计划不充分或不符合议会优先考虑，议会将考虑替代方案，并自行制订支出计划。LAO 将协助议会开展工作。

第三，有关潜在投资回报的数据。建议议会优先考虑具有最大潜在投资回报（温室气体减排量相对于资金投入）的规划项目，即建议按照温室气体减排量相对于资金投入，对支出计划中的潜在项目进行优先排序。这将有助于达到 AB32 确定的减排目标。因此，议会需要对每一笔潜在项目支出进行影响分析。

第四，法律影响。拍卖收入作为政府收费，必须用于减排温室气体或减缓温室气体排放的危害，因此议会寻求立法委员会的建议并考虑潜在法律风险是非常重要的。

第五，私营公用事业部门的排放权拍卖收入如何分配。ARB 向加州私营的公用事业部门免费分配排放权，作为条件，私营公用事业部门被强制要求在 ARB 拍卖会上出售获得的免费排放权。相应收入仍归私营公用事业部门所有。主管私营公用事业的加州公用事业委员会已明确要求拍卖收入应惠及电力消费者，如增加对能效和可再生能源的投资。因此，应注意协调政府与私营公用事业部门各自对拍卖收入的使用，尤其要避免不必要的重复资助。这就表明议会需要获得私营公用事业部门拍卖收入的使用信息。

行业分析

促进钢铁行业碳减排行动

在全球气候变化和低碳经济发展的大背景下，减少二氧化碳排放已成为全社会高度关注的问题。钢铁行业是资源能源密集型产业，主要消耗的能源包括原煤、原油、天然气等一次能源以及洗精煤、型煤、焦炭、汽油、煤油、柴油、燃料油、热力等二次能源，因此成为二氧化碳排放的主要源头之一。降低我国钢铁行业的二氧化碳排放对于实现"十二五"温室气体减排目标，促进社会经济环境可持续发展具有非常重要的意义。下文简介国际和国内钢铁行业碳减排行动开展情况，以及中国清洁发展机制基金（下称"清洁基金"）在此领域的现有工作。

一、国际钢铁行业碳减排对策

2007年，国际钢铁协会在《气候变化与世界钢铁行业》报告中指出，全球钢铁行业排放的温室气体约占全球排放总量的3.2%，且主要为二氧化碳。全球钢铁行业中，超过90%的二氧化碳排放来源于巴西、欧盟、印度、日本、韩国、俄罗斯、乌克兰、美国和中国。在全球性的碳减排压力下，国际上的一些主要钢铁产地纷纷制定了相应的减排规划和措施。

1. 欧盟。欧洲钢铁业把增加炼钢中废钢的比例、减少铁水的需求作为最有效的减少二氧化碳排放的措施。2004年欧洲吨钢铁水比例已下降到51%，此比例在未来将继续保持下降趋势。例如，安赛乐米塔尔通过利用废钢提高整个工艺流程的能源效率，改良原材料等技术，从1975年到2000年之间将吨钢二氧化碳排放量减少了50%，吨钢能效则提高了

50%。此外，欧盟还启动了"超低二氧化碳制钢"计划，采用包括高炉煤气利用、碳捕集和储藏、电解、氢的利用等，最终使二氧化碳的排放量减少30%~70%。

2. 日本。日本实现碳减排的主要手段是充分利用能源和不断开发新的节能技术。当前，日本重点从以下几个方面开展钢铁行业技术创新：第一，在不用水的干式炉渣粒状化方法下回收矿渣显热，解决余热回收的问题；第二，利用转炉废气显热煅烧石灰，同时以石灰吸附转炉废气中的粉尘；第三，开发中温区热电子元件，利用该温度差产生的电动势，将热能直接转换成电能；第四，开发高炉炉渣循环利用技术，例如作为肥料和土壤改良剂，又如被用于固定二氧化碳以生成碳酸块，再和生根垫结合形成珊瑚礁再生基础，用于改善海洋生态环境。

3. 韩国。韩国采取了一系列行动来实现减少钢铁行业二氧化碳排放，例如，大力回收钢铁生产过程中的废热、废气、废压；研发新工艺，如FINEX（非高炉炼铁），该工艺无需烧结和焦炉，可使用低品位矿石和非焦煤炼铁；使用钢渣培育海洋植物形成海底森林，利用海洋植物光合作用来固碳。

4. 美国。美国能源部支持钢铁行业研发多种碳减排技术，例如，无焦炼铁技术、高强度轧辊、稀释氧燃系统、镀锌板废料去除技术等。美国钢铁协会还自觉参与了政府的削减温室气体排放计划，提出2012年吨钢钢材能源消耗比2002年降低10%的目标。

世界各国在探索钢铁行业碳减排技术的同时，还在探索通过碳排放权交易和征收碳税等措施引导和强化碳减排行动。

二、我国钢铁行业碳排放现状及减排措施

随着经济高速发展，我国对钢铁的需求逐年增长，钢铁行业的能耗量也屡创新高。2009年我国粗钢产量达5.678亿吨，占世界粗钢总产量的46.55%，二氧化碳排放量估计超过10亿吨。根据中国工程院的研究数据，中国钢铁行业的二氧化碳排放中，能源（燃料）消耗所排放的二氧化碳占排放总量的95%以上。

多年来，我国钢铁行业二氧化碳排放量居高不下，仅次于电力、水泥，位居我国工业行业二氧化碳排放量的第三位。综合分析单位产品二氧化碳排放特点，造成这种情况的主要原因是：中国钢铁行业能源结构中煤炭比例远高于其他主要产钢国；中国电网结构中以火电为主，导致钢铁部门的吨钢二氧化碳排放量较高；中国的废钢资源短缺，电炉钢生

产中大多使用30%～40%的高炉铁水，造成了中国电炉流程的能耗与国外相比也偏高。此外，中国钢铁行业的整体水平尚未达到国际水平，设备相对落后。

目前，我国钢铁行业逐步开展了以下碳减排工作：

第一，推动废钢回收利用和废钢进口，将我国电炉炼钢短流程比例由16%提升到50%，并产生节能降耗、节省土地资源、节省水资源、减少污染物排放和碳排放等综合效益。

第二，调整能源结构，研发清洁能源的利用，减少煤的消耗。

第三，深化节能技术及推广，例如开发大型蓄热式板坯加热炉核心技术、多孔介质燃烧技术、中低温余热利用技术等，提高能效。

第四，研发二氧化碳回收与资源化技术，如钢渣吸收二氧化碳技术，从而高效低成本地分离、提纯、回收二氧化碳。

过去几年，我国钢铁行业开展了一些CDM项目，对促进能源产业的技术进步、改善废弃物管理、减少温室气体排放和改善区域环境质量，发挥了一定的积极促进作用。

三、清洁基金支持钢铁行业碳减排

清洁基金作为国家应对气候变化工作的创新机制，认真落实国家"十二五"规划关于实现节能减排约束性指标的要求，致力于发挥政策性资金的引领带动作用，大力推动新兴产业减排、技术减排和市场减排行动，积极支持和帮助地方企业开展碳减排行动，助力低碳转型。

针对钢铁行业，清洁基金正在从两个方面提供支持和引导。

一是通过委托贷款的方式，直接推动钢铁企业开展碳减排行动。例如，河北裕华钢铁有限公司是河北省"百强企业"以及全国民营500强，但在向低碳转型中面临资金缺乏的困境。清洁基金贷款支持该公司开展余热余压利用及高炉煤气发电项目，帮助企业践行"建设绿色钢企"的发展理念。在河北省钢铁行业致力于节能减排与循环经济一体化发展、构筑绿色钢铁经济的努力中，清洁基金的这一举措发挥了积极的示范带动作用。

二是积极促进包括钢铁行业在内的行业碳减排成效评价规范研发，除拟在清洁基金项目中试点应用外，还将通过全国节能减排标准化技术联盟等专业的综合平台普及推广。

光伏产业现状与发展趋势

光伏产业经历了十几年的高速发展之后，从 2011 年至今遭遇"寒冬"，多家国外大型光伏企业宣布破产，国际光伏市场持续低迷。严重依赖国际市场的中国光伏产业正在面临严峻挑战：产能过剩，产品滞销，大量企业亏损严重，欧美接连发起的"反补贴、反倾销"调查（下称"双反"调查）。中国光伏产业是否从此一蹶不振？还是能够走出阴霾，重回光明坦途？下文将从光伏产业整体形势、我国光伏产业发展中存在的问题及未来发展方向等进行简要分析，试图厘清思路，探寻出路。

一、光伏产业的发展背景

1. 可再生能源发展需求和太阳能利用。人类生存发展离不开对能源的需求。近二百多年的工业化进程导致对化石能源的巨额消耗，同时破坏了生态环境，造成全球变暖。化石能源的有限性和对环境的负面影响催生了对替代和可再生能源的需求。

太阳能是各种可再生能源中最重要、最丰富的基本能源。目前，太阳能的利用主要通过光—热、光—电、光—化学、光—生物质等几种转换方式实现，开发利用过程基本无污染，是已知的最清洁、最安全的能源。

太阳能光伏发电就是利用光生伏打效应原理①用太阳能储蓄电池接收太阳辐射能转化为电能的发电方式，其技术核心是可释放电子的半导体物质，最常用的是硅。因此，光伏产业就是指以硅材料的应用开发形成的产业链条，包括上游的原材料供应、电池片生产、光伏电站建设及相关配套服务等环节。

2. 技术发展催生光伏产业。技术是影响产业发展的一个重要因素。光伏产业最基本、最重要的技术就是提高太阳能电池的光电转化效率。

---

① 光生伏打效应简称光伏效应，是指半导体由于吸收光子而产生电动势的现象，是当半导体受到光照时，物体内的电荷分布状态发生变化而产生电动势和电流的一种效应。

1954年，美国贝尔实验室首次制成了光电转换效率为4.5%的单晶硅太阳能电池，实用光伏发电技术诞生。此后光伏产业技术不断进步，光电转换效率进一步提高，成本持续降低，促使光伏产业得以快速发展。

3. 政策扶持促使光伏产业大发展。技术的进步使光伏产业成本不断降低，但还是远远高于传统能源发电成本，价格上无法与之竞争。于是，各国政府纷纷出台政策扶持光伏发电行业的发展。如日本采取投资补贴法，对安装光伏系统直接进行补贴，补贴最高时甚至达到了安装成本的50%；德国、西班牙则采取了上网电价法，即将光伏发电上网电价设定高于传统能源发电的上网电价，这一政策效果非常明显，极大地刺激了其国内光伏产业的发展；美国加州则混合运用了这两种方法，直接对光伏上网电价加以补贴。

优惠的政府补贴和上网电价极大激发了投资者的积极性，光伏产业在几十年时间里得以飞速发展。

二、全球光伏市场现状及发展趋势

1. 全球光伏市场发展迅速。据欧洲光伏产业协会数据，1994年到2009年短短15年间，全球太阳能光伏发电累计装机容量增长了44倍，年均增长维持在28.8%。这期间，全球光伏电池产量从1996年的0.09吉瓦增长到2009年的10.5吉瓦，年均增长速度达44.2%。

欧洲、日本和美国一直是光伏产业发展较快的国家，尤其是德国、西班牙和日本集中了很多知名的光伏电池生产商，同时也是最主要的光伏产品终端消费市场。2007年之前，欧洲和日本占据了光伏电池生产的70%左右的市场份额。2007年，中国光伏产品产量占到全球产量的26.6%，一跃成为全球太阳能电池第一生产大国。如图3所示，2010年全球一半以上的光伏电池产能来自中国，欧、日、美大概只占据了1/4左右的市场份额。

2011年全球光伏产业虽然笼罩在阴霾之中，但是全年的数据统计还是令人欣慰，据统计2011年全球新增光伏装机27.79吉瓦，同比2010年的17.5吉瓦，大幅增长62.97%。同时，2011年全球太阳能光伏电池产量也达到了惊人的37.2吉瓦，相比上一年的27.4吉瓦提升了36%。虽有增长，但36%这一数据已是2004年以来的历史最低值。

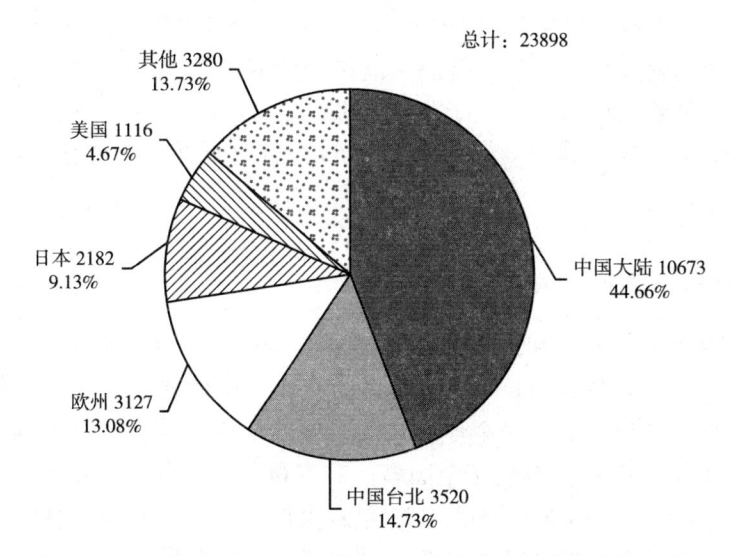

图 3　2010 年世界主要地区及国家太阳电池产量及市场份额（兆瓦）

资料来源：《光伏产业发展现状、趋势及思考》。

2. 全球光伏市场需求仍然巨大。表 18 显示的是世界主要国家光伏产业的中长期发展规划，按照这一规划，到 2020 年全球光伏累计装机容量将达到 200 吉瓦，是 2008 年累计装机容量的 13.6 倍；2030 年将达到 1850 吉瓦，是 2008 年的 125.9 倍。

表 18　主要国家光伏发展中长期规划（累计装机容量）　　单位：吉瓦

年份	日本	欧洲	美国	中国	其他
2008	1.97			0.14	
2010	8	10	5	0.25	4.75
2020	30	41	36	1.6	89.8
2030	205	200	200	50	1195

资料来源：《2011 年中国及海外太阳能光伏产业发展报告》。

国际能源署（IEA）预测：2020 年世界光伏发电量将占总发电量的 2%，2040 年将占总发电量的 20%～28%。欧盟联合研究中心（JRC）预测，到 2030 年可再生能源在总能源结构中的比例将占到 30% 以上，太阳能光伏发电在世界总电力供应中将达到 10% 以上；2040 年可再生能源在总能源结构中将占 50% 以上，太阳能光伏发电在世界总电力供应中将达 20% 以上；到 21 世纪末可再生能源在总能源结构中将占到 80% 以上，太阳能光伏发电在世界总电力供应中将达到 60% 以上。

欧洲一直都是最主要的光伏市场，占据了全球80%以上的市场份额。光伏产业的勃兴很大程度上是因为欧美国家对光伏产业采取了优惠的补贴政策。随着2009年全球经济危机的爆发，各国经济复苏滞缓，光伏补贴持续下调，从而导致整个光伏市场的萎缩，加之各国贸易摩擦不断，引发行业危机。

三、国内光伏产业发展现状

中国光伏产业起步于20世纪70年代，20世纪90年代进入稳步增长期，2005年进入快速增长阶段。之后的几年，中国光伏产业平均年增长率维持在40%以上，成为全球最大的光伏产品生产国，已经占据了全球约50%的市场份额。2009年全国多晶硅产量已达20357吨；太阳能电池达3460兆瓦，是2005年产量的25倍；太阳能电池产能突破3200兆瓦，光伏组件产量为2500兆瓦，均占全球产量的1/3左右。

虽然中国光伏产业发展迅速，但随着外部环境的变化，产业发展的弱势日益突出，体现在下面几个方面：

第一，大而不强。由于整体技术水平落后及科技成果转化困难，中国光伏产业在国际终端市场缺乏话语权，尽管出口量大，却不掌握定价权，往往需要靠价格战进行低端竞争，短期内可能抢占市场，长期必将危及行业发展。

第二，技术薄弱。光伏行业的核心技术——多晶硅提纯技术的缺失也是我国光伏行业受制于欧美、日本等国的根源之一。目前为止，我国光伏产业尚未建立全面的研发创新体系，同时缺乏高新制造产业支撑，很多精密设备、高纯度硅料依赖进口，大大提高了我国光伏电池的生产成本，不但阻碍国内市场的开发利用，也难以保障光伏产品的质量。这种情形直接导致国内企业只能占据利润微薄的光伏产业链中下游，产品缺乏国际竞争力。

第三，内需不足。2007年我国累计装机容量仅有100兆瓦，不足全球的1%。2008年我国当年新增光伏装机40兆瓦，国内需求量仅占当年产能的2%，比例与2007年基本持平。2009年开始，由于受到"太阳能屋顶计划"和"金太阳工程"等政策的激励，国内光伏装机容量有了一个较大幅度攀升，2009年新增160兆瓦，但国内需求量仍不足当年产能的4%。

究其原因，一是光伏发电成本较高，目前单位发电量成本约为风电、生物质发电的6~8倍，常规能源发电的10倍以上；二是缺乏强有力的政策支持和有力度的政府补贴。这两方面原因导致投资者没有动力在此领域开拓市场，市场局面迟迟不能打开。

由于技术薄弱，太阳能电池原料高纯度多晶硅需要大量进口；由于内需不足，90%以上的光伏产品（光伏组件和电池）依赖于国际市场，特别是欧洲市场，从而形成中国光伏产业"两头在外"的格局。

第四，产能过剩。2011年以来，受全球经济危机和欧洲主权债务危机的影响，全球光伏市场需求锐减，多家国外大型光伏企业相继破产。国内光伏产业产能增速却不减：2011年，全球光伏需求量约27吉瓦，但中国光伏产业的产能已接近40吉瓦，产能严重过剩。加之美欧又相继对中国光伏产品发起"双反"调查，国内光伏产业进入"寒冬"。美国投资机构Maxim Group近日发布的统计数据显示，中国最大的10家光伏企业的债务累计已高达175亿美元，约合1110亿元人民币。

辩证地看待国内光伏产业的现状，市场低迷期往往也是产业调整期，在哀鸿遍野的产业危机中，也正悄然孕育着整个产业发展的新机遇。当经历洗牌和换血之后，市场重归正常秩序，那些走过"寒冬"的企业，必将成为未来产业的主导者与引领者。

四、国内光伏产业发展方向

"十二五"以来，《太阳能光伏产业"十二五"发展规划》、《可再生能源发展"十二五"规划》等相继颁布，一系列促进光伏产业发展的政策措施也纷纷出台：一是国家发改委正式出台《关于完善太阳能光伏发电上网电价政策的通知》，对新建非招标太阳能光伏发电项目实行全国统一的1元/度标杆上网电价①；二是国家太阳能发电"十二五"装机量规划，由最初的5吉瓦改为10吉瓦，最终改为15吉瓦，必将极大拉动国内市场发展，2011年国内装机量超过1.5吉瓦，预计2012年仍将保持较高的发展态势，这对国内光伏产业而言无疑是针"强心剂"。而光伏企业自身也需要调整战略，提高自身"御寒"能力，探索更具竞争力的发展方式。

1. 提高技术创新能力，减少对外依存度。国内光伏产业危机的一个重要原因就是核心技术和关键设备的缺失，因此，只有提高产业本身的

---

① 新建非招标太阳能光伏发电项目即2011年7月1日及以后核准的太阳能光伏发电项目，以及2011年7月1日之前核准但截至2011年12月31日仍未建成投产的太阳能光伏发电项目。对于2011年7月1日以前核准建设、2011年12月31日建成投产、尚未核定价格的太阳能光伏发电项目，上网电价统一核定为每千瓦时1.15元。

自主创新能力，突破技术难关，掌握核心技术，才能从源头上解决过高的对外依存度，打破发达国家对光伏产业的垄断，也才能在国际光伏市场享有话语权和定价权，转变国内市场利润被两头挤压的困境。

2. 通过市场准入和淘汰制实现行业整合。工信部与发改委、环保部2011年初发布《多晶硅行业准入条件》，首次设置了多晶硅行业的准入门槛，要求太阳能多晶硅项目每期规模要大于3000吨/年。新的产业政策同时在布局、资金、环境保护、土地使用、资源回收等方面设定了条件。现有项目中不符合该政策的将进行整改，整改不合格将退出多晶硅生产。市场准入和淘汰制短期内加速了深陷低端化泥潭的光伏企业退出市场的进程，长期来看促进了产业整合与转型，是产业发展的进步。

3. 积极应对国际双反调查。2011年11月8日，美国商务部正式发起对中国光伏电池的"双反"调查，时隔十个月，欧盟委员会也发布公告，启动了这一调查。"双反"调查是各国经济交往中为保护国内产业发展常用的手段，我国光伏企业要在国际市场展现竞争力，就必须做好积极应对"双反"调查的准备。

一方面，要积极开拓国内市场，改变"两头对外"的产业格局，避免受制于人。另一方面，要转变各自为战、恶性竞争的局面，通过技术创新改变产品同质的问题，提高产品质量，将同行业内的严重内耗转化为整个行业发展的对外竞争力，推动整个国内光伏产业良性发展。

4. 加大对光伏产业全产业链的培育整合。发展光伏全产业链，不但可以帮助提升整个光伏产业的抗风险能力，而且可以帮助改变无序竞争和盲目扩张的状况，也符合我国太阳能光伏产业"十二五"规划提出的"择优扶优"政策，有助于整个光伏产业的可持续发展。

英利、中国化工、汉能等骨干企业纷纷逆市而上，开始加大延长产业链的力度，着手打造覆盖原料—电池—组件—设备—应用全产业链的航母级企业，试图通过产业垂直一体化发展，降低成本、获取电站良好投资回报的同时，为自身光伏产品销售提供稳定的渠道，以此突破产能过剩困局。

可再生能源发电技术的成本趋势

为了未来，人类在积极探索和研究可再生能源，而其发电成本无疑是一个至关重要的问题。2011年5月，德国国际合作机构撰文讨论可再生能源发电技术的成本趋势，下文予以摘编，供读者参考。

一、简介

与传统发电厂（除核电外）成本主要由燃料决定不同，可再生能源的发电成本主要取决于投资和自然资源的可获得性，例如太阳辐射、风力资源或者产生生物质能的有机物。同时，技术的成熟度、未来发展及其广泛应用所带来的规模经济，也是影响成本的重要因素。

不容忽视的是，对传统能源的支持，是可再生能源科技发展的最大阻碍之一。国际能源署估计，2009年全世界有3120亿美元用于支持传统能源，而只有570亿美元用于支持可再生能源，且这一趋势将会持续。积极因素是可再生能源拥有非常好的产出前景，人类可以不断创新技术加以利用。

二、技术

技术成熟度决定了可再生能源未来进一步完善的潜力，进而决定未来降低成本的空间。但是阻碍可再生能源成本降低的技术性和运行等因素依旧会存在。

太阳能光伏，尤其是薄膜技术，目前最具发展潜力。光伏发电的效果在直接照射的情况下最好，但是在漫散射阳光下才能产生足够的电力。在漫散射阳光下或者与太阳的角度是次优的情况下，薄膜太阳能电池的效果比晶体硅电池要好。值得注意的是，在高强度直接照射下（如在沙漠中），周围环境的温度非常高，这会减少太阳能电池的效率，而晶体硅电池受此影响更为明显。因此，主要的潜力地区是干燥的亚热带地区。

太阳能热电技术，优势在于它具备储存热量的能力。运营太阳能热电厂需要更多的维护，其设备的成本降低潜力也不像光伏技术一样。然而，安装具备太阳能热量储存功能的设备与未安装相比，太阳能发电成本要减少10%。由于技术性原因，传统电厂和太阳能热电厂的混合系统只能产出较少的太阳能电力（3%~5%），太阳能热电厂只是稍微增加了传统电厂的效率。类似燃气蒸汽联合循环发电，蒸汽涡轮机的热输出不超过电厂总的热输出的30%，太阳能热电厂也只能为混合系统的蒸汽涡轮机提供至多30%的热量，否则蒸汽涡轮机的效果将受影响。实际上，即使在非常好的情况下，这一比例也不足10%。从中长期来看，考虑到经济效率以及供应安全等因素，混合系统不可行。

风能。从发展的角度来看，风力发电比太阳能发电至少早10年。风电技术已经产业化，意味着成本下降的空间要远比相对较新的光伏和太阳能热电技术小。然而，与太阳能发电设备相比，风力发电设备占地小。所以风电场可同时用作农业用地，而且几乎没有限制。

生物质能。一般来讲，农业沼气发电设施需要监管和税收等方面的激励措施才能建设。激励措施包括严格的环境保护制度。税收激励措施的形式主要包括投资税收补贴（南非），或者像德国、中国可再生能源法案中法定的上网电价保障。

农业沼气设施的投资成本因项目而异，通常取决于设施采用的技术。为了减少投资成本，在工资水平低的国家，要尽可能在当地进行生产和提供相关服务。

三、发电成本

发电成本包括投资和运营成本。运营成本主要由燃料成本决定，其次是维修成本以及电厂退役的相关成本。此外，针对核废料，增加永久性成本是合理的。传统电厂的成本很大程度上是由燃料消耗决定的，而可再生能源发电成本是由投资、维修以及自然资源条件决定的。核电是一个特例，主要成本只是投资。

比较可再生能源与传统发电的投资成本几乎没有意义，因为它们的运营成本区别非常大。可再生能源由于发电设备规格不同以及可用资源的不同，发电成本大相径庭。即使是同一种可再生能源，不同技术也存在差异。以太阳能为例，太阳能热电厂的元件数量远大于光伏系统。而且，光伏发电可以非常容易地实现电力损失最小化，而减少太阳能热电厂的热力损失需要付出加倍的努力。尤其是太阳能热电厂各个方面的最优化相互制约：增加热媒的温度可提高涡轮机的效率，但是与周围环境的温差增大又会导致热量大大损失。长期来看，在所有聚光太阳能发电技术中，太阳能塔或中央接收器被寄望具有最高的效率和最低的成本，其特别高的聚光能力利于产生高温，从而获得高效率。生物质能发电因为设施种类和沼气原料都大相径庭，也难以做出有用的成本估算比较。

再来看成本趋势。事实上，到 2030 年，所有可再生电力的成本都有潜力降低到目前的平均发电成本。陆上风电和光伏发电的前景最好。目前海上风电的数据很少，但估计它尽管质优，发电成本却要比陆上高。若不考虑中长期核燃料供应的问题，在建核电站的发电成本大概在 0.15~0.20 欧元/度电，但这不包括补贴，如免除责任险和核废料储存成本。从电价角度看，成本与电力的应用价值是相对的，而且电价随着电力可获得性和满足实际需求的适合性而变化，如高峰时期电价非常高。

各国电力补贴也非常普遍。整体来讲，全球传统电厂（包括核电）比可再生能源得到了更多补贴。如前所述，国际能源署估计，2009 年全球针对可再生能源的补贴发放额是 570 亿美元，而对传统能源的补贴额高达 3120 亿美元。据分析，2015 年这一差距预计将扩大，前者将为 1000 亿美元，后者将为 6000 亿美元。补贴等许多直接支持措施和税收优惠、市场价格机制等间接措施掩盖了真正的发电成本。在德国，所有电厂组合的平均发电成本约为 0.06~0.07 欧元/度电，这一数据是对煤电和核电各种支持和补贴之后的。如果取消补贴，这一数据将提升到 0.08~0.10 欧元/度电。

风电产业发展情况报告

与其他可再生能源相比，风能的开发技术较为成熟，对环境的影响相对低，并不受生物质能开发利用所面临的资源约束，是世界公认的除水能之外最具商业开发前景的可再生能源之一。因此，世界许多国家和地区将发展风能作为应对能源和气候变化压力的一项长期策略。

一、全球风电发展现状及发展趋势

全球风能理事会统计资料显示，2003～2007年，全球风电平均增长率为24.7%，总装机容量累计达到94吉瓦。2008年，风电成为非水电可再生能源中第一个全球装机超过100吉瓦的电力资源。

2011年全球新增风电装机容量达40.6吉瓦，这一新增容量使全球累计风电装机达到238吉瓦。拉丁美洲、非洲和亚洲延续了2010年的发展趋势，正在成为拉动全球市场发展的主要动力。中国和印度仍是亚洲风电增长的主要驱动力量，两个国家新增装机容量总和相当于2011年全球总装机量的50%。

海上风电具有资源丰富、风速稳定、开发利益相关方较少、不与其他发展项目争地、可以大规模开发等优势，一直受到开发商关注。但海上风电对风机质量和可靠性要求高、施工困难，发展受到制约。目前，90%以上海上风电来自欧洲市场。

全球风电发展进入平稳期。2009年以后，风电发展速度开始放缓，年均增速降低到6%左右，全球风电发展已经进入到平稳发展期，新增装机容量保持在40吉瓦左右。全球风电市场格局保持不变。受金融危机和不确定因素的影响，2009年风机价格开始下滑，并一直持续到2012年年初。海上风电发展任重道远。相较于陆上风电开发，海上风电开发技术难度要求更高，资金投入更为巨大，一直不是世界风电开发的优先领域，进入21世纪后才开始在欧盟进行商业化试验。

核电受阻、碳市场低迷、欧债危机、技术进步和成本下降等各种因素掺杂在一起，使得风电未来发展环境仍然复杂多变。但不断增长的能源需求和气候变化问题也使清洁能源和可再生能源成为发展趋势。风电在各种可再生能源技术中相对比较成熟，越来越受到更多国家的青睐。

二、国内风电产业发展现状及存在问题

我国风能资源季节分布与水能资源互补。我国风能资源季节分布不均匀，一般春、秋、冬季丰富，夏季贫乏，而夏季水能资源则占到全年的50%以上，属于丰水期，两种资源刚好互补，大规模发展风电有可能弥补枯水期水力发电的不足。但是，我国风能资源地理分布与电力负荷不匹配，大多数风能资源丰富区远离电力负荷中心，电网建设薄弱。这种状况导致风电发展的难度增大，大规模开发需要电网发展的支撑。

我国并网风电始于1990年，经历多年快速发展，截至2011年底，全国累计装机容量达到62.36吉瓦，当年新增装机容量17.63吉瓦，继续领跑全球风电市场。目前，全国已有30个省、市、自治区（不含港澳台）有了自己的风电场，累计装机超过1吉瓦的省份超过10个。2011年，全国风电上网电量达715亿千瓦时，占全国发电量的1.5%。按照每户居民年用电量1500千瓦时计算，2011年风电的上网电量可满足4700多万户居民1年的用电量需求。同时，我国海上风电建设正在有序推进中，到2011年底，全国海上风电共完成装机容量242.5兆瓦。2011年风电新增并网接近17吉瓦，累计并网容量达到47.84吉瓦。虽然并网速度不断加快，但并网难的问题依然存在，造成限电"弃风"新难题，2011年风电"弃风"超过100亿千瓦时。另外，我国风电发展还存在一些问题。例如，电网建设和管理与风电发展不适应，造成风电并网难；自主创新能力不强，风电技术与世界先进水平有明显差距；"跑马圈地"的快速发展模式急需转变；风电发展所需服务机制有待完善；限电"弃风"问题凸显。

三、国内风电产业发展方向

我国大规模发展风电已具备基础支持条件，综合考虑，未来我国风电发展将呈现以下趋势：

第一，集中开发与分布式相结合，鼓励分布式发展。中国风电场主要分布在距负荷中心较远的地区，电网结构相对薄弱，电网建设对风电开发存在一定的制约，限电"弃风"成为风电发展新难题。此外，大规模发展集中式风电开发，就需要建设昂贵的输电线路，远距离、大规模输送发电量较少的风电，会较大幅度提高受端地区销售电价，从而降低风电电力的竞争力。因此加大分布式风电场开发，实现集中开发为主向

集中与分布式相结合的转变，是风电发展的客观要求。

第二，陆上与海上相结合，陆上为主。基于中国风能资源分布特点，中国风电场开发的重点将主要集中于陆上。根据风能资源详查结果，全国 50 米高度风能资源达到 3 级及以上的陆上风能资源主要分布在"三北"及东部沿海地区。尽管海上风电是未来风电的发展趋势，《可再生能源发展"十二五"规划》也提出要加快海上风电开发，但现有已经开发建设的海上风电项目进展缓慢的现状说明，由于开发和维护成本较高，装备技术有待提高及航运、军事领域等多方面因素的限制，海上风电发展仍然只能作为陆上风电开发的补充。

第三，稳定国内市场，积极开拓国际市场。随着中国风电产业的不断成熟和发展、国内产业政策的调整和风电市场竞争的加剧，中国风电投资商和制造商不约而同地加快了国际化步伐。但从各国风电发展的情况看，大多数风电都是由本土化生产。本土的风电设备制造企业和开发商要"走出去"，必然还要面临政治风险、贸易壁垒和保护主义以及海外市场的国产化要求等，可以说风电"国际化"具有很大的挑战。因此，中国风电企业应该重新审视国内外市场，在稳定国内市场的前提下，积极稳妥开拓国际市场。

合同能源管理如何叫好又叫座

20世纪70年代中期以来，一种基于市场的节能新机制——"合同能源管理"在市场经济国家中逐步发展起来，并逐步为人们所认知，合同能源管理即：以减少的能源费用来支付节能项目全部成本的节能业务方式，通常由专业节能服务公司来实施。它的实质是，节能服务公司应用合同能源管理机制，为用户提供节能效益分析、节能项目可行性分析、项目设计、项目融资、设备选购、施工、节能量监测、人员培训、节能量监测等全过程服务，向用户保证实现合同中所承诺的节能量和节能效益。下文为中国人民银行节能减排办公室主任辛晓光对合同能源管理的一些分析看法。

建立一种新机制的目的，就是让懂节能管理的人管能源，让清楚节能减排知识的人去具体操作。只有运用科学的方法，才能把节能减排指标落到实处。

十多年来采用合同能源管理机制的节能服务公司不断发展，其投资、技术和节能效果等优势正逐步显现，被越来越多用户所接受。但是由于具体运作中还有很多环节需要打通，如融资困难、税收政策有待完善、预算支出科目不明确等问题，使合同能源管理机制运作还存在一定的问题。

一、节能量认证是突破口

普遍存在的问题要从制度上找原因，反复出现的问题要从规律上找原因。2010年4月2日，国务院办公厅下发的《关于加快推行合同能源管理促进节能服务产业发展的意见》（下称《意见》）恰逢其时，必将调动用能单位节能改造的积极性，拉动潜在需求，促进节能服务产业发展。面对新形势、新的发展方式，我们怎样做好合同能源管理工作？必须创新发展理念，节能减排管理工作也必须创新。其实，能源管理工作要干一些什么事、怎么干、干到什么程度，已经很清楚了，重要的是运用市场手段和先进的技术手段转变管理方式，形成科学有效的机制。

合同能源管理工作是一个系统性、综合性很强的管理工作，"能商"

较低，就不能很好地全面了解和掌握能源及节能的要素，也不知道怎样做好能源管理工作。若缺乏相互联系、相互制约和相互促进的先进的科学能源管理理念和方法，常常盲目地跟风，结果会适得其反。

节能量的认证，就是合同能源管理的突破口，也是合同能源管理的生长点。《意见》明确指出："加强用能计量管理，督促用能单位按规定配备能源计量器具，为节能服务公司实施合同能源管理项目提供基础条件"。

二、建立后评价机制

推行合同能源管理促进节能服务产业发展，还要把握节能工作的客观规律性，更要因地制宜，循序渐进，整合好各种资源，寻找节能工作新的增长点，必须建立一套节能工作后评价机制，不断持续改进合同能源管理工作。

实施"后评价"是节能工作的内在要求。节能工作目前无非是通过两个渠道来实现：一是对以往不节能的问题进行更新改造，二是对新建项目进行节能技术控制。节能改造项目和节能管理工作，看似简单，但实际是一个复杂的系统工程。后评价机制的建立，能够把节能的控制贯穿到工程的各个环节、各个部分，能够真正把各专业、各部门联结起来，实现从建筑材料的低层次节能到合理利用能源、合理使用能源等高层次的节能转变。也正是后评价机制，能够真正建立各行业、各领域的专家组，对项目的节能成效进行评价、反馈意见、提出改进，提高节能的技术含量。

实现"后评价"是节能实践的具体要求。后评价机制对于节能项目实践的意义是非常重大的，主要体现为：一是后评价机制的建立是实现投资项目管理从决策、执行、评价、反馈到决策优化的闭环管理模式的关键环节。二是根据强化理论和期望理论，建立有效的节能项目后评价反馈机制可以改变人们对项目结果的预期，提升项目决策者、建设者、运营者的工作责任心，从而达到事前控制的目的。三是通过后评价反馈机制的建立并与公司绩效考核体系建立必要的接口，能够约束项目需求单位的行为，增强项目前评估的准确性和可信性，只有经过后评价的节能量，才是真正的节能量。以科学的后评价方法，统筹的整体解决方案，才能使合同能源管理走向双赢的路径。

企业管理人员气候变化意识及影响因素分析

2011年初,中国人民大学环境学院与北京大学经济学院共同对企业管理人员进行了气候变化意识的问卷调查,利用关于气候变化的认知指数、行为指数和意识指数三个指标对调查结果进行评价,并对被调查者的背景对其气候变化意识的影响作出分析。本文依据其发表的文章简要介绍其情况。

一、研究方法

调查通过发放问卷的形式进行。问卷主要包括三部分内容:问卷回答者的个人性别、年龄、学历等基本情况;气候变化相关知识;企业管理人员转变生活方式、应对气候变化的践行意愿和采取的行动等行为意愿。

根据气候变化意识的含义,调查者归纳出三个指数:认知指数、行为指数和意识指数。认知指数反映企业管理人员对气候变化现状、原因、不利影响、应对措施等的了解程度,以及对气候变化相关国际公约和我国相关政策的认知程度。行为指数反映作为普通公众转变生活方式、应对气候变化的行为意愿和企业管理人员节能、承担社会责任及发展低碳经济的行为意愿和已经采取的行动等。意识指数为认知指数和行为指数的算术平均。

二、调查数据基本情况

在所有被调查者中,男性占77.5%,女性占22.5%。被调查者的年龄分布大致为26~35岁占一半,36~45岁占一半。就受教育程度而言,本科以下学历近八成,研究生及以上学历的近两成。

在被调查者所属企业的主营业务类型中,第二产业居多,占55.3%,第一产业和第三产业共占44.7%。本次调查以国有企业与私营企业的管理人员为主,这些人员80%以上来自大中型企业。

本次调查所涉及的企业管理人员所属的工作部门分布较均匀,董事和监事、销售人员、技术人员以及人事和财务人员所占比例基本相同。

三、指数及影响因素分析

1. 认知指数及影响因素。调查数据显示，产业类型、企业类型、企业规模和工作部门对认知指数的影响较为显著，而性别、年龄和教育程度对认知指数的影响不显著。

产业类型。第二产业的企业管理人员的认知水平要明显高于第一、第三产业。原因是国家已经采取了淘汰落后产能等一系列措施，使第二产业的企业在各方面压力下纷纷转变发展模式，同时主动寻找应对气候变化中的新商机和新利润增长点。

企业类型。国有企业管理人员的认知水平要高于私营企业。现阶段，国有企业是国家节能减排战略的主要实施者，比私营企业有更大的责任和动力。

企业规模。规模越大的企业，其管理人员的认知水平也越高。企业规模的影响。在我国，多数的大型企业既是第二产业又是国有企业，他们处于节能减排和应对气候变化的前沿阵地。

工作部门来看，技术类管理企业人员的认知水平最高，销售、人事和财务类次之，董事、监事认知水平最低。技术部门的企业管理人员热心于技术发展的动态，有机会首先接触应对气候变化的新技术和新工艺，因此比其他部门有更高的认知水平和意识水平。本次调查显示董事会和监事会的意识水平最低，主要由于参与调查的董事会和监事会人员主要来自私营企业和中小企业。同时，虽然这部分管理人员对气候变化问题的认知水平较低，但其践行应对气候变化的行为水平却稍高于其认知水平。

2. 行为指数及影响因素。对调查数据的分析表明，企业规模对行为指数的影响显著，而性别、年龄、教育程度、产业类型、企业类型、工作部门因素对行为指数的影响不显著。

3. 意识指数及影响因素。年龄、学历、企业类型、企业规模和工作部门对意识指数的影响是显著的，而性别、产业类型因素对意识指数的影响不显著。

年龄。26~35岁年龄段的企业管理人员意识水平较高，36~45岁年龄段的意识水平较低。年龄的影响。年轻的企业管理人员接触网络等媒体机会较多，更易接受新思想新事物。

受教育程度。研究生以上学历的企业管理人员意识水平要高于本科及以下的情况。受教育程度较高的企业管理人员能更主动地获取气候变化相关知识，寻找新商机和新利润增长点。

四、结论和建议

基于对调查结果的分析，调查者建议：

一是加强对企业管理人员的气候变化培训，促使其意识水平在短期内大幅度提高。在加强对国有企业和大型企业的培训的同时，还要重视提高非私营企业和中小企业的气候变化意识。

二是积极施行促进企业参与应对气候变化行动的经济激励政策，如鼓励企业进行低碳产品认证、自愿减排等尝试，从被动迎接气候变化的挑战转变为从企业战略的高度上主动出击。

三是重视提高针对第三产业企业管理人员的气候变化意识。虽然我国当前的能源消费在第二产业相对较多，但是随人们生活水平的提高，与建筑、交通、消费服务等相关的第三产业的能耗将增长迅速。因此，提高第三产业企业管理人员气候变化意识有利于应对未来挑战。

应对气候变化行动对企业发展的影响

气候变化在改变和影响全球生态系统与自然环境的同时，也对全球的经济发展和人类的消费观念产生了深刻影响，进而影响到企业的发展。特别是"低碳经济"的推广，给企业带来的冲击是多层次、多轮次的，使企业的产品结构、成本结构、盈利模式以及组织结构等发生了深刻的变化。气候组织在其编写的《中国企业碳战略制定指南》中，从四个方面，就应对气候变化行动对企业发展的影响进行了介绍。其主要内容如下：

一、政策导向对企业发展的影响

为了应对气候变化，世界各国必将调整和出台相应的低碳法规和政策，改变市场的运行规则。相继出台和实施的各类限制碳排放的政策法规，将直接影响财政、税收、投资、价格等政策，大大改变企业生产过程中的成本结构。过去被相对忽略的碳排放管理控制将会被提升到前所未有的高度。一些原来成本效益较好，而低碳节能做得较差的高能耗企业可能会失去竞争优势；一些原本较为落后，而低碳节能控制得当的企业可能后来居上。此外，一些产业可能会随着低碳政策的实施而全面洗牌，率先采取节能减排措施、采取技术创新的企业将获得发展良机。例如，从白炽灯到LED节能灯的低碳照明产业的发展。灯具业的变革是低碳政策对经济和产业影响的一个重要缩影。传统的灯具主要以白炽灯的生产和销售为主，而LED的销售则处于劣势。究其原因，白炽灯在成本上具有巨大优势。一只普通的白炽灯，价格基本在1.5元左右，而同样亮度LED灯具，其价格则要几十元，甚至上百元。这种巨大的成本差异，使得LED的优势难以得到发挥。因此，长期以来，LED仅仅被作为装饰灯具使用。"低碳冲击波"的到来彻底改变了这种情况。由于"节能减排"意识的增强，各国开始淘汰和限制白炽灯的生产和使用。这一变化对灯具市场的结构产生了影响，并加速了LED的崛起。率先投资LED研发和生产的企业因此抢得市场的先机，在竞争中处于优势地位。

二、产业结构调整和技术创新对企业发展的影响

在气候变化以及未来全球能源长期紧缺的推动下,全球越来越多的大企业纷纷采取措施应对气候变暖,技术、管理和产品创新将成为公司及其投资者取得竞争优势的基础。另外,全球范围内的碳税和碳交易等间接提高能源价格的政策举措进一步刺激企业采取更为创新的工艺技术和设备。美国的瓦克斯曼－马凯议案指出,到 2020 年碳交易市场生产总值每年可达到 1 万亿美元,是欧洲排放交易体系的两倍。有人预见,未来全球碳市场的规模可能远远超过石油市场。

三、市场需求对企业发展的影响

未来绿色商业模式对企业发展的影响。气候变化问题正在催生出绿色商业模式。绿色商业模式要求众多行业和企业在原材料采购、生产流程和产品设计中,采取节能减排和可循环利用的新标准。这种商业模式将对企业形象、品牌声誉产生重要影响。尤其对于处于产业链中下游、大量使用一次能源的企业而言,在低碳减排政策的要求下,其能源供应商必然会将碳减排产生的费用转移到用户方面,这也将会对企业的成本产生巨大的冲击。

公众消费行为对企业发展的影响。气候变化正引导着公众消费行为的改变,而在应对气候变化方面,个人行为和生活习惯有着至关重要的作用。在全球范围内,绿色消费理念正在广大的消费者中形成。消费者正在由注重产品的品质和价格,逐渐转向既注重产品的品质和价格,又注重产品是否对环境友好。欧盟和美国在公共和个人领域采取了许多措施对具体商品中的碳含量进行评估,目标是为消费者建立一个碳标识机制。2006 年,英国碳信托公司推出一种碳标签,以满足消费者希望了解产品碳足迹的要求。2007 年 4 月,一些公司对其进行了试用,在公司的产品上注明了"碳标识"。英国碳信托公司对消费者的调查显示,67% 的消费者愿意购买有碳标签的商品。随后,沃尔玛、TESCO 等卖场也纷纷要求上架产品加贴"碳标识"。

低碳意识的提升将大大改变人们的社会观念,从而对消费需求产生巨大影响。一些高碳产品可能因此丧失其原有的市场,同时市场也会对低碳、低能耗的产品提出一些新需求。如果企业不根据现实状况做出及时的反应,则有可能丧失竞争优势,在竞争中面临被动。

采购商的要求对企业发展的影响。为了应对全球气候变化,一些国

际知名采购商开始实施积极地节能减排政策。以世界知名采购商沃尔玛为例，其提出了打造"绿色供应链"的口号，并对合作供应商提出了以2007年能耗数据为基准，2009年底能耗下降7%，2012年能耗下降20%的目标。沃尔玛认为，过去对供应商的选择一般是对价格、按时交货、品质控制等进行要求，在未来，供应商是否履行社会责任、是否开展节能减排措施也将成为重要考核标准。对于达不到节能目标的企业，沃尔玛将取消订单。此外，沃尔玛还在制定一项措施，要求供应商在其产品上标注"碳足迹"、水使用量和空气污染指数，使消费者对其节能减排的努力一目了然。

面对采购商的节能减排要求，作为其产品供应商的企业必须制定和实施行之有效的低碳发展战略。否则，将会被淘汰出局。

四、企业社会责任对企业发展的影响

在企业周围，政策制定者、社会公众、行业协会、上下游企业、环保非政府组织、投资方、媒体等利益相关方，对气候和环境问题的关注程度越来越高。他们通过舆论监督、政策建议、直接监测、培训教育等各种方式直接或间接地影响政策制定、司法实践、行业标准的修订、消费者习惯的改变，迫使企业更加重视履行社会责任。

近年来，企业社会责任报告成为企业对公众进行信息披露的主要渠道之一，其中也不乏温室气体及环境信息。全球范围内实施的碳信息披露项目表明，中国公司对气候变化的认识不断深入，对自身碳信息披露的积极态度正在形成。除了企业社会责任，碳信息披露还可能影响资本市场和金融机构的行为准则。资料表明，未来5~15年，一家企业如何处理碳信息披露将决定其股票价值。

建立应对气候变化的企业战略

气候变化问题正在改变市场竞争的商业环境。因为气候变化不仅仅影响企业的核心资产或者运营过程,而且影响企业的供应链、基础设施和市场需求等,企业的气候责任记录越来越多地受到普通投资者和消费者关注。如果企业能够化解风险,将获得新的发展机遇,也将因此更好地体现社会责任,为应对气候变化发挥重要作用。

一、认识气候变化问题给企业带来的风险

气候变化问题产生的影响是复杂、多样的,因此,国际气候变化监管环境为企业管理风险带来了极大的复杂性。总体上,政府通过三个方面来影响企业的行为。第一,政府通过市场化手段的碳税和碳排放交易,或者是通过直接的限排减排目标,将企业的环境影响内部化,为温室气体排放给出一个价格,即所谓碳定价。我国已经确定了逐步发展国内碳市场的政策,并已经部署在五市两省开展碳交易试点。第二,政府通过补贴、研发投入、直接投资等手段加大对低碳技术或低碳产品的开发和使用。我国在加强对应对气候变化行动的政策引导的同时,也在不断加大相关财政投入,加强支持力度。第三,政府通过宣传、标准等手段对消费者和投资者进行教育,引导消费向低碳产品和服务方向转变。现在,应对气候变化和低碳发展的观念已经深入人心。

气候变化政策监管风险已经成为现实。在国内,"十二五"减排温室气体的目标已经分解到地方,将落实进入行业和企业。国际上,如欧盟从2012年开始,将航空业纳入EU-ETS,要求各国2000多家航空公司为碳排放埋单。据国际航空运输协会预计,如果这一政策执行,第一年进出欧盟的航空公司需要为碳排放缴纳的费用将会让航空业的成本增加35亿欧元,相当于2008年全球航空业亏损额的一半,并且这一数字会逐年递增。对于还未摆脱全球性经济危机的航空企业而言这些支出对其造成的负担是相当重的。

对企业的气候变化物理风险表现在,气候变化造成的极端天气和气候事件及其影响,如暴风雨、洪水、干旱等导致电力、排水、供水等支

持体系的中断、政府服务职能的暂时丧失、道路冲毁造成运输中断、货物无法运送到目的地等，将严重影响企业的正常生产，造成企业的供应链、市场需求等价值链发生与原来运营截然不同的变化，使企业不得不增加资金投入加以应对，相应调整企业的核心运营流程和资源配置。

此外，对现代企业而言，声誉风险和法律风险也不仅仅是形象工程的问题，同样关系着企业的生存和发展。对于直接面向消费者的行业如汽车、日用消费品和零售行业而言，企业的环保行为是提高品牌形象、进行差异化竞争的主要手段，对于这些行业而言，品牌就是竞争力。法律风险主要来自三个方面：一是欧盟、美国的部分州和其他一些地区已经实行强制性的减排政策，违反这些政策的企业将面临高额罚款或者诉讼；二是投资者越来越关心他们投资的企业是否采取了恰当的措施来应对气候风险从而影响了企业的财务状况，投资者可能采取诉讼企业的行动来保护自己的投资；三是大规模侵权问题，例如，有人在讨论是否要在适应气候变化政策中引入环境侵权管理内容。

二、企业应主动制定应对气候变化的战略

从气候变化问题受到国际社会重视开始，许多具有较强环境意识的跨国公司就敏锐地意识到应对气候变化行动可能带来的影响，着手开展一些自愿性的企业行动。在已体现碳约束的经济全球化发展中，这些企业因此获得了先发优势。相对而言，中国企业关注气候变化问题较晚，而且一些中国企业更关注的是与此相关的企业形象而非企业发展战略。

企业不能仅满足于识别气候变化带来的风险和采取被动性的风险管理措施，还应当制定应对气候变化的战略，从而在全社会的低碳发展中赢得竞争先机。

第一，遵守应对气候变化政策和提高企业社会声誉。面对气候变化带来的四种风险，企业首先要满足国家应对气候变化政策的要求，同时注意国际气候制度对企业发展的制约。在此基础上，要防范物理风险、声誉风险和法律风险。企业还要依托所开展的业务，有意识地进行企业低碳形象的宣传，提高企业的绿色信誉度。第二，建立运营效率战略。当前，很多企业在运营中存在大量的资源浪费情况，这些企业可以通过技术改造、实施有效的措施等提高企业的生产效率，从而降低企业的碳排放量。第三，重构企业价值链。企业可以通过重新设计他们的供应链或者配送网以降低企业运营的碳强度。对大型企业而言，过去主要从降低成本角度考虑在全球配置生产资源，现在可能还要考虑降低供应链的

碳排放，从而收缩国际采购而扩大本地采购，并对所有的供应商采取同样的碳排放标准。另外，企业也可以调整他们所持有资产或者开展的业务，降低其中所包含的碳强度，加强具有低碳竞争力的业务内容。第四，再造企业商业模式。企业可以投资新的低碳技术或者生产低碳产品应对新的市场。例如，清洁技术成为企业投资和金融资本投资的一个重要方向。企业还可以通过技术创新进行差异化产品投资，也可以通过参加碳交易和未来的碳金融市场，获得新的利润增长点。

中国企业应该动员起来，建立意识并积极付诸行动，跟上低碳发展的潮流并逐步领先潮头，在更加激烈的国际竞争中居于有利位置。

低碳标准

中国"碳减排标准和认证体系"探究

温室气体总量指标、碳排放标准和认证体系、碳交易是我国政府"十二五"应对气候变化工作的关键。首先,为有效控制温室气体排放,积极应对气候变化,应制定碳减排约束性指标,并将此指标作为节能目标责任考核的一项内容;其次为考核指标是否完成,需要制定一整套有关碳减排的计算、监测、核证(即"三可"问题)标准体系;最后,将运用标准体系核证的碳减排量进行碳交易,降低社会整体减排成本,实现环境效益与经济效益的双赢。

而这其中,"碳减排标准和认证体系"是承上启下的桥梁,研究与开展"碳减排标准和认证"体系建设,具有重要的现实意义和社会价值。

针对全球气候变暖而引起的温室气体问题,自20世纪80年代末开始,国际社会陆续签署了一系列国际协议,确定了共同应对以削减总体温室气体排放水平的基本原则。中国在国际上是自愿的减排,不是有法律约束力的减排,但中国一直在为温室气体减排事业而作出自己的贡献。

2009年11月,中国政府向全世界郑重宣布:到2020年,我国单位国内生产总值二氧化碳排放比2005年下降40%~45%;实现非化石能源占一次能源消费的比重达到15%左右;森林面积和蓄积量分别比2005年增加4000万公顷和13亿立方米。为了实现上述目标,在"十二五"期间,将会更多地利用市场机制和经济手段来实现碳排放强度降低的目标,这就需要探索在中国开展碳交易市场。在哥本哈根气候峰会期间,北京环境交易所主导制定的"熊猫标准"正式公布,这是中国参与制定的首个自愿减排标准。尽管只是一个自愿减排标准，但它是中国第一次在全球碳交易市场的最前端发出自己的声音。今后，在全球碳交易市场上，中国的声音会越来越有分量。

目前国际碳交易市场分为两种情况，一种是京都议定书框架之下的排放贸易（ET）、清洁发展机制（CDM）和联合履约机制（JI），它们都和参与国家的承诺减排量挂钩，更多地被看做强制性碳交易；另一种是美国等没有加入京都议定书的国家，在其国内市场发展出的一套自愿性碳交易机制（VCS），这同样被多个国家的自愿碳减排交易市场沿用。

而在我国已开展了一系列与"碳减排标准和认证体系"相关的基础工作：我国对国际社会的气候变化国家信息通报，能源审计以及与节能减排有关的标准等工作。同时，我国现行的与"碳排放标准和认证体系"有关的工作也在逐步推进。例如，各地纷纷成立环境权益交易机构，碳交易体系雏形初现；各交易所碳减排行动陆续展开。

中国"碳减排标准和认证体系"建设的基本思路应为：中国"碳减排标准和认证体系"的发展和完善应符合我国的国情，易操作、易执行，充分利用已有工作基础和体现市场减排的发展需要。既能体现我国自己的特色，又能很顺利地与国际社会在此方面的工作相衔接。

为建立中国"碳减排标准和认证体系"，我们应考虑以下几方面的技术工作：一是建立服务于标准制定和认证工作的数据库、资料库；二是建立基准能耗或实际能耗的比对工作；三是建立基于项目的碳排放量和减排量的计算、监测方法；四是碳排放量和减排量的认证工作；五是易操作、易执行，符合中国企业发展状况。

建立碳排放标准和体系是一项很艰巨的工程，涉及国家、行业、企业、专业服务机构等各个角色，可以按照下述总体思路进行，既有分解又有综合，进而发展完善成为一整套碳排放和认证体系：制定指导原则和框架规范，明确各行业的碳排放测算、报告和核查认证体系所涉及的标准和程序等都应遵循这些指导原则和框架规范；明确能源、建筑、钢铁、化工、建材、农业、林业、交通、废弃物处理、服务行业等行业对象，先行试点再全面展开，逐步建立各行业碳减排标准和认证体系；建立碳排放标准和认证体系制定工作队伍，碳排放标准和认证体系制定具有高度的专业性，应汇集政策、标准、行业、工程等各方面的资深专家参与，他们应该具有精深的专业素养、丰富的实践经验和严谨的工作态度；培养一批有资质的碳减排认证机构，充分发挥第三方独立机构在碳减排认证中参与、策划和测量的重要作用；第三方独立机构应在政府监管下依据市场方式运行，服务于市场减排和政府咨询；第三方独立机构的培养成长应在市场环境中运行，政府应按照公平、公正、公开和竞争的原则，采取面向社会公开征集，机构自愿申请，专家审核，相关管理部门审定的程序进行资质审定；创建与国际接轨的科学机制和体系，国际上通用的"碳减排标准和认证体系"虽然不能完全适合中国国情，但它也有很多科学的地方，比如"碳减排标准和认证体系"的基本原则：相关性、完整性、一致性、透明性和准确性，可以完整地对各行各业的温室气体排放进行评价和认定。在中国"碳减排标准和认证体系"建设中，如果能充分考虑并吸收这些科学的部分，使之与中国国情紧密结合，就必然使得我们的"碳减排标准和认证体系"能很好地与国际接轨，又容易得到国际社会的理解和认可。

总之，"碳减排标准和认证体系"的制定和实施将使企业和各级管理者能科学辨别什么样的碳减排措施是最经济、最富有成效的，进而极大提高企业的碳减排效率，有效控制温室气体排放，为推进世界可持续发展做出积极贡献。"碳减排标准和认证体系"的建立，将有利于中国转变经济发展方式，建设生态文明；有利于中国在气候变化国际谈判中争取主动，提升中国在全球应对气候变化领域的地位。

应用完善的"碳减排标准和认证体系"来促进温室气体排放量的减少是国际通行做法。我国积极应对全球气候变化，迫切需要建立与国际接轨的碳排放与碳减排第三方认证制度，这是我国经济发展与节能减排的双重需要，有利于维护我国在应对气候变化中的国家利益，有利于科学制定和落实我国的碳排放指标，促进节能减排目标的实现。"碳减排标准和认证体系"的建立，任重而道远，希望各方面能共同努力，携手把我国碳减排工作推向一个新的高度。

促进碳减排标准规范建设
发挥清洁基金创新机制作用

成立中国节能减排标准化技术联盟，是具有高度现实意义和长远意义的大事，有利于"十二五"规划的实施和加快经济发展方式转变，有利于温室气体减排行动取得实效，有利于加强应对气候变化国际合作。作为联盟的成员单位，基金管理中心将以此加强作为国家应对气候变化工作创新机制的作用。

一、抓住气候变化问题本质，推动碳减排标准规范建设工作

气候变化问题的本质是发展问题，应对气候变化行动已成为可持续发展的组成部分。党的十七届五中全会提出我国"十二五"发展以科学发展为主题，以加快转变经济发展方式为主线，把应对气候变化作为其中的重要内容，明确指出要"完善节能法规和标准"与"建立完善温室气体排放和节能减排统计监测制度"。

改革开放三十年中，中国经济经历了"快速发展"到"又快又好发展"再到"又好又快发展"的发展观念转变历程。现阶段，中国正处在工业化和城市化加速发展时期，经济发展和生活水平提升带来的能源需求日益增加，加之以煤为主的能源结构，温室气体排放迅速增长。同时，中国依然是一个发展中国家，还处于工业化和城镇化中期，经济发展必将处于持续扩张的状态，随着经济的快速增长，在未来相当长的一段时期内，排放增长不可避免。

标准化是指通过制定、发布和实施标准，达到统一，意在一定范围内获得最佳秩序和社会效益，实践证明，标准的制定和实施可以对经济发展起到规范和引导作用，也有利于加强区域、国际等的交流与合作，可以说标准化是推动经济社会发展的"加速器"。具体地讲，通过开展碳减排标准规范建设工作，可以帮助实现节能、提高能效、改善能源结构等目标，并协助取得降低成本、提高效益、控制风险和质量等效果。

因此，我们应把应对气候变化作为一项系统工程，利用标准和技术规范的基础地位，促进提高发展质量，服务于实现经济社会又好又快发

展。在此过程中，碳减排标准规范建设工作不仅作为控制温室气体排放的一项基础性工作，是国家实现到 2020 年单位 GDP 二氧化碳排放比 2005 年下降 40%～45% 中长期目标，实现单位 GDP 能源消耗下降 16% 和二氧化碳排放下降 17%"十二五"目标的必要保障措施之一，而且作为基础支撑和出发点，从科学化、精细化管理的角度，支持建立一类科学管理方法、一种为经济发展服务的工作制度、一套用于衡量经济活动质量的技术支持措施辅助工具，从而服务于社会经济发展的整体活动，服务于能源结构调整、产业结构调整和经济结构调整。

二、加强国内自主"三可"能力，发展应对气候变化国际合作

近年来，"可测量、可报告、可核查"地减排温室气体（"三可"问题）成为国际社会高度关注的一项重点内容。"三可"问题在气候变化国际谈判中具有特定的政治含义。国内的减缓行动不接受国际"三可"，但会符合国内自主"三可"要求，同时保证行动的公开和透明。

开展碳减排标准规范建设工作，是加强国内自主"三可"能力的重要内容，将直接服务于在应对气候变化国际合作中维护国家主权，体现我国发展的全球重要性，更好地在经济全球化大趋势中争取有利的国际发展环境，继续抓住和用好我国发展的重要战略机遇期。

我国已开展了大量与碳减排相关的标准规范建设工作，应用领域涉及我国的国民经济统计报告制度建设、我国向国际社会提供的气候变化国家信息通报、我国财政工作的科学化和精细化管理、我国的能源审计工作、我国的节能服务市场发展等等。但是，总体上我国节能减排标准化工作仍然无法满足实际需求，需要通过形成合力，扎实有效推进。我国应利用加强应对气候变化工作的契机，抓住气候变化问题是发展问题的本质，通过协调统一的合作参与机制和服务体系，完善节能减排和控制温室气体排放相关制度。

未来的一项重要工作，是在此基础上加快发展碳减排标准规范体系，并同国际相关工作建立一定方式的连接，支持国内开展自主"三可"，并促进国际社会对我国碳减排行动及成果的理解。但直接服务目的和最终服务目的，应是支持对各项政策措施进行可测量、可报告和可核查的程序设计，保证政策实施过程的公开、透明和可操作，做到及时监督，及时完善，保证行动、信息的协调一致，为国家宏观调控、行业中观监管和企业微观决策更好地提供准确、可靠的依据。促进发展碳减排标准规范体系，中国节能减排标准化技术联盟将是一个重要的平台。

三、发挥清洁基金创新机制作用，促进碳减排标准规范的开发应用

清洁基金是由国家批准设立的按照社会性基金管理模式管理的政策性基金，宗旨是支持国家应对气候变化工作，促进经济社会可持续发展。清洁基金是全球发展中国家第一个专项应对气候变化的基金，是《京都议定书》下发展中国家和发达国家合作减排的一个典范。作为国家应对气候变化工作的一个创新机制，清洁基金发挥种子资金的引导和催化作用，打造资金合作平台、行动平台、信息聚集和交流平台，致力于作为创新型的政策性开发机构，促进市场减排、技术减排和新兴产业减排，推动应对气候变化工作的市场化、产业化和社会化。

清洁基金的管理机构由基金审核理事会和基金管理中心组成。基金审核理事会是关于基金事务的部际议事机构，由国家发展改革委、财政部、外交部、科技部、环境保护部、农业部和中国气象局的代表组成。基金管理中心是基金的日常管理机构，具体负责基金的筹集、管理和使用工作。推动建立节能减排市场机制是基金工作的一项重要内容。

清洁基金的资金来源包括：（1）通过CDM项目转让温室气体减排量所获得收入中属于国家所有的部分；（2）基金运营收入；（3）国内外机构、组织和个人捐赠；（4）其他来源。

清洁基金以赠款方式支持有利于加强应对气候变化能力建设和提高公众意识的活动。清洁基金赠款项目申请人应当是我国境内从事应对气候变化领域工作，具有一定研究或者培训能力的相关机构。

清洁基金以委托贷款、股权投资、融资性担保等有偿使用方式支持有利于产生应对气候变化效益的产业活动。清洁基金有偿使用的重点领域是节能减排、能效提高、可再生能源、可替代能源及新能源的开发利用，以及与此相关的装备制造业及服务业。清洁基金有偿使用项目的申请人应当是中资企业或中资控股企业。

作为国家应对气候变化工作的创新机制，清洁基金要求在有偿使用项目中取得碳减排实效，以此树立示范，并通过广泛的基金业务合作，在合作伙伴中进行积极的推广。为此，基金管理中心在开展了有关碳减排与"三可"问题的政策研究，探索国内自主"三可"工作的机制问题的同时，针对基金业务需要，联合中国标准化研究院和在若干高耗能行业内的专业机构，开展了碳减排标准和统计监测技术规范研究。这些工作的成果，一方面将直接应用于清洁基金有偿使用业务，加强碳减排的工作能力，核算清洁基金有偿使用项目的碳减排效果，另一方面将用于

国内国际交流，促进这些成果的广泛应用和促进建立国内外在碳减排标准规范方面的一些具体衔接。

  基金管理中心加入中国节能减排标准化技术联盟，将同国内领先的标准研究机构、行业机构、认证机构等进一步密切交流与合作，共同推动节能减排标准化工作发展，为加快转变经济发展方式提供支持服务。

认真编制温室气体排放清单

——中国海洋石油总公司率先开展碳盘查实践

气候变化问题已成为影响全球可持续发展的重要问题。中国政府一直高度重视气候变化问题，明确提出碳排放强度约束性目标，提出建立温室气体排放统计核算体系，并启动了七省市的碳交易试点，以积极行动应对气候变化。在这一大背景下，开展碳盘查工作已经成为企业践行国家气候变化政策和完成国家温室气体排放工作目标的一项基础性工作任务。

所谓碳盘查，是以政府、企业等为单位计算其在社会和生产活动中各环节直接或者间接排放的温室气体，也可称为编制温室气体排放清单。

中国海洋石油总公司（以下简称"中海油"）是国内第一个按照国内温室气体排放标准完成碳盘查工作的大型央企。下文简介其开展碳盘查工作的情况和经验，为有关机构和企业组织开展类似工作提供参考。

一、中海油碳盘查实施过程和结果

作为国家重要的大型能源企业之一，中海油始终高度重视应对气候变化问题，不仅成立了相应的组织机构，而且通过大力开展节能减排、积极调整产业结构等措施来予以落实。为进一步全面掌握中海油温室气体排放现状，查找中海油温室气体减排潜力、减排方向和重点减排领域，中海油于2010年9月启动了"中国海油温室气体盘查项目工作"，对中海油2005年和"十一五"期间主要业务板块的温室气体排放情况进行了统计盘查。通过这一项目的实施，中海油不仅掌握了企业的碳排放总量和排放强度，为中海油未来建立碳排放统计、监测、考核三大体系和全面控制碳资产管理工作奠定了基础，同时也为国内大型企业集团开展碳盘查工作积累了经验。

在总公司统一部署下，碳盘查项目组根据事先制订的严密工作计划，开展大量协调工作予以实施，确保了盘查项目高质量、高效率完成。

一是确定项目的管理和实施机构，组织相关人员进行温室气体盘查的培训，深入了解温室气体排放盘查工作的目的、内容、要求和实施方法。

二是通过查阅资料和实地踏访结合的方式调研企业基本信息，初步判断可能存在的碳排放源；在此基础上，参考国际石油企业碳盘查惯例并结合中海油集团实际情况等多方面因素，确定项目的组织边界、运营边界，识别出各类温室气体排放源，包括燃烧排放源、工艺排放源、逸散排放源三种直接排放源和外购电力及热力导致的间接排放源。

三是在盘查中严格遵循温室气体盘查的五项基本原则，在充分收集国内外数据资料的基础上，既遵循国际通用标准，又考虑中海油行业实际情况，确定各排放源的计算方法。

四是按照"优先企业自身经验数值、其次国内或行业数值、最后国际通用数值"的原则，选择排放因子，并制定适用不同企业的活动数据收集表，力求盘查结果准确；

五是通过统计计算，编制企业温室气体排放清单，并形成企业温室气体盘查报告。

本次碳盘查结果显示：

在排放总量方面，中海油的上游开采和中下游炼化、化学、天然气发电等行业板块的排放量大，而专业服务公司板块的排放量小。

在相对排放强度方面，中海油的中下游炼化、化学、天然气发电等行业板块的相对排强度远远高于上游的油气勘探、开采和油田专业服务公司。

在排放源方面，固定燃烧排放源所占的比重最大，工艺排放和能源间接排放次之，逸散排放基本可以忽略。

二、开展碳盘查工作获得的一些认识

第一，强有力的组织机构是碳盘查工作顺利开展的重要保障。中海油历时一年多时间完成了"十一五"期间主要业务板块的碳盘查项目工作，很大程度上得益于其"自上而下"成立的专门的强有力的碳盘查组织机构。中海油的碳盘查工作由总公司主管副总经理部署，总公司规划计划部和健康安全环保部联合立项，新能源公司的专业技术团队实施完成。主管领导的重视与参与有效保证了项目实施的力度和质量。

第二，做好培训工作，储备必要的碳盘查知识与技能。碳盘查对于国内大多数企业和员工而言，都是一个全新的事物，因此，"扫盲"工作必不可少。此次碳盘查项目伊始，中海油就对各板块业务人员进行了温室气体排放 ISO14064－1 标准培训。通过培训，使相关人员了解碳盘查工作的基本标准、内容和方法，为后续工作的顺利开展奠定了良好的基础，同时使得项目实施团队和各基层单位相关业务人员建立了良好的沟通渠道。

第三，良好的节能减排工作基础是项目完成的保障。活动数据的收集是影响碳盘查工作进度和结果的一个重要因素，活动数据是否真实、准确、完整、一致，不仅影响到统计结果的完成，而且直接影响到盘查结果的准确性和报告及分析建议的正确性。因此，事先建立良好的节能减排工作基础至关重要。

第四，合理确定本次盘查项目的组织边界和运营边界。国际标准并没有规定采用何种方法来确定公司的组织边界，企业在进行碳盘查工作时应该根据自身的盘查目的和要求选取适合的方法来确定组织边界和排放源。在运营边界上，海油本次盘查确定了二氧化碳（CO_2）、甲烷（CH_4）、氧化亚氮（N_2O）三种温室气体排放源。

第五，计算方法和排放因子评价的选择。选择计算方法和排放因子应根据各企业所能提供的活动数据的情况，采用保守性的原则针对不同排放源分别确定，努力做到既兼顾国际标准又结合企业实际。

第六，做好质量管理和质量控制。有效的质量管理和控制手段有利于确保统计结果的准确性或降低其不确定性，从而直接影响到盘查结果的准确性、分析结论和建议的正确性、企业未来温室气体排放目标制定的合理性和可行性，从而进一步影响企业在满足国家约束性的温室气体排放强度指标的条件下制定合理的公司发展战略规划和目标提供科学的决策依据的指导性和支持能力，还将影响企业能否满足未来的碳减排"三可"（可检测、可报告、可核查）要求。

中海油此次碳盘查努力做到"源头控制、全程把关"。从活动数据的收集、统计，到排放量的计算、分析，再到盘查报告的编制，整个过程中都坚持"审核和复核"，从而保证了盘查数据和结果的真实可靠。

三、在碳盘查工作基础上的几点建议

中海油结合此次碳盘查工作提出如下几点建议：

一是充分利用中海油碳盘查实践和专业经验，积极与国家有关主管部门沟通参与制定相关行业的温室气体排放盘查量化的制定工作，抢占行业制高点，推动企业碳资产管理工作开展。

二是基于国家的温室气体排放工作要求和中海油的温室气体排放管理工作需要，考虑着手建立具备中海油特色的温室气体排放统计、监测、考核体系。

三是争取获得合理的减排额度或强度减排目标，以保证企业获得良好的业务发展空间；同时，在内部排放指标分配上，考虑按照"整体达标，区别对待"的原则对不同业务版块合理分配减排目标。

四是充分利用碳盘查成果，以温室气体排放指标为约束性条件合理制定企业长期发展战略规划，确保落实和履行国家的温室气体排放工作要求。

五是考虑组织开发适合本企业的温室气体排放统计软件或信息管理平台，一方面可以提高企业温室气体排放工作的效率和盘查结果的准确性，另一方面可以有利于企业对盘查结果进行分析和统计，支持未来碳资产管理工作的深入开展，同时也可以为企业在未来接受第三方核证提供便利。

六是在现有工作经验的基础上，基于未来长期工作需要，进一步梳理组织架构，并加强相关业务人员的培训，进行能力建设。

国际机构推动中国企业开展碳信息披露

——《碳信息披露项目中国报告 2011》概要

2011 年 11 月 3 日，英国的一家非营利机构发布了《碳信息披露项目中国报告 2011》。报告对中国流通市值最大的 100 家上市公司进行问卷调查，最终 13 家上市公司填写了问卷，26 家提供了相关信息，这是历年来中国公司为碳信息披露项目（CDP）报告提供信息最多的一次。报告显示：中国企业在战略层面上，越来越重视应对气候变化和低碳发展，并且开始将其纳入公司商业战略之中。

一、中国应对气候变化：政策与行动

在 2009~2010 年，中国政府积极应对气候变化，出台了一系列政策和文件：

2009 年 11 月 25 日，中国政府宣布，到 2020 年全国单位国内生产总值二氧化碳排放比 2005 年下降 40%~45%。

2010 年 3 月，中国致信联合国气候变化秘书处，正式批准《哥本哈根协议》；5 月，中国政府提出了实现"十一五"节能减排目标的 14 项措施。

中国政府还出台了一系列政策，鼓励通过发展新兴能源产业、调整能源结构来降低碳排放，如《关于扩大公共服务领域节能与新能源汽车示范推广有关工作的通知》，以及正处于审批阶段的《新兴能源产业振兴规划》等。

地方政府积极发展新能源基地、建设低碳城市。五省八市正式获准成为国家首批低碳试点的省份和城市，着手编制低碳发展规划，制定支持低碳绿色发展的配套政策。

中国的企业应对气候变化也更加积极主动。例如，2009 年哥本哈根气候变化大会上，中国企业家代表团发表了"我们的承诺与希望：中国企业界哥本哈根宣言"；中国企业在传统的节能减排基础上，已考虑将碳资产的管理纳入到整个企业的管理和运营，来提升自身的竞争力；中国企业加快和加大了对新能源产业的投入；2009 年，中国水电装机量、太阳能光伏电池年产量及太阳能热水器使用量，均排名世界前列；此外，中国企业开始尝试在全球谋求碳管理和碳交易标准的话语权，宝钢、联想等 8 家中国企业与全球其他 54 家企业一起，参加了由世界资源研究所（WRI）和世界可持续发展工商理事会（WBCSD）共同开发的两套新的温室气体盘查议定书的测试工作。

民间社会也加入到倡导积极应对气候变化的队伍中。2009 年 11 月 17 日，由自然之友等七家民间组织牵头组成的"中国公民社会应对气候变化小组"在北京联合发布了《2009 中国公民社会应对气候变化立场》。

二、CDP 问卷分析

在 100 家受邀参与信息披露的中国公司中，13 家回答 CDP 问卷的企业分布于 8 个行业，其中信息技术行业的回答率高达 100%，银行业回答率排名第二（30.8%）；但电气设备、酒店、餐饮与休闲、生物科技、制药、纺织品、服装与奢侈品、贸易公司与经销商、机械制造、建筑材料、金融服务行业，无一对 CDP 做出积极回应。

13 家中有 54% 的公司表示，公司承担气候变化职责的最高管理层是董事委员会或其他高层执行机构；46% 公司表示已经建立起包括实现温室气体减排目标的个人绩效管理激励机制。有 69% 认为自身面临气候变化的法规风险，如：政府承诺的 2020 年减排目标、日渐增多的环境、气候变化法规、地区间不同的减排要求、碳标签等；15% 问卷回答公司认为自身并未面临严重的法规风险；有 54% 认为自身面临着气候变化带来的有形风险，有 38% 认为自身还面临着气候变化的其他风险。

13 家中有 69% 的回答企业都认为气候变化为其自身经营带来了法规机遇，如研发能效更高的低碳环保型产品；有 46% 认为自身面临着气候变化带来的有形机遇；有 69% 认为自身还面临着气候变化的其他机遇。13 家中有 46% 公司表示已经设立了节能减排目标，15% 公司表示还未制定减排目标；还有 31% 表示公司正在制定减排目标，但未披露目标的细节；有 5 家公司以表格的形式详细描述了其具体的减排活动，呈现出较明显的行业特征。

13 家中只有 38% 提供了用于核算温室气体排放的标准，有 3 家公司提供了其计算温室气体排放的全球增温潜能和排放系数的具体信息。

三、企业社会责任报告分析

本报告还对中国 100 家公司的企业社会责任报告中与气候变化相关的

信息进行整理和分析，更全面和完整地了解公司碳信息披露的情况，以此作为对CDP问卷分析的补充。值得注意的是，其中有部分结论与CDP问卷分析的结论并不一致。

2010年中国100家公司中共有71家公司发布了企业社会责任报告，在报告中披露气候变化风险的仅有19%，近半数来自金融行业，且大部分报告表述都较为笼统，有的甚至只是一笔带过。只有4%的报告提到了气候变化带来的机遇，主要来自于石油和天然气行业。

接近90%的公司都披露了其有关温室气体减排或者节能减排行动的相关信息，有80%的报告提及了公司"节能项目"。14%的报告提到了"可再生能源相关的项目"。提到"碳交易"信息的报告较少，一共有6份。

有60%的公司披露了和温室气体排放有关的量化信息，但直接披露二氧化碳的排放总量较少。所有报告都未说明计算温室气体所用的方法和是否对数据进行了第三方审核。近14%的公司披露了在减少温室气体排放方面的计划和目标，其中只有3份报告披露了量化的减排目标。

四、结论与展望

与过往相比，近来中国政府应对气候变化的政策更趋于具体，可操作性更强，对企业的影响也更明显。碳信息搜集开始受到重视，碳核算已经被提上议事日程。

企业对CDP回答率提升，说明企业对气候变化和低碳经济的认知程度有所提升，对CDP的认可程度提高。但信息披露质量仍待改进，目前的情况是定性信息较多，定量的信息较少，能够实施温室气体排放核算并公布数据的企业屈指可数。对样本企业社会责任报告的分析表明，中国企业多数还是将气候变化视为风险，尤其是将其视为政府的政策要求，被动应对。但也有部分行业的龙头企业采取了更积极主动的策略。企业对气候变化和低碳的战略咨询、管理咨询、碳核算、碳审计、碳减排等服务的需求逐渐升温。

在中国推动企业应对气候变化，政策手段和市场手段一个都不能少。目前的情况是，政策已经走到市场前面，市场参与者应当发挥聪明才智，借政策之力挖掘需求、开发产品，用好这只"看不见的手"。

第二部分

清洁基金的低碳实践

"2011 应对气候变化清洁基金在行动"专题

全面开展基金投资　助力中国低碳转型

清洁基金是国务院批准成立的国家层面专门应对气候变化的政策性基金。它是中国参与应对气候变化国际合作的一个产物，是中国政府采取切实行动积极应对气候变化的一个重要行动。清洁基金资金来源于中国企业参与《京都议定书》框架下清洁发展机制（CDM）项目产生的合格减排量交易所获得收入中提取的国家收入，基金资金运用采取有偿使用和赠款两种方式，通过创新性资金运用，支持国家节能减排和应对气候变化工作。

清洁基金是国家应对气候变化的创新性资金机制，旨在贯彻国家应对气候变化政策方针，为节能减排事业提供资金支持。投资（即有偿使用）是清洁基金的核心业务，也是实现基金保值增值的保证。2011年是国家"十二五"规划开局之年，也是清洁基金投资业务起步之年，清洁基金根据"十二五"规划关于应对气候变化工作的要求，积极配合财政主渠道，创新融资模式，充分发挥公共资金的引导带动作用，动员社会资金支持节能减排，为国家应对气候变化事业提供了宝贵的资金支持，为地方低碳转型和可持续发展做出了积极贡献。

清洁基金投资工作包括委托贷款、股权投资、融资性担保以及现金理财等方式。其中清洁发展委托贷款是目前业务开展的主流，是安全性、收益性和流动性兼顾的投资方式。截止到2012年1月底，清洁基金以清洁发展委托贷款方式，支持了 13 个省份的 31 个节能减排项目，规模达 15.37 亿元，涉及可再生能源、节能和提高能效、新能源装备和材料制造等领域（见图 4）。在建立委托贷款主流业务线的同时，清洁基金积极探索通过股权投资、融资性担保及现金理财等更加多样化的方式参与支持国家应对气候变化工作，积极推动新兴产业减排、技术减排和市场减排，促进地方经济可持续发展，推动国内碳市场建立，助力中国低碳转型。

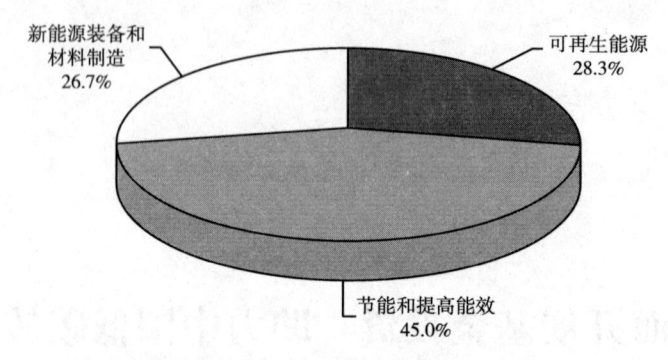

图 4　清洁基金 31 个委托贷款项目资金按类型分配

一、助力地方低碳转型

气候变化事关人类生存和发展。时任国家主席胡锦涛指出："气候变化是环境问题，但归根结底是发展问题。"既指出了气候变化问题的实质，也为解决气候变化问题指明了出路。对于中国这个正经历工业化、城镇化的发展中大国来说，就意味着既要保持一定的经济增长速度，又要对能源、资源的投入加以约束，也就是要求转变过去那种高投入、高消耗、高排放的经济发展方式，实现低碳发展。

"十二五"规划把应对气候变化作为经济发展方式转变的重要内容。包括：把单位国内生产总值能耗和二氧化碳排放下降、增加非化石能源比重和森林蓄积量等作为约束性指标，合理控制能源消费总量；提出了控制温室气体排放、增强适应气候变化能力和积极开展国际合作等方面的重点任务，特别是明确今后五年我国要实现"单位国内生产总值能源消耗降低 16%，单位国内生产总值二氧化碳排放降低 17%"的约束性指标。

在此大背景下，清洁基金作为国家层面专门应对气候变化的创新性资金机制，支持和帮助地方企业积极落实国家和省市"十二五"发展规划、实现节能减排约束性目标，责无旁贷。清洁基金所支持的清洁发展委托贷款项目，是在省一级地方财政部门所报送的节能减排项目基础上，综合考虑"十二五"规划确定的应对气候变化工作重点、基金投资重点和地方需求，严格评比最终选定的。符合地方可持续发展目标、有利于地方完成节能减排约束性指标，是选定项目的重要标准之一。

在河北，清洁发展委托贷款重点支持地方产业低碳转型。改造提升传统产业是现阶段河北省经济结构调整的首要任务，作为河北省支柱产业的钢铁行业首当其冲。其中很具代表性的企业裕华钢铁有限公司，既是河北重点"百强企业"也是全国民营500强，如今在结构转型的大潮中却面临低碳调整所需资金极度短缺的困境。助其一臂之力使其在地方经济中继续发光符合清洁基金的初衷。基金投资该公司余热余压利用及高炉煤气发电项目，真正帮助企业践行了"建设绿色钢企"的发展理念。清洁基金的这一投资举措为河北省钢铁行业致力于节能减排与循环经济一体化发展、构筑绿色钢铁经济的努力做出了积极贡献。

在传统能源产地——山西，作为国家"转型综改试验区"之一，践行"绿色、低碳、洁净、健康"的发展理念，"气化山西"是该省"十二五"规划重要内容。为此山西省大量企业需要节能技改。对此，清洁基金积极作为非常重要。已经选定支持的两个委托贷款项目都是在地方经济发展中具有龙头作用的大型民营企业，清洁基金在其煤气回收利用环节进行支持，起到了落实地方政策的带头示范作用。

清洁基金在地方开展的委托贷款项目，为地方完成"十二五"规划节能减排指标、促进地方经济可持续发展做出了直接贡献。经北京华通三可节能评估有限公司对31个项目进行的"减碳预算或碳减排潜能预算"评估，预计减碳量和碳减排潜能合计为每年约1157.86万吨二氧化碳当量（见表19）。

表19　　清洁发展委托贷款支持的各省份项目类型、项目数和碳预算（万吨二氧化碳当量/年）

类型	可再生能源		节能和提高能效		新能源装备与材料制造		合计	
	项目数	减碳量	项目数	减碳量	项目数	碳减排潜能	项目数	碳预算量
天津			1	2.58			1	2.58
河北			1	22.57			1	22.57
山西			2	29.25			2	29.25
黑龙江			3	9.88			3	9.88
江苏					5	562.98	5	562.98
福建	2	19.28					2	19.28

续表

类型	可再生能源		节能和提高能效		新能源装备与材料制造		合 计	
	项目数	减碳量	项目数	减碳量	项目数	碳减排潜能	项目数	碳预算量
江 西	2	8.73			2	296.45	4	305.18
山 东	1	16.99	2	23.59	1	28.75	4	69.33
河 南	1	66.01	1	4.25			2	70.26
湖 北			1	7.48	1	3.88	2	11.36
湖 南	1	8.37			1	0.47	2	8.84
陕 西	1	5.50	1	31.11			2	36.61
甘 肃	1	9.74					1	9.74
合 计	9	134.62	12	130.71	10	892.53	31	1157.86

注：数据截至2012年1月。

二、促进产业结构调整优化

1. 支持新兴产业减排。2010年，国务院出台《国务院关于加快培育和发展战略性新兴产业的决定》，将节能环保、新一代信息技术、生物、高端装备制造、新能源、新材料和新能源汽车七个产业确定为加快培育和发展的战略性新兴产业。可以看到，有节能减排概念的产业在上述《决定》中占有重要位置，而这些产业既是中国在新一轮全球经济格局调整中胜出、实现从"中国制造"向"中国创造"转变的关键行业，也执掌着中国节能减排的未来，同样也是清洁基金重点关注和支持的对象。在31个项目中，可再生能源9个、节能和提高能效12个、新能源装备和材料制造10个。

还以项目为例：在江苏，清洁基金投资的5个项目全都是民营中小企业的新能源装备与材料制造。具有较大规模且效益不错的海翔化工有限公司，摒弃原有毒有害的化工产品，在当地政策引导下转而生产太阳能材料，因为起点高而成为当地产业结构转型的领头羊和标兵。在此基础上清洁基金出手助力"海翔"转轨。国家政策的导向性，使得正待全面展开低碳转型的地方传统产业加快了步伐。

在山东，清洁基金投资的高速公路收费电子化系统建设项目在大大提高通行能力的同时，减少机动车燃料消耗和尾气排放，为加速普及这种高效低碳的系统提供了示范。

在江西，清洁基金投资的锂电池产业化项目可谓集省委省政府政策扶持、当地锂矿资源丰富和引进省外高科技企业之优势，并与这些优势形成合力,助推研发和生产高效动力锂电池,全力打造亚洲锂都。

在湖南,同样依托当地政府重视、当地资源优势、已有骨干企业和科技人才之天时地利人和,以落实《湖南省光伏产业"十二五"发展规划纲要》为目标,从组织管理、财税政策、企业融资、科技创新、生产要素、人才集聚、市场开拓,全方位、下大力推进3000兆瓦太阳能光伏垂直一体化产业链。清洁基金支持的岱朗非晶硅光电薄膜模块电池项目采用美国引进的专有技术,光电转换效率及产品可靠性达到世界领先水平,在2011年被列为湖南省重点建设项目、战略性新兴产业项目、"十二五"省重点发展非硅晶薄膜太阳能电池项目。

2. 支持技术减排,抢占产业竞争制高点。清洁基金非常重视新能源装备和材料制造项目,已经支持的10个相关项目占整个项目数的三分之一。这些项目不仅具有规模化生产流程,而且拥有技术研发支撑,同时还具有不断创新,提高对新能源的转化利用率和实现装备、材料的更多用途。

与此同时,清洁基金和地方财政部门在遴选项目时,还注重支持、引导不同技术种类、方向的发展,为形成节能减排生产领域"百家争鸣,百花齐放"的局面做出贡献。例如,三个太阳能装备项目分别涉及单晶硅、多晶硅和非晶硅光电薄膜三种技术,四个高效电池项目也分别涉及质子交换膜、磷酸铁锂、锂离子三种技术。

在江苏省,质子交换膜燃料电池产业化项目承担着国家"863"成果中汽车用燃料电池发动机的产业转化工作;磷酸铁锂动力电池项目是动力电池正极材料领域唯一被列入《江苏省新能源汽车产业发展专项规划纲要》中的,无疑都具有显著的示范引导效应。在山东省,风力发电叶片用关键材料研发生产项目也承担着国家"863"计划、"十二五"的重点研究内容,其技术带头人还是国家"千人计划"的引进人才,这些因素使得该项目填补国内相关技术领域空白充满希望。

3. 积极推动市场减排。2011年,清洁基金还启动了股权投资,即入股上海环境能源交易所股份有限公司,与国家电网、宝钢集团、华能集团、申能集团等十家中央和地方企事业单位共同成为该公司股东。此举的目的是建立和完善碳市场交易平台,为建设国内碳市场提供必要的基础设施。清洁基金积极参与碳市场建设,投资入股上海环境能源交易所,对落实"十二五"规划关于逐步建立碳排放交易市场的要求作出积极回应,也为清洁基金在未来国内碳市场进一步发挥作用打下了坚实基础。

国际碳市场尤其是CDM加速了中国风电、水电等可再生能源、节能和提高能效的发展，是市场减排的典型案例。清洁基金资金来源主要是中国 CDM 项目国际合作，支持新的 CDM 项目是基金应尽的社会责任之一。31 个项目中有 9 个在开展 CDM 项目国际合作，分布在江西、福建、河南、湖南、陕西和甘肃。此外，清洁基金还通过支持碳排放统计核算标准规范建设等行动，参与国内碳市场建设。这些都突出体现了清洁基金致力于引导发挥市场机制减排作用的理念。

三、以低碳发展促和谐发展

作为政策性基金和财政支持节能减排、可持续发展的补充手段，清洁基金秉承以低碳发展促和谐发展和可持续发展的理念，在推动节能减排事业的同时，注重服务民生，服务中小企业，推动地方经济社会全面发展。

在江西和陕西，清洁基金投资的水利水电工程项目，对当地农田灌溉、防洪、供水、供电以及带动当地群众致富都起到休戚相关的作用。江西农产品加工废渣发电项目具有减少污染、增加能源和有机肥供应、突出相关企业的行业领军地位等多重效益，支持这样的企业有着良好的示范和引导作用。在山东，热电厂锅炉及循环水节能改造工程不仅节能环保，还有利于供热区内单位和家庭用热质量提升，造福群众。

31 个项目中中小企业项目占 17 个。在 2011 年银行信贷收紧、中小企业普遍资金紧张的形势下，清洁基金委托贷款为节能减排领域的中小企业提供了新的快速高效的融资渠道，舒缓了中小企业资金困局，无疑起到了雪中送炭的作用。

四、再接再厉 开拓进取

为进一步发挥国家层面应对气候变化创新性资金机制作用，清洁基金还将继续致力于发挥政策性资金的引领带动作用，大力推动新兴产业减排、技术减排和市场减排行动，助力低碳转型和实现节能减排目标。

进入 2012 年，清洁基金将在不断做实委托贷款业务的基础上，积极进取，勇于创新，开拓创新性融资模式，联合多方合作伙伴，撬动更多社会资金投入节能减排和应对气候变化事业。

创新融资模式　支持节能减排

清洁基金是中国参与《京都议定书》框架下 CDM 国际合作的一项重要成果，把 CDM 对可持续发展的贡献，创造性地从项目层面提升到国家整体层面，并使这种贡献得以放大和长期存在。为此，清洁基金始终把创新作为业务发展的主题和动力源，努力开发创新模式，注重连接政府与市场、结合财政与金融、联合国际和国内，充分发挥在节能减排和低碳发展方面的资金平台、合作平台、行动平台和信息平台作用，致力于推动新兴产业减排、技术减排和市场减排，促进国家应对气候变化事业的产业化、市场化、社会化发展。

一、引领带动市场资金参与

作为成立时间不长的清洁基金，管理的资金规模有限，如何有效发挥这部分公共资金的优势和作用，为国家应对气候变化事业做出积极有效的贡献，是一项迫切课题。

针对清洁基金起始运营阶段需要迅速做大主流业务的现实需要，同时考虑到政策性基金的性质和发展的阶段需求，经过调查、分析、研究，清洁基金创立出一套既符合自身特点又能够与节能减排市场需要有效对接的投融资模式，为国家财政支持节能减排工作探索出一条新路。

清洁发展委托贷款是目前清洁基金投资的最主要方式。鉴于清洁基金管理中心是财政部所属事业单位，本身不具有金融机构直接放贷投资职能，同时又肩负基金保值增值的职责等客观因素，清洁基金借鉴世界银行和亚洲开发银行等国际金融机构贷款经验和做法，积极寻找与地方财政和金融机构的业务结合点，探索出"借船下海、专业运作、捆绑发展"的特有投融资模式。

在这一模式下，清洁基金充分发挥地方政府、专业金融机构的作用和力量，借鉴国际金融机构贷款的做法，在实现基金资金保值增值的同时，最大限度地降低运营风险，同时通过所投资项目带动和引领市场资金的加入。清洁基金通过与银行的合作，借助银行的贷款资质、专业能力、风险管理等，保障委托贷款顺利拨付和安全使用；借助财政系统遴选上报符合地方可持续发展和节能减排工作需要的、具有减排效益的项目；为了取得碳减排的实效，还通过节能减排第三方认证机构——北京华通三可节能评估有限公司对项目的二氧化碳减排效益进行评估，制定"碳预算"报告；最后通过严格的评审程序确定对某一特定项目提供清洁发展委托贷款支持。

在做实委托贷款业务的同时，清洁基金积极探索与国际金融机构合作，开发新的融资模式，最大限度地撬动市场资金共同支持节能减排事业。不久前，清洁基金与世界银行集团旗下开展私营部门融资业务的 IFC 的合作关系进一步推进，将借鉴 IFC 在中国首创的发展中国家能效领域贷款损失分担创新融资模式，在国内开展类似合作。

面对国内节能减排市场资金需求巨大、政府投入相对不足的现状，清洁基金勇于探索，在进行大量的研究准备和市场调研的基础上，提出新的理念：政府公共资金应该参照 CHUEE 项目中全球环境基金赠款资金做法，降低节能减排项目的前期风险、引领市场资金进入。

目前，清洁基金已与 IFC、地方财政厅（局）就三方合作进行贷款损失分担创新试点达成了合作意向，将国际公共、私营资金合作创新的经验和知识，对接到国内公共、私营资金合作创新的过程中，通过试点和推广，培养更多国内各类公共资金和商业银行的能力，并继续加以创新。清洁基金与银监会也建立起工作联系，共同探讨绿色信贷和动员市场资金。

将现金理财与低碳理念相结合，也是清洁基金创新融资模式的一大特色。清洁基金积极开展具有低碳特色的清洁发展专项理财工作，2010 年与浙商银行开展首笔 6000 万元的专项理财，2011 年到期后实现减排 25.5 万吨二氧化碳当量，环境效益明显。2011 年清洁基金又投入 4400 万元开展第二笔专项理财，预计减排二氧化碳 20 万吨，比首笔专项理财提高了单位投入减排效益。随后，清洁基金与浙商银行协商第三笔专项理财，并考虑将合作范围扩大到其他商业银行。

二、CHUEE 损失分担机制

2006 年，IFC 在我国启动"中国节能减排融资项目"（China Utility and Energy Efficiency Finance Program，CHUEE）。CHUEE 项目的基本原理是：IFC 与商业银行合作，为商业银行提供风险分担，即对于商业银行加入能效组合的所有合格贷款，由 IFC 提供部分损失分担。同时，IFC 动员全球环境基金（赠款）作为 IFC 的第一损失承担方。IFC 设计的两期

CHUEE 项目总共提供 2.155 亿美元风险分担资金，其中包括全球环境基金 1650 万美元赠款作为银行贷款第一损失风险分担资金。参加 CHUEE 项目一期的两家国内商业银行利用损失分担机制迅速做大了能效项目贷款组合。截至 2011 年 9 月，两期 CHUEE 项目支持的能效贷款总规模达 46 亿元人民币，支持了 155 个项目，二氧化碳的年减排量达 1738 万吨，年节约 417 万吨标准煤。

CHUEE 融资方式最突出的创新点在于最大程度发挥了公共资金的作用，动员了更大规模的市场资金，撬动了银行和 IFC 的资金，这集中体现在对全球环境基金赠款的运用上。世界银行 2010 年在对 CHUEE 项目的评估中认为，由全球环境基金来弥补损失的基准违约率为 4%，但实际操作中迄今未发生贷款损失。因此全球环境基金的赠款在发放、回收、再使用的不断循环中，多次体现杠杆作用，撬动银行资金极大地支持了能效融资。

IFC 在帮助银行大规模开展专业的节能减排贷款业务的过程中发挥了重要作用。针对银行及其他市场合作伙伴能效融资能力不足、没有合适的评估方法、缺乏能效技术知识等问题，IFC 提供了一揽子技术援助，包括市场研究、工程技术、项目开发和设备融资等服务，并协助开发潜在能效项目、审核及评估能效贷款项目、创建能源管理网络、提供技术咨询等。以兴业银行为例，通过参与 CHUEE 项目，在做强自身机构能力的同时，做大了贷款业务，成立了可持续金融中心，加强了自身能效融资业务，成功打造了绿色低碳银行的品牌，成为中国首家"赤道银行"，大大提升了国际影响力。

银行在获得激励的同时，责任并未减轻。因为银行同时参与第一损失和第二损失分担，只要出现损失，银行就要分担，其资产负债表质量必定受到影响。因此，CHUEE 在有效激励银行提供能效贷款的同时，并没有大量减少银行对贷款项目进行审核把关的应尽责任。

三、着力市场机制推动节能减排

以 CDM 为基础的国际碳交易的蓬勃发展，以及欧盟碳交易体系（EU-ETS）的成功运行，极大地鼓舞了包括中国在内的国际社会对通过市场机制推动实现碳减排目标的信心。中国"十二五"规划首次提出了要"逐步建立碳排放交易市场"的目标。

目前，我国 CDM 项目国际合作仍在发展之中，自愿碳交易市场的探索已经渐渐展开，金融机构绿色融资规模不断扩大，我国碳市场和碳融资的发展环境正在逐步形成、市场氛围逐步浓厚。财政是国家宏观经济管理的重要工具，财政部也是国务院明确的负责气候变化融资的主管部门，清洁基金作为国家层面专门应对气候变化的创新性基金，积极参与推动中国碳市场的设计和建设，是应尽之责。

清洁基金将支持碳市场建设作为各项主要业务中的重点内容，利用多种方式积极作为。一是通过赠款支持各省份应对气候变化方案制订、温室气体排放清单编制等基础性工作，以及国内碳交易试点省、市的政策机制设计工作；二是利用清洁发展委托贷款继续支持新的 CDM 项目；三是在深入考察论证的基础上，在财政部、国家发改委、上海市政府等部委和省市领导大力支持下，对上海环境能源交易所进行战略入股，与国家电网、宝钢集团、华能集团、申能集团等十家中央和地方企事业单位共同成为该公司股东，此举在业界内外都产生不小影响。

上海环境能源交易所于 2008 年成立，已推出 CDM 项目交易、自愿减排交易、合同能源管理融资项目、低碳技术产权交易、南南环境能源交易系统、日本经产省项目交易等六个品种，并制定了综合性核查方法——国碳标准以及建筑行业的核查方法。截至 2011 年底，共实现挂牌金额 326 亿元，成交金额 74 亿元。经联合国开发计划署批准同意，上海环境能源交易所于 2009 年建立了南南全球环境能源交易系统，推动了发展中国家之间的环境能源交易，创新了南南合作市场化途径，提升了国际影响力和竞争力。2011 年，它创造性地改制为股份有限公司，在增强上海环境能源交易市场的国内领导力和国际竞争力的同时，为推动全国性环境交易市场形成和发展打下了良好的基础。

清洁基金入股上海环境能源交易所，不仅首开基金股权投资先河，对于助力国内碳市场交易平台的建设也具有重要的示范意义。对此，基金管理中心战略发展委员会主席贺邦靖指出，清洁基金作为国家层面的应对气候变化专门基金，应该在我国探索建立碳市场方面发挥先锋、引导作用，要敢于先行先试，通过亲身实践，为国家全面推开碳市场工作摸索经验。清洁基金入股上海环境能源交易所，希望能够借此平台加快碳市场建设工作，大力发展节能减排和低碳发展的核证、咨询、会展、金融等新型服务业，积极为国内经济转型发展服务，让低碳产业真正成为发展的新增长点。

四、记录碳足迹

碳减排工作有其特殊性，因为温室气体看不见、摸不着。为保障碳减排成效的真实可靠，国际公认的做法是采用科学合理的方法对碳减排进行测量、报告与核查，这就要求减缓气候变化项目或行动在实施过程中应当"可测量、可报告、可核查"（简称为"三可"）。

清洁基金支持的项目是否能达到减排温室气体的效果是决定基金投资的最关键的依据，也是衡量基金绩效的主要指标之一。为此，清洁基金要求委托贷款支持的节能减排项目都必须具有控制或减排温室气体（以下统称"碳减排"）的效益，而且要求每一个委托贷款项目必须提交经专业第三方机构估算的项目碳减排量或潜能。清洁基金形象地称之为"碳预算"。其实，将人们较为陌生的碳减排概念与耳熟能详的预算概念相结合，便于大众理解碳减排评估工作，本身就应被视为一种概念创新。而要求所投资项目公开报告真实可靠量化的碳减排效益的做法，在国内资金支持节能减排项目工作中更是一种实践创新。"碳预算"报告不仅为衡量是否投资一个具体的节能减排项目以及项目投资后的绩效评估提供了依据，制定"碳预算"的过程也是对相关项目业主碳资产管理的能力培训，为其将来参与碳市场交易奠定了基础，也为国家层面碳市场机制的建立运行提供了重要条件。

针对能够直接产生碳减排的项目，即直接减排项目，例如可再生能源项目、废能回收利用、节能改造项目等等，"碳预算"主要是评估碳减排量。而针对于本身几乎不减排却为下游行业直接减排提供关键部件的项目，即间接减排项目，例如新能源装备和材料的生产制造，"碳预算"主要是评估项目碳减排潜能，就是估算项目的装备和材料销售量在下游行业直接减排量中占有的份额，再扣除项目本身的生产耗能对应的碳排放量。清洁基金在支持直接减排项目的同时，还决定大力支持间接减排项目，希望通过所支持的具体项目，以点带面，带动相关产业发展，充分发挥国家政策性基金的示范与引导作用，旨在为国家新兴低碳产业发展提供力所能及的支持，起到尽可能大的推动作用。

对于直接减排项目的碳预算，其碳排放计算与监测主要采用联合国CDM项目执行理事会发布的方法学、配套的计算工具，并在基准线选择和额外性评价上进行了适当的简化。而对于间接减排项目的碳减排潜能预算，目前没有现成的公认的方法可循，核心要点是采用"比价法"。例如，预估某质子交换膜燃料电池产业化项目的碳减排潜能，通过燃料电池价格占下游电动汽车（直接减排产品）成本或售价的比重来计算，电动汽车利用燃料电池，替代从电网充电，减少以火电为主的电网电力消耗，其直接减排量乘以上述价格比重就是单位燃料电池的碳减排潜能，由此整个燃料电池生产线的碳减排潜能就很容易计算获得。可以说，引入碳减排潜能概念和采用"比价法"都是清洁基金的研究创新，目的是指导客观衡量新能源装备和材料制造项目对最终碳减排量的贡献，"比价法"则为这种衡量提供了一种定量方法。

北京华通三可节能评估有限公司受委托开展碳预算，目的之一是培育第三方中介机构，为将来碳资产管理和国内碳市场行业储备中介力量，是未雨绸缪之举。因为第三方中介机构是保障碳减排量真实可靠的主要力量，是碳资产管理和碳市场必不可少的组成部分。如果在包括第三方中介机构在内的任何环节出现问题，都会影响碳市场健康有序发展，进而可能影响国家减排目标的按时实现。而目前，国内专业和规范的碳减排认证中介机构尚显不足，且大体上处于起步阶段，需要大力培育，以避免未来国内碳市场再现类似2009~2011年期间CDM项目排队等候审定机构的现象。

同时，清洁基金清楚地感觉到，"碳预算"概念、相关评估方法以及监测计划还不够成熟，离国内碳资产管理和碳市场交易对减排的定量要求还有较大差距。为此，清洁基金积极投入到符合国情和自身业务发展需要的温室气体减排标准规范建设之中。2011年3月，清洁基金加入全国节能减排标准化技术联盟，通过联盟平台，与国内领先的标准研究机构、行业机构、认证机构等联手制定《项目层面的温室气体减排成效评价技术规范》等节能减排标准，填补了该领域空白，此项成果成为联盟首批标准之一。同时，清洁基金还积极组织开展节能减排若干重点行业的碳排放统计监测技术规范研究，联合中国标准化研究院和钢铁、水泥、建筑等行业的专业研究机构开展相关工作；积极参与国内加强对"三可"问题的进一步研究，准备"三可"技术性问题的国际合作，以借鉴优良的国际做法和经验，促进国内与国际标准顺利衔接。

五、展望

创新，是清洁基金的生存之根本，发展之基础，壮大之利器。2012年是"十二五"规划关于"调结构、转方式"承前启后的关键之年，清洁基金将脚踏实地，埋头苦干，放眼未来，面向国际，稳抓机遇，笑迎挑战，进一步深入做好各项工作，不断探索新的创新融资模式和道路，为国家节能减排和应对气候变化事业不断做出新贡献。

推动全社会参与　共同应对气候变化

近几十年来，人们越来越真切地感受到，全球气候变化已经成为影响人类生存和发展的重要因素。暴风雪、寒流、强台风、酷暑等极端天气气候频繁出现，对自然和人类生活造成的破坏性影响越来越严重。虽然不能将某一极端天气和自然灾害完全归因于气候变化，但众多科学研究表明，全球平均温度的逐渐上升，通过对水循环、自然生态链、海洋和基础的农林业等的影响，正在逐步改变人类赖以生存的自然生态环境，如果不采取行动加以应时，将对地球所有居民和生态环境带来巨大的威胁。今天，气候变化不再仅仅停留在科学研究的层面，而是走进了人们的日常生活、成为事关人类生存与发展的不可回避的重大问题，为国际社会所高度关注和讨论。全民参与，采取积极行动应对气候变化，也因此成为国际社会的共识。

中国政府高度重视气候变化问题，将其作为发展战略的重要组成部分，制订了应对气候变化国家方案，不断增加应对气候变化投入，努力控制温室气体排放，积极引导全社会加强应对气候变化意识和参与度。近年来，政府不仅提出并贯彻落实科学发展观、建设和谐社会和坚持走可持续发展道路等先进理念，而且不断加大力度引导全社会提高应对气候变化意识，树立人与自然和谐发展思想，逐步营造全民应对气候变化的良好环境。

清洁基金作为国家应对气候变化工作的一个创新机制，在国家可持续发展战略和应对气候变化政策指导下，积极参与应对气候变化工作，通过探索创新的工作思路和示范推广，引导各方面的合作伙伴和社会公众关注和参与应对气候变化事业，形成更大规模的共同行动，取得了积极成效。

一、加强公众宣传，普及低碳知识

应当看到，我国的基本国情决定了在应对气候变化领域面临着特殊巨大的挑战。作为有着13亿人口的发展中国家，正处于工业化和城市化飞速发展的进程当中，发展经济和改善民生依然是当前的重点，节能减排任务十分艰巨。中国政府做出的加快转变经济发展方式、积极应对气候变化的战略抉择，如何在中国国情和现实的条件下得以顺利实施，无论对政府、企业还是公众而言，都会是巨大的考验，都将是在长远和现实之间做出选择的重大问题。如何使每个个体的选择汇聚成集体的推动中国经济可持续发展的洪流，很大程度上依赖于全社会、每个企业和个人的自觉意识和行动。

2011年，清洁基金在全面开展投资业务的同时，牵手媒体这一主流渠道，同时积极发展基金自身的宣传手段，努力打造全方位的信息交流与传播平台，促进全社会对应对气候变化工作的关注和支持。同时，清洁基金还集中针对少年儿童这一特殊群体，加大力度开展了丰富多彩的低碳宣传和提高公众意识活动。

清洁基金通过赠款项目等手段，帮助媒体增强应对气候变化宣传能力和宣传资源组织。迄今，清洁基金赠款项目已经支持了多个中央媒体有关应对气候变化电视节目和宣传片的制作，包括中国气象局华风气象影视信息集团制作《应对气候变化——中国在行动》年度宣传片及科普图册，每年都在联合国气候大会上展出，反响热烈，还支持了全国首部儿童环保科幻剧《星际精灵蓝多多》制作、中央电视台跨国媒体行动暨大型高清纪录片《环球同此凉热——气候文明之旅》制作。

《环球同此凉热》用发展的观点、全球的视野、文明进步的眼光，引导公众探讨对气候变化问题的认识。全片包括"困惑"、"回忆"、"抉择"三部曲，分别讲述工业文明，征服自然；农牧文明，崇拜自然；生态文明，和谐自然。"困惑"的主题是展现欧洲工业文明诞生以来人与自然关系的改变，以及人类对自然认识观念的改变；"回忆"的主题是在农耕或游牧文明时期，人类扮演自然的配角，被动地接受自然界支配，气候与生存环境直接或者间接决定了人类文明的兴亡与发展脉络；"抉择"的主题是人类在工业文明的进程中与自然生态产生了矛盾，造成了恶果，人类开始追求与自然生态和谐共存的文明发展。

与此同时，清洁基金还走进媒体开展宣传活动。财政部副部长朱光耀（在主管清洁基金工作期间）、基金管理中心战略发展委员会主席贺邦靖、基金管理中心主任陈欢多次接受中央电视台采访，阐述政府主张和行动，宣传低碳环保理念。清洁基金还通过网站、中国财经报"低碳发展论坛"、《气候变化动态》等三个日常宣传窗口，普及应对气候变化知识，传播应对气候变化信息。网站自2011年初改版以来，点击量已经达18万次。"低碳发展论坛"自2011年5月首发以来共刊登了16篇有分量的文章,着重诠释重大政策,体现专家视角,交流地方经验和介绍国际前沿动态,依托《中国财经报》作为财经界主流媒体的影响力,致力于应对气候变化相关信息和理念在财经界加快传播。《气候变化动态》是财政系统内第一份和目前唯一的专业应对气候变化知识的传播刊物,定期选编国内外气候变化重要报道和研究报告,深受系统内中央、地方同志们的欢迎。

加强对少年儿童有关应对气候变化的宣传教育是清洁基金的宣传工作重点。少年儿童是祖国的未来,也是世界的未来。让孩子们接触气候变化知识,从小树立保护气候的责任意识,就是为地球的明天培育希望。由清洁基金参与制作的《星际精灵蓝多多》2011 年在中央电视台少儿频道热播,受到了 6~10 岁小学生欢迎。孩子们在看剧的同时能够参与其中,在快乐中学会独立思考,懂得爱与尊重,懂得善待大自然,踊跃争当环保小卫士。

对于孩子们,清洁基金每一次重大活动,都是一场科普盛宴。2011 年 10 月 10 日,清洁基金走进校园,与北京第二实验小学联合举办赠书仪式,时任中央纪委委员、基金管理中心战略发展委员会主席贺邦靖同志向该校学生赠送世界气象组织少儿科普卡通读物《共同关爱我们的气候》,以及世界气象组织秘书长雅罗先生的亲笔题词。这本读物以讲故事的形式,用生动活泼的卡通形象和通俗易懂的语言,帮助儿童树立气候变化的基本观念,认识温室气体、全球变暖的影响和应对气候变化的价值。仪式上,贺奶奶还与孩子们就保护气候、低碳发展等方亲切互动。赠书仪式和卡通读物迅速产生了作用,取得了效果,2011 年 11 月,北京第二实验小学的同学们自行组织、深入调研、认真报告、充分交流,成功举办了"气候环保科技沙龙",围绕节能、环保、应对气候变化提出了许多超出年龄的见解,表现出了较强的绿色低碳意识。消息不胫而走,有其他小学的孩子们也希望得到这本读物。下一步,清洁基金将面向教育资源匮乏的打工子弟学校,开展更加丰富的应对气候变化赠书和相关的普及教育活动。

二、支持能力建设,提高应对水平

近年来,清洁基金重点通过赠款项目支持了国家各行各业、各层面应对气候变化能力建设,包括国际气候谈判对案研究,中央和地方应对气候变化政策、机制和工具设计,CDM 方法学开发,政府和社会组织的应对气候变化能力培训和宣传教育等。2011 年,国家发改委牵头组织了第二批百余个基金赠款项目，围绕国际谈判形势和国内"十二五"应对气候变化重点工作，赠款支持能力建设的面更广，层次扩展到了地方应对气候变化工作。

2011年12月7日，清洁基金与陕西省人民政府战略合作协议签署仪式成功举行。作为清洁基金与地方签署的第一个战略合作协议，对于清洁基金履行职能、推进支持地方应对气候变化工作，对于陕西省作为西部大开发的桥头堡和全国首批低碳示范省之一，走低碳发展和可持续发展之路，将发挥重要作用。朱光耀副部长表示这是清洁基金致力于发挥政策性基金职能、积极探索以创新方式支持地方低碳发展的重要体现。战略合作协议标志着清洁基金的工作力度开始从单个项目的点上升到省级区域的面，清洁基金的政策性基金引导和示范作用将有更大的发挥空间，基金和地方合作应对气候变化的理念和行动也将提升层次和水平，有利于深入执行国家应对气候变化政策。

清洁基金碳预算工作在量化项目应对气候变化效果的同时，也是向企业和大众普及低碳意识、低碳趋势、低碳商机和高碳风险的能力建设活动。目前国内只有少数大型国企和参与到国际碳市场合作的企业开始对碳排放进行量化评估，绝大部分企业的低碳意识和将来可能因为高碳排放而遭受损失的危机感尚未形成。碳预算工作有利于提高地方政府部门、企业以及其他利益相关方对碳问题的认识和减缓气候变化意识，对绿色低碳发展国际前沿的认识，对碳资产管理未来重要性的认识。

三、培育市场力量，扩大参与广度

清洁基金管理办法授权基金"按照社会性基金模式管理"，要求基金"保值增值"，基金按照这样的授权和要求开展业务，在有偿使用、赠款、创新融资、碳排放规范研究等多项工作都直接或间接地体现出对不同市场力量的培育和带动，有利于扩大市场主体规模和参与力度，缓解政府投入不能满足节能减排和应对气候变化资金需求的局面。有偿使用业务的开展，是清洁基金与地方政府、金融机构和企业合作行动的过程。基金业务宣传既可以为地方合作发挥前期动员和准备作用，又可以通过合作成果展示和推广类似项目。

基金清洁发展委托贷款为高耗能企业节能减排项目和中小企业转型进入新能源行业提供急需的优惠资金，在为企业解决燃眉之急的同时，坚定了企业绿色低碳发展的信心和决心。以江苏省为例，首批5个新能源装备和材料制造项目是省财政厅从几十个项目中精选出来的，较好地体现了科技创新、节能减排和经济转型的要求。为扩大影响力和引导作用，2011年9月20日，清洁基金和江苏省财政厅联合举行江苏省首批清洁发展委托贷款项目签约仪式，江苏电视台、江苏广播电台等媒体现场进行了采访，《中国财经报》也对江苏项目进行了深度报道。

　　清洁基金积极落实"十二五"规划关于逐步建立碳排放交易市场的要求，致力于为国内碳市场建设的相关基础软硬件工作提供大力支持，助力国家碳市场建设和力量培育。一是战略入股上海环境能源交易所股份有限公司，推进该碳交易平台建设，并借此引导众多市场力量参与。二是赠款业务加强了对碳市场建设的贡献。2011年度，配合国家发展改革委"五市两省"碳排放权交易试点工作，多个基金赠款项目将支持国家碳市场建设综合设计，以及"五市两省"交易试点的具体研究和机制、能力建设工作。三是通过创新融资业务和低碳现金理财，提高银行等合作伙伴的节能减排投融资能力，引导金融机构加大投入绿色低碳业务的力度。四是为碳市场参与者提供基本公共服务，基金管理中心正积极开展有关综合的和行业的减排标准规范研发，并在基金贷款项目中试点应用，还将通过全国节能减排标准化技术联盟等专业的综合平台推广，中心还通过举办"碳慧"沙龙和"碳市场资讯"，团结市场力量，探讨碳市场发展方向，传播碳市场信息。

四、走出国门展示，促进国际合作

　　清洁基金自2005年11月筹备工作开始，就受到国际社会的广泛关注：中国利用参与CDM国际合作获得的国家收入，真能够通过构建基金这样一个创新机制，把CDM对可持续发展的贡献从项目之"点"提升到国家之"面"吗？随着清洁基金业务的全面展开，相关疑问不攻自破。2011年，清洁基金更加自信地走出国门，深入拓展国际合作，并利用参加德班气候大会、碳博览会、亚洲清洁能源论坛等国际会议的机会，系统地向国际社会介绍我国应对气候变化行动和清洁基金的工作进展。

　　场景之一：德班"中国角"的重头戏

　　2011年底，对于中国在南非德班气候大会上的表现，全球媒体前所未有地大量使用"主动出击"、"建设者"这样的词汇来形容。展示出这样形象的，既有奋战在谈判一线的中国代表团，也有在"中国角"边会上的支持团。12月5日晚，清洁基金在陈欢主任的率领下，成功举办"中国气候变化融资"主题边会，成为"中国角"的一场重头戏。各主题发言从宏观到微观、中央到地方、政策到行动，从公共财政到市场融资，从常规安排到创新机制、从国内自主行动到国际合作活动,脉络清晰地展示了中国对气候变化融资问题的理解和实践。这场边会以有力的事实宣示促进了与国际社会的交流,是对谈判主渠道的很好策应。主题发言人来自国家发展改革委应对气候变化司、财政部国际司、清洁基金、江苏省财政厅和宜兴财政局、兴业银行可持续金融中心和江苏新源动力有限公司,这种包括了中央和地方各级政府部门、行动机构、金融机构、企业的组成,本身就能重彩体现清洁基金作为国家应对气候变化创新机制汇合和串接各层面、各方面行动力量的特殊作用。

中国之所以能够在德班发挥积极的建设性作用,是因为国内一贯高度重视向绿色低碳可持续发展转型,采取积极措施节能减排和应对气候变化,有明确的目标、坚定的行动和显著的成果作为国际交流的坚实后盾。作为中国应对气候变化行动的一个代表,清洁基金厚积而薄发。

场景之二:精彩亮相"碳博览"

2011年6月,世界银行和国际排放贸易协会联合主办的"2011年碳博览会"在西班牙巴塞罗那举行。此次博览会继续担当信息共享、最佳实践、专项技能、商务合作的国际平台角色,吸引了来自世界各地280多家参展商、3000余名代表参加。

清洁基金不仅首次成为这一世界最大规模碳博览会的支持机构之一,而且牵头组织河北省财政厅、华能集团、兴业银行和上海环境能源交易所参会,以联合形式整体亮相碳博览会,共同搭建中国展台,并召开了"中国低碳发展:创新与整体行动"主题分会。展台和分会吸引了众多参会者,反响热烈,受到高度评价。西班牙环境部长特地参观了中国展台,与基金管理中心焦小平副主任亲切交谈。西班牙最大的报纸 *elEconomista* 进行了专访。通过精彩亮相"碳博览",清洁基金向世界宣传了我国的节能减排和低碳发展工作,促进了国际社会对基金工作的理解和支持,并吸引了一些机构前来探讨合作机会。

五、问低碳发展之路正策马扬鞭

从1990年联合国政府间气候变化专门委员会第一次科学评估报告发表,到2009年底,超过100位国家领导人参加哥本哈根联合国气候峰会,共同探讨应对全球变暖的对策和方法,再到2011年年底的德班大会,全球气候变化所引发的生态环境和经济社会问题已经成为国际政治、经济、外交和国家安全领域的一个热点问题。

胡锦涛主席在2009年9月22日联合国气候变化峰会上表示,中国将在加快建设资源节约型、环境友好型社会和建设创新型国家的进程中不断为应对气候变化做出贡献。"十一五"期间中国在应对气候变化、节能减排方面取得的成绩，足以证明中国政府的承诺；而推动绿色转型发展仍然是今后中国经济社会可持续发展的重要方向。

在如此社会发展进程和背景下，清洁基金应运而生，它所肩负的使命，需要开创的事业，所需要体现的政府政策的导向性，以及政策的贯彻力度等，其不可或缺的地位、作用不言而喻。我们用"承载"和"引领"两个词概括清洁基金这一新生事物的意义，应该准确。

一言"承载"。清洁基金是国家应对气候变化的创新机制，旨在贯彻国家应对气候变化政策。因此，其支出的每一笔款项，贷出的每一笔资金，乃至组织、参与的每一项活动，都会也应该充分体现出国家发展的战略目标、政策方向。"非常之事，何得循旧"，在具体实践中，清洁基金面临的工作，不仅是全新的，而且起点高、要求高，充满挑战性。

再言"引领"。"言为士则，行为世范"，调整经济发展结构，发展低碳经济，对于各级政府而言，都是一项全新的工作。实践中既需要借鉴国际先进经验，又需要结合中国国情，既需要符合市场经济规律，又要发挥财政职能手段，既需符合政策，又要具有可操作性。因此，对于地方财政部门在申请和使用这项资金时，清洁基金无疑需要配合财政主渠道，起到指导、带动和引领作用。"厉精，莫如自上率之"，清洁基金正是用这样的标准要求自己，全方位地开展工作。良好的开端，等于成功的一半。应对气候变化的第一步已经稳健迈开，低碳发展之路，怎能不越走越宽广？

六、结语

应对气候变化功在当代、利在千秋。作为事关人类生存与发展的重大问题，气候变化问题不是靠一句口号和一次行动就能够解决的，而是需要改变人们长期以来的生产、生活方式。中国这样一个发展中大国不能再重复工业化国家先污染、再治理的老路，新时代的中国一定要走"资源节约型、环境友好型"可持续发展之路。

清洁基金作为国家层面应对气候变化的基金，将继续配合财政主渠道，坚持产业化、市场化、社会化、国际化的发展方向，积极推动全民参与，加强国际合作，共同应对气候变化。

"清洁基金成立五周年"专题

清洁基金创业五载　继往开来任重道远

2007年11月,作为发展中国家第一个国家层面专门应对气候变化的政策性基金——清洁基金启动运行。

五度冬去春来,一片幼小的树苗,如今,已经蔚然成林。

在财政部党组的亲切关怀下,按照时任财政部谢旭人部长"财政部门要按照科学化精细化的管理要求,创新机制,丰富手段,大力支持国家应对气候变化工作"的要求,得益于基金审核理事会和基金管理中心战略发展委员会的正确指导,借助于国际机构、各兄弟单位和地方财政部门的大力支持,清洁基金全体同仁目标一致,同心同德,充分发挥才智,努力贡献力量,实现了业务工作的良好开局。

谈节能,言低碳,在解析应对气候变化这道大课题面前,清洁基金锐意创新,从战略高度布局,从具体项目做起,由点到线,由局部到整体,一套科学而富有操作性的管理思路越来越清晰。

国家发改委副主任解振华说:"建立清洁发展机制基金是一项创新性的工作,基金将在各个领域,从不同层面支持国内应对气候变化事业。"

五年来,清洁基金确保了CDM项目减排量国家收入应收尽收。截至2012年底,已累计完成了1860笔国家收入收取工作,减排量国家收入达到120亿元人民币。

自2010年9月《中国清洁发展机制基金管理办法》颁布以来,短短两年时间,清洁基金已在全国超过一半的省份开展有偿使用项目近60

个，投资近30亿元，支持有利于产生应对气候变化效益的产业活动。同时，基金赠款投入已达4.95亿元，支持了应对气候变化政策研究、市场机制培育、能力建设和公众意识提高等领域的200多个项目。

财政部部长助理郑晓松说："清洁基金的宗旨是贯彻国家应对气候变化政策方针，配合财政主渠道，发挥种子资金撬动作用，引导和带动更多社会资金共同支持绿色低碳发展。"国家发展改革委气候司司长苏伟说："清洁基金为国家应对气候变化工作做出了非常重要的贡献，发挥了重要的支撑作用。"

清洁基金始终秉承支持应对气候变化工作的宗旨，积极支持和帮助地方企业落实国家和省市"十二五"发展规划、实现节能减排约束性目标。清洁基金支持的领域涉及节能、提高能效、可再生能源和新能源开发利用、相关装备制造业等；并已与陕西、江西、河北、山西、江苏五省签署战略合作协议，将以清洁发展委托贷款为开端，开展低碳融资战略合作。

世界银行中蒙局局长罗兰德先生说："清洁基金充分利用国内资源为全球事业做出贡献，树立了支持应对气候变化行动的良好典范。"亚洲开发银行驻中国代表处首席代表谢里夫先生说："亚洲开发银行很高兴继续支持清洁基金的事业，这一创新气候融资机制推动了低碳发展和清洁技术的开发。"

清洁基金始终重视理论研究，强调制度建设。以《中国清洁发展机制基金管理办法》为龙头，五年来制定了业务管理、风险控制、资金管理、机构运行等方面的60多项管理制度，形成了比较规范而健全的内部管理体系，确保了基金的规范管理和高效运行，做到业务开展，制度先行。靠制度规范基金运营，防控廉政风险，保护干部队伍，发展基金事业。

国内外的优秀经验，是清洁基金研究的重要内容之一。一方面出版并撰写了关于气候变化资金机制、欧美气候变化政策追踪、碳减排评估（"三可"）、碳市场及CDM等方面的书籍和专题文章多篇，同时，也为基金业务的长远发展进行了必要的智力储备，并为我国应对气候变化国际谈判工作提供了一定的技术支持的作用。

"建设生态文明，是关系人民福祉、关乎民族未来的长远大计。面对资源约束趋紧、环境污染严重、生态系统退化的严峻形势，必须树立尊重自然、顺应自然、保护自然的生态文明理念，把生态文明建设放在突出地位，融入经济建设、政治建设、文化建设、社会建设各方面和全过程，努力建设美丽中国，实现中华民族永续发展。"党的十八大报告，从生态文明建设的高度，再次明确了节能环保、低碳发展的重要性，将清洁基金的发展之路再拓宽拓展。

心系国家节能减排和应对气候变化艰巨任务，在财政部党组的正确指导下，清洁基金兼顾国内国外，秉承市场原则，五年磨一剑。"雄关漫道真如铁，而今迈步从头越。"即使，我们仅仅罗列了基金工作的大事记，勾勒了基金工作的粗线条，但是，再丰富的经历、再精彩的所为，都已成为过去，留待清洁基金全体同仁的，不是回味，而唯有继续向前、向前。

五年磨一剑　创新开展有偿使用

进入新世纪，节能减排、低碳发展，成为我国政府重点着力的工作之一。

国家财政积极运用投入、税收、政府采购等多种方式大力支持节能减排，并积极推动机制体制创新，以此带动更多社会资金投入。清洁基金就是财政统筹内外，支持应对气候变化的有效创新资金机制。其定位是按照社会性基金模式管理的政策性基金，即清洁基金作为国家财政支持低碳发展的补充力量，致力于探索公共资金使用新方式，以有偿使用为主，通过投资保值增值，重点发挥种子资金撬动作用，实现可持续利用。

有偿使用是清洁基金最核心的业务。

五年来，基金管理中心树立全新而超前的理念意识，从治理结构、健全制度、更新手段、科学布局等方面着手，积极准备、指导和开展有偿使用业务，发挥政策性基金引导作用，支持国家和地方应对气候变化和低碳发展事业。

一、理念、意识清晰，引领方向正确

正确的思想、理念是纲，纲举目张。清洁基金立足自身使命和特征，经过思考、实践、总结和凝练，树立了"围绕一个中心，推动四化建设，突出三个创新"的发展理念，有效地指导了有偿使用业务等各项业务。

"围绕一个中心，推动四化建设"是指，始终以支持国家应对气候变化和低碳发展工作为中心，积极推动应对气候变化事业的产业化、市场化、社会化和国际化发展。一是抓住工业排放占我国总排放量70%的这一主要矛盾，引导和支持节能减排技术创新、高耗能产业转型升级和战略性新兴产业发展，推动产业减排；二是推动地区碳交易试点和国家级碳交易平台建设，开展碳减排标准制定和定量评估工作，扶植低碳服务产业，加快市场减排进程；三是加强低碳宣传，促进公众意识提高，引导全社会参与和支持低碳发展；四是加强国际合作，引进知识、资金和智力，借助更多国外资源，推动国家应对气候变化工作。"突出三个创新"：一是创新思路，形成最大合力。探索出"借船下海、专业运作、捆绑发展"的基金有偿使用工作思路，与地方政府、商业银行和项目企业各尽所长，共同支持地方转型升级和低碳发展。二是创新理念，关注减排实效。推动低碳标准规则制定，提出"碳预算"理念，编制碳减排报告，提升地方和企业的量化控制温室气体排放意识。三是创新机制，发挥杠杆作用。探索创新融资模式，联系国际与国内、政府与市场、财政与金融，发挥政策性基金的引导作用，带动更多社会资金支持低碳发展。

二、结构、制度完善，运营规范全面

规矩成方圆。清洁基金结合自身业务特点，借鉴现代企业管理模式，逐步构建了合理的治理结构，既有基金审核理事会和基金管理中心战略发展委员会的外部指导，又有有偿使用风险管理委员会、投资评审委员会、专家委员会的内部制衡，几方相互结合，有机联动。

2010年9月，《中国清洁发展机制基金管理办法》颁布，为有偿使用业务蓬勃发展开通了道路。在前期充分准备的基础上，清洁基金团队采用边干边学边练、边探索边总结边完善的方式，依据基金管理办法、《中国清洁发展机制基金有偿使用管理办法》和《中国清洁发展机制基金财务管理办法》，已出台有偿使用业务相关操作制度、规范化格式文件等近二十项，涵盖资金管理、尽职调查、项目评审、风险管理、贷后管理、绩效评价等项目全流程；与此同时，还加强对地方财政部门的制度培训，提高有偿使用相关各方主体的业务科学化精细化水平。清洁基金的规范做法，也引导了地方财政部门加强制度建设的意识，各地在执行清洁基金有偿使用制度的同时，结合地方特点都出台了相应的配套政策，使得这项业务的开展，从一开始就驶入一个良性发展的轨道。

三、投资方式多样，业务布局宽广

经过五年来的努力，清洁基金投资工具已呈现"一专多能"格局。"一专"指清洁发展委托贷款"龙头"和主力业务，"多能"指创新融资、股权投资、现金理财等业务。

清洁发展委托贷款获多数地方青睐。清洁基金基于资金来源于国际的特点，借鉴财政系统已开展多年的国际金融组织贷款经验和做法，通过地方财政部门开展清洁发展委托贷款业务，既保障清洁基金资金的安全性，又支持地方财政部门发展基于市场机制的业务增长点。截至2012年10月底，清洁基金共受理来自全国21个省区市的107个委托贷款项目申请,并通过科学规范评审,已批准对 16 个省市的 58 个可再生能源、新能源、节能、提高能效及其装备制造项目安排了 28.5 亿元委托贷款支持,预计直接和间接的温室气体减排量达每年千万吨二氧化碳当量,对于示范国家节能减排政策、带动地方提高量化低碳发展意识具有重要作用。

创新开展中国节能减排融资(CHUEE)江苏项目。在财政部国际司的支持下,与世界银行集团旗下 IFC、江苏省财政厅等合作,借鉴 IFC 成熟的 CHUEE 模式,利用公共资金吸引 IFC 等的市场资金和国际资金,首次将 CHUEE 模式推广到地方,为江苏银行贷款提供风险分担,撬动江苏银行在江苏省内显著扩大节能减排贷款规模。清洁基金、财政部国际司(利用相关国际资金)、江苏省财政厅、IFC 共承诺出资 4.62 亿元(其中 IFC 承诺出资 3.72 亿元),将撬动江苏银行节能减排贷款 9.24 亿元,预估贷款项目的年二氧化碳减排量为 103 万吨。CHUEE 江苏项目是清洁基金通过联合政府与市场、财政与金融、国际与国内,创新融资模式,支持节能减排和低碳发展的一次重要投资实践,对于丰富基金投资手段、提升资金使用效益具有重要意义。

战略入股上海环境能源交易所。2011 年底,清洁基金战略入股上海环境能源交易所股份有限公司,与国家电网、宝钢集团、华能集团、申能集团等十家中央和地方企事业单位共同成为该公司股东。这是迄今为止清洁基金唯一开展的股权投资项目,目的是通过参与建立和完善碳市场交易平台,为建设国家碳市场提供必要的基础设施,推动市场减排。

现金理财嵌入低碳理念。清洁基金以"实现基金的可持续发展"为首要目标,积极开展具有低碳特色的清洁发展专项理财工作。从 2010 年到 2012 年底,清洁基金已与浙商银行合作完成三批清洁发展专项理财活动,累计发放理财资金 1.79 亿元,预计获得理财收益 740 万元,实现减少二氧化碳排放 68 万吨,并撬动等量社会资金投入,取得了较好的经济收益和社会、环境效益,充分体现了政策性基金对低碳发展的引导和示范作用。

党的十八大提出努力建设美丽中国,把生态文明放在突出位置,更加强调着力推进绿色发展、循环发展、低碳发展。下一个五年,清洁基金将在"十八大"方针政策高屋建瓴的宏观指导下,继续按照国家财政支持应对气候变化补充资金的定位,通过巩固现有工具和创新融资方式进一步做好有偿使用等各项业务,为国家低碳发展做出更大的贡献。

清洁基金地方实践

一、陕西：优化结构新机遇

如何在保持能源工业在国民经济发展中重要战略地位的同时，加强节能减排、优化能源结构、发展低碳经济，是陕西面临的一个重大课题和紧迫任务。清洁基金为陕西低碳发展提供了新的资源和渠道。陕西积极开展与清洁基金的资金和知识合作，充分发挥清洁基金的示范和引导作用，推动陕西节能减排和低碳经济发展，促进经济发展方式转变。几年来，陕西已有5个项目获得清洁基金贷款，贷款总额3.1亿元人民币。

清洁基金工作得到陕西省各级领导高度重视，工作职责划分清晰明确，由此推动贷款项目尽快实施。同时，加强培训，提高概念认识。财政厅及时专门举办了全省委托贷款项目申报培训班，省级有关部门、市县财政部门、潜在项目单位代表60多人参加了培训，邀请基金管理中心的领导和专家授课，使参会同志对低碳发展、委托贷款项目申报、项目贷款管理以及碳预算编制等相关概念与程序有了更为全面的认识。会后，省厅及各地市财政局又召集相关企业进行座谈，了解需求、答疑解惑，使许多项目业主单位充分认识到了利用委托贷款对企业的重要意义和机遇。

具体实施过程中，根据基金管理办法的要求，结合陕西实际情况，提出了陕南的小水电、陕北的煤气（油气）综合利用、可再生能源、建筑节能等具有代表性的重点支持领域和方向，使项目申报的针对性较强。全省累计征集了100多个项目，并形成备选项目库。认真评审筛选项目，坚持项目申报选典型，减排可计量，实施有保障，还款能落实。同时简化流程，创新工作机制。针对清洁基金贷款期限短，投入资金较为集中，项目单位对资金需求非常迫切等特点，采取逐级申报项目，统一组织评审，统一签订协议，直接拨付资金等措施。陕西第一个贷款项目安康安宁渡水电项目从协议签订到资金最终拨付到项目单位仅用了10个工作日。

二、江西：打造协同效应

2010年12月27日，江西财政厅下发《江西省财政厅关于清洁发展委托贷款有关问题的通知》，积极回应《财政部关于清洁发展委托贷款有关问题的通知》。

2011年江西省申报的"萍乡市山口岩水电工程"、"新余市吉阳晶体硅太阳能电池"、"宜春市福斯特锂电池"、"赣县新凌新能源沼渣发电"四个具有节能减碳效果的项目共计获得清洁发展委托贷款1.9亿元人民币，占全国贷款总额的1/10，并首次实现了当年申报、当年签约、当年获得贷款资金的历史性成果，改变了以往项目贷款准备期长、资金到位缓慢的局面。更为重要的是，以上清洁发展委托贷款项目均为通过了碳减排预算、获得了可测算碳减排量的项目，预计减排约305万吨二氧化碳当量，占全国减排总量的1/3。为省财政支持应对气候变化活动起到良好的示范作用。

为进一步推动江西省同清洁基金的合作，共同发挥应对气候变化与节能环保、新能源发展、生态建设等方面的协同效应，2012年4月18日，江西省人民政府与清洁基金正式签署了《战略合作协议》。由此，双方不仅可以拓展现有项目投融资合作的规模和形式，而且可以在低碳技术推广应用、碳市场建设、知识合作、公众意识提高等领域形成优势互补和资源共享，实现更广泛层面的合作共赢。

通过利用清洁基金委托贷款，撬动了企业、社会资金对节能减排产业的投入，拓宽了企业多元化投融资渠道，推动了全省节能减排产业化、市场化和社会化发展，为应对气候变化工作做出积极贡献。具体体现在：增添了节能减排企业发展后劲，拉动了地方经济增长成效显现，提升了应对气候变化工作社会参与度，培养了财政参与委托贷款的能力，贡献了可观的碳减排预算指标。

三、河北：产业升级突破口

淘汰落后产能、降低重化工业和低端产品比重，加大绿色环保产品推广和支持力度，成为河北省结构调整的重中之重。为此，河北财政积极开展清洁发展委托贷款业务。截至2012年底，已经征集委托贷款项目申请16个，上报清洁基金9个，已获得委托贷款的项目3个，利用贷款总额1.75亿元。

清洁基金对河北省低碳发展发挥了重要的示范引导作用。一是在低碳发展理念的推广上作用凸显。基金的宗旨体现了国际先进理念和时代发展潮流，也体现了科学发展观的要求，清洁基金业务推动了河北省低碳发展步伐，带动了市场主体的节能减排行动，促进了全社会对低碳发展的认同，已经在社会上产生了积极的影响。二是在减碳融资上的作用明显。随着基金规模的扩大，将对节能减排事业有更大的支持，特别是作为专门用途的融资方案，对节能减排效果明显的企业更具吸引力。三是对打破影响发展的资源环境约束作用突出。基金管理工作是落实科学发展观的重要实践，基金支持的项目都具有明显的节能减排效应，对于降低单位 GDP 能耗，减少大气和环境污染，发挥着直接作用。

河北作为钢铁大省和能源消耗大省，转型升级任务仍然很艰巨，转型投入的刚性需求仍然很大。随着战略合作协议的签署，清洁基金与河北业已形成的良好合作关系得到进一步提升。河北希望获得清洁基金的持续支持。

四、山西：跨越发展之路

山西的资源禀赋、产业结构、发展目标，与清洁基金的宗旨和支持领域关联度很高。为此，山西立足省情，抢抓机遇，积极组织申报清洁基金贷款项目，在财政部的大力支持下，截至 2012 年底，已获批 8 个清洁基金贷款项目，使用贷款金额 4.48 亿元，为全省中小企业节能减排和实现低碳发展起到了积极的示范和带动作用。

2012 年 7 月 9 日，山西省政府与清洁基金共同签署战略合作协议。山西省在促进传统产业的循环发展、实现高碳产业低碳发展；培育壮大新能源、新材料、节能环保等战略性新兴产业，带动低碳经济发展；利用丰富的煤层气、煤制天然气等清洁能源，推动"四气合一"规划的实施和"气化山西"作为今后的发展目标。

清洁基金作为推动清洁发展的"种子基金"，引导和撬动了政府和社会资金投入到了节能减排事业上来。省级财政 2013 年预算列入贷款贴息资金，鼓励企业投资节能减排效果明显的项目；同时，调动了商业银行贷款、企业自筹资金投入到节能减排和应对气候变化上来。二是通过支持企业采用新技术、新工艺，延伸产业链条，发展循环经济，做到了资源利用最大化，经济效益最大化和污染排放最小化。

五、江苏：探索转型新模式

清洁基金启动委托贷款业务以来，截至 2012 年底江苏省已有 9 个项目获基金的清洁发展委托贷款3.97亿元。省财政厅还积极探索财政资金使用方式方法的创新，与清洁基金联合，共同与IFC合作，利用国际资源，成功实施创新融资项目。

江苏财政将委托贷款作为推动经济结构调整和转型升级的重要抓手。财政部《关于清洁发展委托贷款有关问题的通知》一经下发，省财政厅随即认真组织申报，充分调动了企业利用委托贷款实施节能减排项目的积极性，两年来，共组织申报了70多个项目。

省财政厅明确财政部门管理责任：省财政不在基金管理中心贷款条件基础上缩短期限、加收利差；省财政对已生效的委托贷款项目，按相关规定利率的50%对项目给予贴息。优惠政策减少了企业负担。

立足清洁发展，探索优选项目途径。明确各方职责，实施精细化监督管理等，都是江苏省立足去做的工作。

同时，拓宽合作领域，创新财政资金使用方式。省财政与清洁基金积极合作，借鉴IFC开展CHUEE项目的经验做法，在江苏省内实施CHUEE项目，是国内第一个省级CHUEE项目。CHUEE江苏项目创新了财政资金支持节能减排的方式方法，使公共资金和市场资金发挥各自优势和特长，省财政资金作为"种子资金"，安排2000万元，带动江苏银行贷款9.24亿元，使用效用放大了近46倍，有利于更好地推动美好江苏、绿色江苏建设。

案例报告

创新融资机制　支持节能减排

　　清洁基金为充分发挥国家应对气候变化政策性基金作用,探索支持低碳发展的创新融资模式,会同财政部国际司(利用相关国际资金)、江苏省财政厅,与世界银行集团旗下国际金融公司(IFC)合作开展CHUEE 江苏项目。

　　2012年11月27日,CHUEE 江苏项目签字仪式在北京举行。时任财政部部长谢旭人、江苏省常务副省长李云峰、财政部部长助理郑晓松、世界银行行长金墉、IFC 执行副总裁兼首席执行官蔡金勇等出席见证签字仪式。

　　CHUEE 是 IFC 在中国实践的支持节能减排项目的一种创新融资模式。CHUEE 模式的原理为:针对商业银行一定规模的贷款组合,IFC 与银行达成风险分担协议,约定 IFC 与银行各承担该贷款组合一定比例(一般为50%:50%)的损失。同时,IFC 将自身承担的贷款组合风险分为第一损失风险和第二损失风险两部分,其中第一损失风险一般由 IFC 动员公共资金承担并与公共资金管理机构签署代理合作协议,IFC 和动员的其他社会资金承担第二损失风险。在第一损失风险范围内,IFC 向银行支付的损失实际上由参与的公共资金承担,超出该限度的部分则由 IFC 及其他社会资金承担。

　　CHUEE 风险分担机制比较有效地发挥了公共资金和市场资金各自的特长和优势,是通过建立公共部门—私人部门合作伙伴关系支持节能减排贷款的一种创新融资工具(见图5)。

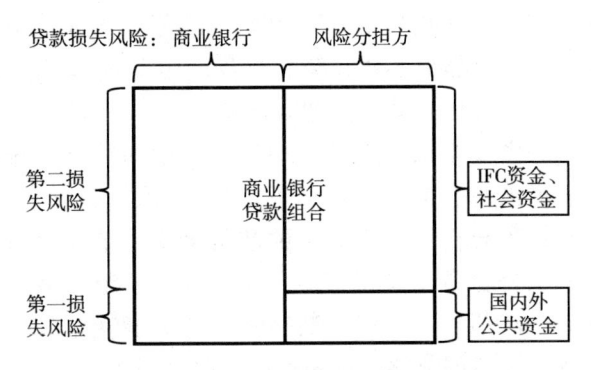

图 5　CHUEE 风险分担机制示意

从 2006 年起，财政部利用相关国际资金，与 IFC 合作，在我国成功开展了两期 CHUEE 项目，有效发挥了公共资金"四两拨千斤"的作用，撬动国内商业银行扩大贷款规模，支持了国内企业开展节能减排项目，提高了银行贷款风险管理能力，取得"多赢"效果。CHUEE 模式现已成为 IFC 推动节能减排创新融资的一个有影响力的品牌。

CHUEE 江苏项目下，清洁基金、财政部国际司、江苏省财政厅、IFC 共承诺出资 4.62 亿元（其中 IFC 承诺出资 3.72 亿元），通过为江苏银行节能减排贷款提供损失风险分担，撬动江苏银行扩大节能减排贷款规模，支持国内民营企业在江苏省开展的能效、可再生能源及相关装备制造业项目。CHUEE 江苏项目将支持江苏银行发放总额可达 9.24 亿元的节能减排贷款，预估年二氧化碳减排量 103 万吨。

在该项目中，公共资金和市场资金发挥各自优势和特长，取得了显著的"多赢"效果。公共资金作为"种子资金"，带动大规模市场资金投入低碳发展，放大了使用效益；风险分担机制的设计，在为银行节能减排贷款提供"增信"的同时，并不减轻银行加强贷款审查和风险管理的职责，有利于公共资金循环和有效使用；地方商业银行通过与国际金融机构合作，对于机构能力建设和开展绿色信贷业务都有极大的促进作用。

郑晓松部长助理在致辞中表示，CHUEE 江苏项目的实施，是近年来国家财政贯彻科学发展观，在加大投入、调整税收、政府采购等多种方式支持节能减排工作的同时，创新机制体制，统筹利用国际、国内资源，中央、地方联动，公共、私人部门携手，共同支持低碳发展的有益探索。

他强调，刚刚结束的中国共产党第十八次代表大会提出要努力建设美丽中国，把生态文明建设放在突出位置。要实现这一宏伟目标，需要我们在节能减排领域不懈努力，不断借鉴国际经验，着力推进体制机制创新，同国际社会一道共同应对气候变化所带来的挑战。我们希望，中国节能减排融资江苏项目的实施，不仅能为江苏企业开展节能减排工作提供资金支持，而且能做出实效，树立典范，切实通过理念和模式创新，促进公共-私人部门合作，共同推动低碳发展。

江苏省常务副省长李云峰在致辞中表示，中国节能减排融资江苏项目是在财政部、清洁基金的关心帮助下，江苏省财政部门与国际金融公司的首度合作。这种合作模式创新了财政资金支持节能减排的方式，运用市场化手段撬动社会资本支持节能减排，有利于节能减排市场融资机制的形成和完善。江苏省政府将不断完善支持节能减排和低碳发展的政府引导激励机制，为中国节能减排融资江苏项目创造良好的实施环境。

IFC执行副总裁兼首席执行官蔡金勇表示，IFC致力于帮助中国企业以市场化的解决方案应对气候变化挑战，包括为环境友好型的发电项目提供融资，推动政策制定，利用创新手段帮助银行在利润增长的同时保护环境，CHUEE江苏项目就是其中一个范例。作为公共-私人部门合作应对气候变化的创新模式，CHUEE江苏项目通过风险分担和知识分享，帮助银行吸引新客户，提供新产品，扩大绿色融资，为政府部门提供了新的融资模式，促进了中小企业提高生产力和能源效率，也为IFC提供了盈利、高效的融资模式，希望CHUEE模式能进一步在其他发展中国家推广。

CHUEE江苏项目的实施，是清洁基金作为国家层面应对气候变化的专门资金机制，探索建立低碳融资领域公共-私人部门合作伙伴关系，撬动市场资金共同投资低碳发展的一次重要实践，对于清洁基金发挥政策性基金引导作用，丰富投资手段，加大力度支持应对气候变化事业具有重要意义。

财政部国际司司长邹加怡、基金管理中心主任陈欢、江苏省财政厅副厅长宋义武、IFC亚太区副总裁冯桂婷、江苏银行董事长黄志伟等代表各方在相关协议上签字。

理论为先　教学相长

——首期地方财政清洁发展委托贷款业务培训侧记

为进一步提高地方清洁发展委托贷款项目管理科学化精细化水平，提高项目准备工作效率，夯实项目申报基础工作，2012年2月27日至29日，基金管理中心在北京举办了首期地方财政清洁发展委托贷款业务培训班。来自北京、河北、山西等10个省市财政厅（局）的学员参加了培训。

基金管理中心副主任焦小平在培训授课中谈到，清洁基金是经国务院批准成立的专门应对气候变化的基金，是发展中国家应对气候变化的一面旗帜，是国家财政应对气候变化的创新机制。作为社会化模式管理的政策性基金，清洁基金将充分发挥政策和市场双重职能，灵活运用财政和金融两种手段，优先支持新兴产业减排、技术减排和市场减排，重点在发展节能、能效提高、可再生能源和新能源领域，逐步推动低碳经济发展的产业化、市场化、社会化和国际化。他希望地方财政部门准确把握清洁基金的定位，提高工作的使命感、责任感和荣誉感，借助应对气候变化和发展低碳经济的机遇，开拓财政对外经济合作系统新战场，管好用好清洁发展委托贷款。特别要对项目的真实性、合规性严格把关，对虚假项目实行"零容忍"。地方财政部门还应该利用项目开展的每个时点做好宣传工作，把应对气候变化和低碳发展理念灌输给身边的每个人，提高公众应对气候变化意识。

为提高培训效率，使理论培训与实际真正结合起来，此次培训做到了内容具体，注重操作。

培训按照清洁发展委托贷款工作所涉及的各个阶段，就清洁发展委托贷款项目操作总流程、项目的遴选和尽职调查、项目审计、风险管理、资金拨付、省级财政部门项目申报材料的编写及项目碳预算报告的编写等每一个环节进行专题培训。授课团队由基金管理中心项目开发部、财务风险与管理部等部门工作人员以及北京华通三可节能评估有限公司相关人员担任。他们以自身实际操作清洁发展委托贷款项目中的实战经验为例，结合相关理论进行讲解、交流，使得授课内容紧扣实际工作，便于学员掌握理解，效果很好。

通过培训，学员不仅对清洁发展委托贷款项目操作流程有了全面、清晰的认识，而且进一步厘清了省级财政部门参与清洁发展委托贷款业务的工作职责，找准了项目工作的重点，为今后项目开展打下了理论基础。

在理论指导之下，本次培训班努力加强横向间的交流合作，为业务工作的探索、改革提供了一个平台。

本次培训班除了基金管理中心组织的理论授课教学，还有一个目的，就是搭建基金管理中心与省级财政部门以及省级财政部门之间相互交流的平台。培训班专门安排时间，请已有实践经验的山西、江苏、山东、陕西等省份的学员，介绍本省项目开展情况和主要经验。通过交流，学员们了解了不同省份在制度建设、项目组织、贷款管理等方面的特色做法。

在制度建设方面，山西、江苏、山东、陕西等省财政厅均按照《中国清洁发展机制基金管理办法》和《地方财政开展清洁发展委托贷款管理暂行办法》的规定，结合各省实际，制定了具体的项目"实施细则"，明确了各级财政部门、项目企业、中介机构的职责和任务，规定了项目各阶段的管理程序和重点工作，从制度上确保项目的规范运行；在项目组织方面，山西省财政厅建立了项目库，贷款项目由地方财政部门逐级上报后由省财政厅列入项目库中，根据当地政府发展战略和重点，定期向管理中心申报项目；江苏省根据区域经济发展的特点，要求地方财政结合本地区重大建设项目计划，组织辖区内的企业申报委托贷款项目，并兼顾江苏经济发展不均衡的情况，采取分区域管理的模式，因地制宜选取项目，确保申报项目的质量。同时，江苏省对已贷项目给予50%的贴息和与管理中心等额配套管理费补助的做法，进一步强化了项目的政策引导性；在贷款管理方面，山西省聘请专业机构针对项目的财务状况进行尽职调查，确保项目质量和资金安全。山东省采取地方财政部门、受托银行、项目企业三方签署协议共同管理账户的方式，确保基金贷款专款专用。这些经验受到与会代表的广泛关注。

基金管理中心还在培训形式上下工夫，着重营造培训班"开放、互动"的氛围，充分调动学员们的学习积极性。在专题培训中，学员与教员之间积极交流互动，探讨辩论，现场气氛十分活跃。为进一步巩固学习成果，培训班还特设了"精彩3分钟"考核环节。每位学员从12道考题中随机抽取1道进行3分钟的口头回答，指定另外两名学员点评，最后由管理中心人员进行总评。考核中，学员们回答内容精彩，点评分析到位，学习成效明显，调动了每一位学员的积极性。

通过沟通交流，既有助于基金管理中心了解省级财政部门项目开展情况，同时地方项目的管理经验对基金管理中心提高自身项目管理水平也起到借鉴作用；另外，地方之间相互学习，相互促进，对拓宽工作思路也起到积极作用。

在培训班总结会上，基金管理中心主任陈欢对此次培训工作的情况进行了总结。他谈到，基金管理中心成立以来积极贯彻财政部提出的科学化精细化管理的工作思路，认真落实已经出台的《中国清洁发展机制基金管理办法》。2011年是清洁基金有偿使用业务起步之年，作为基金有偿使用核心业务，清洁发展委托贷款取得了初步成效，支持了全国13个省份的31个节能减排项目，并在开展业务的同时系统梳理了业务流程，制定了《清洁发展委托贷款操作指南》，规范了各参与方的职责，为防范业务风险和廉政风险提供了制度保障。同时，基金管理中心希望通过培训和实践，培养出一大批业务骨干，提高省级财政部门的项目管理水平，扩大业务培训规模，加大业务宣传工作，使清洁发展委托贷款工作开展规范有序、稳中求进，共同把基金事业做大做强。他表示，今后这样的培训还会继续加强。

靠市场　靠技术　靠新兴产业

清洁基金作为国家应对气候变化的一个创新性融资机制，应走在探索支持低碳发展融资的前列，依托财政，利用市场，撬动社会资金。特别是要发挥好"种子资金"作用，在新兴产业减排、技术减排、市场减排三方面，创新机制、创新方式、创新发展，推动我国低碳发展的产业化、市场化和社会化。

第一，要推动新兴产业减排。目前工业企业排放占我国排放总量的70%左右。抓住产业减排，就是抓住了中国节能减排的主要矛盾；实现产业技术创新、产业升级和新型产业发展，就是找到了中国节能减排的根本出路。2010年，国务院出台《国务院关于加快培育和发展战略性新兴产业的决定》（以下简称《决定》），将节能环保、新一代信息技术、生物、高端装备制造、新能源、新材料和新能源汽车七个产业确定为加快培育和发展的战略性新兴产业，《决定》中的大多数产业，都可以是清洁基金支持的重点。清洁基金应与地方财政部门密切合作，积极联合产业基金、商业银行、风险投资等机构，筛选支持一批技术减排明显、成长性较好、示范作用比较强的新型企业和项目，通过大力支持新兴产业实现工业企业大幅度减排。

新兴产业是指，随着新的科研成果和新兴技术的发明、应用而出现的新的部门和行业。现在世界上讲的新兴产业，主要是电子、信息、生物、新材料、新能源、海洋、空间等新技术。

新技术一开始，属于一种知识形态，在发展过程中其成果逐步产业化，最后形成一种产业。在清洁能源中，从技术及发展模式成熟度来看，风力发电由于技术已相对成熟，全球市场对于风电这样的零排放技术有着巨大且持续增长的需求。风电提供的电能比太阳能和生物能等其他可再生能源要多，将在很长时间内领跑其他新能源。另外，随着新能源汽车被提上日程，动力电池的研发、生产和应用前途无量；高新技术改造传统产业，形成新产业。国家积极推动节能减排新技术在钢铁、电力、建材、化工、农业等重点领域的推广应用，提升了传统产业的竞争力。如新一代可循环钢铁流程工艺技术取得突破并在国内多家钢铁企业实现工业应用，依托曹妃甸工程建立了洁净钢生产平台，实现了转炉功能的优化组合，每条生产线平均节约 50 万吨标准煤。超临界发电技术燃煤电厂的装机容量达到 0.8 亿千瓦。

第二，要推动市场机制减排。美国二氧化硫排污权交易和欧盟碳排放交易体系的经验表明，市场减排机制不仅能够有效降低社会整体减排成本，而且能够优化资源配置，推动新技术研发和推广应用，扶持新兴产业发展。清洁基金应秉承创新使命，积极探索市场化减排模式，参与推进国内碳市场建设。要推动建立节能量和减排量的国家登记制度，积极探索碳预算、碳资产管理模式；要参与和扶持有潜质的交易所的发展，加快市场交易平台的建设，逐步形成覆盖全国的大型交易所；要推动加快能效标准制定，支持合同能源管理、能效认证、审计中介机构的培育和完善，提高碳市场中介机构的能力。2011 年 4 月，基金管理中心加入全国节能减排标准化技术联盟，这是基金在节能减排标准化建设方面迈出的重要一步。

2009 年，我国政府提出"2020 年前，将在 2005 年基础上减少单位 GDP 碳排放强度 40% 到 45%"的行动目标。为此，"十二五"规划中明确规定，单位国内生产总值能耗和二氧化碳排放应分别降低 16% 和 17%。如何实现这些目标，行政手段和市场手段是两条不同的路径。

我国政府已经明确要在"十二五"期间开展碳交易试点。国家发改委应对气候变化司官员透露，国家发改委将尽快出台《自愿减排交易暂行管理办法》，建立自愿碳排放交易注册登记系统，鼓励和支持有条件的地区和行业探索碳排放权交易，5 年内在部分行业和省份试点推出碳排放权交易。

第三，推动先进技术减排。先进技术减排是社会经济成本效益最大化的减排方式。没有技术的支撑，减排就意味着只能依靠关闭落后产能的有限手段。2010 年我国部分地区为完成节能目标，采取拉闸限电和临时性限产措施，都是不得已而为之，是不可持续的。清洁基金应引导和联合社会资金，积极支持减排潜力大、应用前景广的低碳技术的研发、推广、市场化和产业化。还应利用国际合作优势，加快国内急需低碳技术的引进、转让与合作。

碳减排，理财项目第一单

起步、探索、耕耘，清洁基金已经走过 5 个春秋，"盘点"一下做过的工作，可圈可点的不在少数。探索与商业银行的理财合作方式，今天已见效益的减碳项目即是一例。

截至目前，清洁基金与浙商银行合作开展了三批清洁发展专项理财活动，共计融资 3.58 亿元，完成了涉及生物质发电、垃圾焚烧发电等五个低碳项目的专项投资。回顾当初的做法，对于今天在更大范围、更深程度地开展类似的创新模式探索仍有重要的现实意义。

2010 年，作为与商业银行理财合作的起步，清洁基金投入 6000 万元资金，撬动相同比例的社会资金，合计规模 1.2 亿元，带动两个项目共完成碳减排量达 25.5 万吨。目前，这两个节能环保项目均已经如常运行，收效甚好。同时，由清洁基金委托第三方机构，对通过理财产品支持的减排项目编制出了《碳减排预算报告书》，为商业银行今后利用理财产品支持减排活动提供了示范。

用秸秆发电、供暖

位于安徽阜阳市的安徽国祯太平洋电力有限公司，是家担负着阜阳市 120 多家工商用户集中供热并上网供电的企业，在当地举足轻重。

"我们已经申请了 CDM 项目，并通过了国家发改委的审核，近期有望在联合国 CDM 执行理事会注册成功。"国祯太平洋电力公司的负责人欣喜地告诉记者。而清洁基金通过与银行理财合作提供的支持，无疑助了企业一臂之力。

阜阳是个农业大市，大量的农作物秸秆、稻壳等为这家电力企业提供了丰富的燃料资源。有幸利用了清洁基金与浙商银行合作的理财项目贷款，企业将已有的三台燃煤链条炉改造为焚烧生物质循环流化床锅炉，燃料全部使用小麦、玉米、大豆秸秆、稻壳等生物质。

在国祯集团有限公司的生产线上，由公司自行研制开发的技术先进、节能环保的生物质压块成型设备是其核心之一，并且在国内属首创，设备改造是上述理财项目贷款支持的内容之一。这一设备的投入使用仅用于垃圾发电项目建设，就可以解决阜阳市每年 20 万吨的垃圾问题，还可以另外焚烧 40 万吨的秸秆。阜阳市周边的秸秆，凡是能收集起来的都能够得到有效利用。仅一年，其秸秆发电就用掉秸秆 38.50 万吨，替代燃煤 20 万吨。

2011 年，国祯公司发电量达到 1.47 亿度，供热 32 万吨，而这一过程中的二氧化碳减排达到 15 万吨。公司全年收入 1.43 亿元，利润达到 1040 万元。经济创效益的同时，社会效益同等优良：有效防止了由于燃烧秸秆所造成的空气污染，还为当地农民致富增添一条新路。

为铺就"新路"助力，这样的探索成为清洁基金的示范之作。

诸城市的生活垃圾焚烧发电无害化处理项目异曲同工，它是利用垃圾焚烧处理产生的余热发电变废为宝。该工程建成后，每年可处理生活垃圾 16.67 万吨，每年最大可向电网供电 4595 万度。不仅很好地改善了城市环境，还使垃圾达到无害化处理的要求。

"破题"的意义

作为国家层面专门应对气候变化的政策性基金，清洁基金的一大目标就是充分发挥其种子资金的引导和杠杆作用，按照市场经济法则，带动更多社会资金投入这项事业。其中，与金融机构的合作就是重要手段之一。借助商业银行的投融资平台，以及市场运作、风险管理等优势，来共同完成这项事业。

从哪个角度破题？清洁基金的第一"单"，本身就带有引领示范作用。第一步选择合作对象至关重要。具体的调查研究中发现，更多大型金融机构往往青睐较大规模的资金运作，但是，作为新兴产业的节能减排项目，那些既是新生的同时也可以产生良好社会效益、而又未成规模的企业更需要助以一臂之力。

2009 年底，清洁基金开始探索与金融机构的合作。反复比较发现，作为全国性区域银行浙商银行，有两个唯一：是目前国内唯一总部设在浙江的全国性股份制商业银行，是银监会指定的唯一小企业贷款试点的银行。除此之外，浙商银行是拨备率最高的商业银行，2009 年底贷款拨备覆盖率高达 401.84%，其资产质量最好、不良贷款率最低，同时，浙江乃至周边的长三角地区金融生态良好，不仅企业成长性强、活力足、基础扎实，而且是我国节能减排的重点区域，具有丰富的客户资源。同时，浙商银行管理严谨、小额资金运作经验丰富、愿意拿出机构核心资源进行战略合作。而且，浙商银行灵活的经营方式有助于基金现金理财工作的快速开展，其地处民营经济大省的独特地利优势也有利于双方在小额资金运作方面互相借重。

浙商银行非常看好节能减排的发展方向，同时对能够与清洁基金合作也十分倾心，态度积极，一经了解到清洁基金意向，他们迅速做出回应，根据清洁基金"资金安全"的要求，设计了"保本保证收益"的专项理财方案，并确保金融机构提供授信拨备等风险控制覆盖基金投入。

经过多轮磨合、磋商，2010年9月，双方达成协议，推出了全新清洁发展专项理财"资产包"。

衔接有序的"资产包"

清洁基金与浙商银行最终协商达成的第一笔"资产包"，规模合计1.2亿元，合作中，清洁基金除以自有资金直接购买节能减排资产包，还通过商业银行发行社会理财产品的方式，间接地引导社会资金共同投资该资产包，取得了放大的碳减排效益。

具体运作中，由清洁基金提供部分资金，通过购买浙商银行专项理财产品的方式，专项投资于清洁发展项目组成的资产包。清洁发展项目包括：以更新设备、能源回收利用、优化设计等方式为手段，以节省煤、石油、天然气、电力、蒸汽等能源为目的的能源节约和效能提高项目，以及新能源、可再生能源的发展和利用项目等。

浙商银行从其现有客户中挑选符合基金投资方向的项目推荐到清洁基金，经双方确认后，形成资产包，双方按照约定比例共同出资，专项投资于减排效果强、长期潜在经济效益大、能效利用水平高、符合新兴发展方式的低碳项目，理财期限一年，基金收益不低于同期银行存款利率并优先收回。

随后，在上述两个项目的基础上，双方又合作开展了两批清洁发展专项理财活动。清洁基金在获得高于银行定期存款利息的同时，还通过银行理财产品支持的五个项目完成年碳减排量68万吨，已通过认证机构认证，并编制完成《减碳预算报告书》五份，取得了较好的经济效益和社会效益。

走低碳发展之路　让七彩云南更绚丽

云南省位于我国西南边陲,作为中国面向西南开放的重要桥头堡和生态屏障,已被列为全国首批五省八市低碳发展试点之一。

云南省是全国最早开展低碳工作的省份之一,也是全国最早编制地方应对气候变化方案的四省区之一。早在 2005 年云南省就开始了对 CDM 项目的系统研究和开发工作。2007 年国家出台《中国应对气候变化国家方案》后,云南省于 2008 年颁布了《云南省应对气候变化方案》,着力于全面贯彻落实各项节能降耗措施,逐步改善能源结构,积极推进植树造林,大力发展循环经济,促进经济发展与人口、资源、环境相协调,不断增强和提高适应气候变化的能力。同年,成立了以省长挂帅的云南省节能减排及应对气候变化领导小组和云南省 CDM 中心以及 CDM 项目开发机构,积极参与应对气候变化的国际交流合作,促进云南低碳技术进步和可持续发展。目前,云南省已被国家发展改革委确定为低碳经济试点区,将围绕 2020 年中国控制温室气体排放行动目标,积极探索发展应对气候变化政策与途径,倡导低碳生活,全省应对气候变化工作发展新格局正逐步显现。

云南在全国率先参与 CDM 合作的建设与发展工作,积极推进 CDM 项目开发。该省能源局的数据显示,截至 2011 年 2 月,全省有 143 个 CDM 项目在联合国注册,实现年减排 545 万吨二氧化碳当量,项目数量居全国前列。其中,云南 CDM 技术服务中心为云南省 CDM 工作做出了积极贡献。作为省级 CDM 机构,该服务中心积极搭建国际国内合作平台,为政府和企业提供 CDM 技术服务,不断拓展在应对气候变化、发展循环经济、节能减排等方面的业务。同时,积极开展与国内外机构的合作,先后承担和参与了《中国法国清洁发展机制(CDM)能力建设项目》、《中欧亚洲投资计划——西部 11 省清洁生产能力建设项目》、《中国欧盟清洁发展机制促进合作项目》、《中日清洁发展机制能力建设项目》、《实现千年发展目标的中国清洁发展机制开发合作项目》等国际合作项目。在 CDM 项目开发方面,项目申请机构已经开发了 8 个项目,全部通过了国家发改委的批准,其中 7 个项目完成了 DOE 现场审查工作,两个项目在联合国 EB 成功注册。

采取森林碳汇项目保护森林，减少排放是减缓气候变化的主要途径之一。云南地处大江大河源头或上游，生态安全战略地位十分重要。近年来，云南省以建设完备的森林生态体系、发达的森林产业体系、繁荣的森林文化体系为目标，统筹推进天然林保护、退耕还林、生物多样性保护、农村能源、石漠化治理等重点建设工程，着力建设"森林云南"。目前，云南省森林覆盖率达到 50% 以上；林业用地 3.71 亿亩，占全省国土面积的 62.8%；活立木总蓄积量达 17.12 亿立方米，约占全国的 1/8；初步测算，云南省碳汇储量达 31.3 亿吨。

在竹子（龙竹）造林 CDM 方法学及项目开发中，云南充分利用森林资源优势，由省 CDM 技术服务中心承担了"中法农村 CDM 开发试点与能力建设项目"。正在开发阶段的"西双版纳竹林碳汇项目"建成后，一方面可以增加森林面积，降低温室气体的排放，增加农村居民收入和就业，提高农村居民生活水平；另一方面，可以建立森林碳汇项目开发专业团队，大大提高云南省在森林碳汇项目上的开发能力。

国家发改委 2010 年底发布的《中国温室气体自愿减排交易活动管理办法》，进一步规范了国内的自愿减排市场，促进了自愿减排指标的资产化，为中国的碳资产开辟了一条国内交易的路径。熊猫标准作为我国第一个自愿减排标准应运而生，它的制定与开发，有利于我国自愿碳减排市场化的健康发展，推动全社会节能减排事业发展，加快我国低碳社会的发展进程。熊猫标准农林业及其他土地利用行业细则是熊猫标准的第一个行业细则，在本细则范围内云南省有很多潜在项目。西双版纳竹林碳汇项目是云南省开发的首个熊猫标准碳减排项目。

"十二五"期间，云南省的能源消耗依然很大，要改变这种高能耗的发展模式，必须加快转变经济发展模式。因此，云南省在节能减排方面将采取一系列措施，即开展低碳省市建设试点，建立低碳排放统计、核算和考核体系，探索建立碳交易市场等。

清洁基金对于云南省开展应对气候变化工作意义重大，通过发展合作，可以为云南省的应对气候变化能力建设、节能降耗项目建设发挥重要作用。

江苏省积极利用清洁发展委托贷款
全面提升财政应对气候变化水平

在基金管理中心的悉心指导和大力支持下，江苏省财政厅根据有关规定，组织各地申报了 50 多个项目，经过筛选，向基金管理中心上报两批共计 14 个项目，9 个项目获得批准，获得清洁发展委托贷款 3.97 亿元。

江苏省财政厅开展清洁发展委托贷款工作主要有以下五个方面的做法：

一、领导高度重视，全力推进工作开展

根据财政部文件精神和省财政厅主要领导批示要求，2011 年 1 月，江苏省财政厅转发了《财政部关于清洁发展委托贷款有关问题的通知》，文件中明确了清洁发展委托贷款支持的对象和范围、贷款的条件、贷款管理流程和贷款的申报要求等。3 月初，省财政厅召开了 2011 年清洁发展委托贷款工作布置会，会上对全省各级财政开展清洁发展委托贷款工作提出了明确的要求。各市、县财政部门按照省财政的工作部署，高度重视本地区清洁发展委托贷款的申报工作，并积极与相关部门联系沟通，到企业进行实地调研，宣传清洁发展委托贷款的相关政策和申报条件、申报要求，有力推动了清洁发展委托贷款工作的顺利开展。部分地区尤其是经济较为发达的苏南地区，在很短时间内就组织申报了多个优秀项目。

二、细化管理制度，创新财政优惠政策

推动清洁发展委托贷款的规范管理、安全运作，必须坚持机制为先、机制为上，建立科学、紧密、操作性强的管理制度。省财政厅认真学习研究财政部《地方财政开展清洁发展委托贷款管理暂行办法》，同时，结合江苏自身经济发展的特点和需要，在广泛征求地方财政、相关部门意见的基础上，起草了《江苏省开展清洁发展委托贷款管理实施细则》（下称《实施细则》），于 2011 年 6 月以规范性文件的形式下发各地执行。

《实施细则》明确了财政部门是清洁发展委托贷款的管理机构，从申报程序、审核内容、签订合同、偿还责任等方面明确了各级财政应承担的责任以及应履行的管理责任。同时，还结合江苏省的实际情况，创新性地推出了多项优惠政策。首先，省级财政不在基金管理中心给予江苏省贷款条件上缩短期限、加收利差；其次，省级财政部门对已生效的清洁发展委托贷款项目，按《江苏省地方财政开展清洁发展委托贷款合同》规定利率的50%，对项目单位给予贴息；第三，根据基金管理中心给予的项目管理费，省级财政等额配套安排江苏省清洁发展委托贷款项目管理费，专项用于对市、县财政部门开发和管理本地区的清洁发展委托贷款项目的费用补贴等。省财政的这些优惠政策提高了地方尤其是企业申报清洁发展委托贷款的积极性，减少了企业的费用负担，更好地支持了省节能减排工作的开展。在省财政厅的带动下，部分市县财政部门也出台了相关扶持政策，如支付申报成功项目的相关报告的编制费用等。

为加强省清洁发展委托贷款项目组织管理，2012年，省财政厅拟定了《江苏省清洁发展委托贷款项目申报评审办法（讨论稿）》，该办法从项目的申报、评审和管理监督三个方面规范了申报评审的相关要求，明确了江苏省清洁发展委托贷款项目申报的流程、申报所需资料，明确了清洁发展委托贷款项目专家评审内容，规定了通过初审、专家评审和实地审查的项目，再由省财政厅在公开网站上予以公示，公示期为一周，公示后才能向中心上报。通过项目评审这一环节，可以使江苏省上报的项目更优质、更规范。

三、加强宣传培训，做好项目申报工作

清洁发展委托贷款对地方财政部门来说是一项新业务，涉及多领域、多行业，需要进行探索和磨合。虽然地方财政外经部门在实施多双边国际合作项目，特别是国际金融组织贷款项目中积累了丰富的项目管理经验，这些经验可以参考用于对清洁发展委托贷款的管理，但还需要学习更多的有关气候变化、节能减排、碳市场、金融等方面的专业知识，提高和丰富专业素养，以更好地完成清洁发展委托贷款的组织管理工作。

2011年初，省财政厅组织召开了清洁发展委托贷款工作培训布置会，各市、县财政局分管清洁发展委托贷款工作的同志及具体工作人员，意向借用清洁发展委托贷款项目单位分管同志都参加了会议。会议邀请了基金管理中心陈欢主任向大家介绍了碳市场、碳交易等全新的理念，还介绍了清洁基金成立的背景，清洁发展委托贷款支持的领域及发展状况，

使大家对低碳经济和清洁基金工作有了初步的认识。同时，基金管理中心王宁处长就清洁发展委托贷款支持的范围、申报需要提供的材料等相关政策进行了培训和政策答疑。2011年10月，在江苏省金融业务骨干培训班上，也设置了清洁发展委托贷款方面的课程，讲授了相关知识。2011年9月，利用基金管理中心与省财政厅联合举办首批清洁发展委托贷款项目签约仪式的机会，在主流媒体上进行宣传，扩大了影响。

在项目申报过程中，省财政厅密切关注各地工作进展情况，收集了解、汇总各地的疑难问题，及时与中心联系，以准确把握政策，并尽快反馈到省内各级地方财政部门。对部分地区遇到的具体问题，省财政厅还上门进行指导和协调。

四、立足清洁发展，探索优选项目途径

清洁发展委托贷款作为清洁基金有偿使用的重要途径，应体现对减少碳排放、节能、提高能效、可再生能源等清洁能源开发利用的支持导向。江苏经济发展转型正处在关键时期，清洁发展、节能减排是江苏省经济转型的重要目标。省财政厅根据江苏经济发展的区域特点，首先要求各地财政要结合本地区重大建设项目计划，积极组织本辖区内节能减排效果明显、经济效益好、发展前景大、具有示范作用的企业申报委托贷款项目，确保项目的申报质量。其次，考虑到江苏经济发展并不均衡的情况，省财政厅采取分类管理的模式：对经济发达的苏南地区，申报的项目要求科技含量高、技术先进、领先于国际国内水平，项目具有示范性；对苏中地区，申报项目要求节能减排效果明显、有一定技术含量，项目具有示范性；对经济欠发达的苏北地区，项目申报要求对当地经济发展有利、符合清洁发展委托贷款支持范围、经济效益好，项目具有可持续性。

在省财政厅的指导下，各地共申报了50多个项目，涉及光伏、汽车、化工等多个行业，包含新能源、新材料、垃圾焚烧、技术改造等多个领域。经认真筛选，省财政厅向中心共申报了两批14个项目，中心第一批核准了5个项目，这5个项目都是地处苏南的项目，具有高科技含量，有些项目的技术已处于国际领先地位，有些项目的产品能替代目前普遍使用的国际产品，有些项目则是紧密围绕当地的经济转型要求。

五、明确各方职责，实施精细化监督管理

清洁发展委托贷款是一项有偿使用的资金，企业承担贷款的偿还责

任，各级财政承担着资金偿还的担保责任。江省财政厅遵循效率、规范并重的原则，建立健全项目实施和资金管理的监督检查和绩效管理机制，全过程参与项目管理监督，确保项目实施的科学性、有效性以及资金使用的安全性。

1. 在项目申报方面，采取逐级负责的管理体制，地方财政部门在申报项目前，应对其财务状况、资信状况、配套资金落实情况、项目减排效益情况等进行认真初审，省财政厅在收到各地上报项目后，还将组织对项目的专家评审以及实地审查，评审结果进行公示后再上报中心复审。

2. 在资金划拨管理方面，本着提高效率、确保安全的原则，对贷款实行专账核算。2011年第一批项目贷款资金的拨付过程中，为确保资金第一时间到账，减少企业的利息负担，省财政厅在获得中心付款通知后，即用自有资金先行对下拨付，保证了贷款资金当天即直接支付到企业。为确保资金的安全和合规使用，省财政厅通过多种方式定期了解贷款资金使用情况，保证了贷款资金的专款专用。

3. 在申报资料准备方面，省财政厅严格按照中心的要求，坚持逐页审核，在确保真实性的基础上，对申报材料的完整性、证明材料的规范性、说明材料的合理性进行审核，发现问题及时与企业及企业所在地财政部门联系，在最短时间上报基金管理中心。在申报材料的准备过程中，了解了贷款操作流程，积累了经验，今后，省财政厅将申报资料的模板印发各地，同时加强对省内各级地方财政部门的培训，尽量提高资料准备的一次性成功率。

应对气候变化和低碳经济发展是一项功在当代、利在千秋的事业，清洁发展委托贷款管理工作，是全面提升财政部门应对气候变化水平的重要手段。随着委托贷款业务的全面展开，委托贷款工作的重要性也将逐步体现，江苏省财政厅将深入贯彻落实科学发展观，解放思想、实事求是、开拓进取、扎实工作，在基金管理中心的指导下，认真做好江苏省清洁发展委托贷款管理的各项工作，为推动江苏省科技创新、转变经济增长方式做出应有的贡献！

山西省科学发展，先行先试
务实有序做好清洁发展委托贷款工作

开展应对气候变化和低碳发展工作对国家和地方的可持续发展具有重要意义，是落实科学发展观、加快转变经济发展方式的一个抓手。清洁基金的清洁发展委托贷款已成为地方开展应对气候变化和低碳发展工作的重要支持资源，不仅提供资金，而且带动观念创新。

自 2010 年 9 月 14 日《中国清洁发展机制基金管理办法》颁布以来，山西省各市、县财政部门按照省财政的工作部署，高度重视本地区清洁发展委托贷款的申报工作，并积极与相关部门联系沟通。在基金管理中心的大力支持下，2011 年 4 月，山西省有两个列入第一批清洁发展委托贷款的项目，贷款金额 1.1 亿元。目前，第一批项目已完工投入运营，山西省在清洁发展委托贷款项目尽职调查、转贷管理、运营监督等方面积累了一些工作经验，主要有以下几个方面：

第一，明确贷款支持领域，指导项目申报工作。山西省按照清洁基金"支持国家应对气候变化工作，促进经济社会可持续发展"的宗旨，在《中国清洁发展机制基金管理办法》规定支持范围的基础上，结合山西实际，针对产业结构偏重、能耗水平高、节能减排任务重、循环发展和清洁发展潜力大的实际情况，进一步明确了清洁发展委托贷款重点支持的领域，指导市县财政部门的项目申报工作。重点支持领域包括：（1）传统产业循环发展，通过延伸产业链条达到资源利用最大化，实现高碳产业低碳发展；（2）新能源、新材料、节能环保等新兴产业，推动低碳经济发展；（3）支持煤层气、焦炉煤气、煤制天然气、过境天然气及其他工业废气综合利用，加快"气化山西"目标的实现。

第二，建立管理制度，规范贷款管理。为了规范清洁发展委托贷款项目管理，提高贷款的使用质量和效益，根据《中国清洁发展机制基金管理办法》、《地方财政开展清洁发展委托贷款管理暂行办法》的有关规定，结合山西实际，制定了山西省《财政部门开展清洁发展委托贷款管理暂行办法实施细则》，明确了各级财政部门、公司和中介机构在清洁发展委托贷款项目管理中的职责和任务，规定了贷款项目申报、审查、报批、转贷、进度核查、资金拨付、运营监督等各阶段的管理程序和工作重点。

项目申报。贷款项目由公司注册地县市财政局逐级审查上报，省财政厅对项目进行初步审查，并将符合贷款支持范围、符合当地经济社会发展战略和重点、项目建设审批手续齐全有效的项目列入项目库。

项目审计。为降低贷款财务风险，规定了项目财务审计制。省财政厅通过招标方式选聘会计师事务所，由财政统一付费委托事务所对公司财务进行审计，重点对公司基本情况、财务状况及偿债能力，项目筹资方案、审批或核准手续、工程及投资进度完成情况等进行审计和核查。事务所就审计结果向财政厅出具财务审计报告，财政厅依据审计结论，决定拟支持的项目。

项目报批。为减少项目的不确定性和降低贷款风险，规定了贷款承诺制。省财政厅对拟支持的项目，要求项目所在市县财政事先进行贷款承诺，对做出贷款承诺的项目按《清洁发展委托贷款操作指南》规定向基金管理中心报送贷款申请。贷款承诺过程也是对当地政府、财政部门对项目支持程度的再一次评估，如能做出贷款承诺，说明当地政府对公司偿债信誉、偿债能力、履行社会责任等是认可的，对项目是支持的，项目的顺利建成投产和贷款偿还是有保障的；如得不到贷款承诺，说明公司在某些方面存在风险，当地政府和财政存有顾虑，就应去掉这个项目止住贷款风险。

实地考察。接到基金管理中心对项目实地考察通知后，协助基金管理中心开展进一步尽职调查。基金管理中心的实地考察，是直观感受企业、感受企业文化、感受企业家个人品质的一次机会，对给企业做出总体判断很有帮助。考察主要是通过实地勘察、听取汇报、资料审查等形式，对公司概况、项目简介、项目建设进度、节能减排效果、公司未来规划等进行详细的了解。对基金管理中心拟立项的项目，按基金管理中心统一规定的格式编制并报送《项目申报材料》。

项目转贷。为降低偿债风险，提高公司依法偿债、主动偿债的意识，规定了贷款担保制。在省财政厅与基金管理中心、委托贷款银行签署三方协议后，贷款将通过市县财政局逐级转贷至公司，公司必须以资产抵押或质押等形式对县财政提供反担保，并与县财政局签订反担保协议，必要时还可要求有贷款保证人，与贷款人承担连带偿债责任，为按期偿还债务提供双层保险。

提取贷款。为确保项目贷款资金专款专用、配套资金及时到位和项目的按期完成，规定了项目投资进度核查制。山西省规定，当项目投资进度完成40%以上，实际支付金额大于委托贷款金额时，公司可向县财政局提交《清洁发展委托贷款项目提款申请》，并附《清洁发展委托贷款项目工程及投资进度完成情况表》、公司与县财政签订的"贷款协议""贷款反担保协议"。经市县财政局实地核查项目投资进度及支付进度属实、提款手续齐全后，逐级上报至省财政厅，省财政厅审核同意后，向基金管理中心办理提款手续。

资金拨付。为减少资金拨付环节，减轻企业利息负担，提高资金使用效益，规定了贷款直接支付制。省财政厅自收到委托贷款之日起5个工作日内将贷款直接拨付公司，市县财政局凭省财政厅出具的《清洁发展委托贷款债务通知书》和银行付款凭证复印件登记债务。

会计核算。为确保贷款债务和项目成本核算的及时准确，规定各级财政部门比照《国际金融组织贷款转贷会计制度》进行债务核算；贷款公司比照《世界银行贷款项目会计核算制度》或公司"在建工程"核算办法进行项目成本核算。

运营监督。为及时了解和掌握公司整体经营状况、项目建设进度及运营情况，规定了报表和重大事项报告制。各级财政部门应定期对项目建设进度和公司经营情况进行监督，在项目建设过程中公司要通过市县财政局逐级报送项目执行进度报告及《清洁发展委托贷款资金平衡表》、《清洁发展委托贷款项目进度表》；项目完工后，公司应报送项目完工报告及《项目竣工决算》。在整个贷款期间公司还应同时报送经审计的年度《财务报告》，以及随时可能影响项目正常建设和公司正常经营的重大事项。

应对气候变化和低碳经济发展是深入贯彻落实科学发展观，加快转变经济发展方式，建设资源节约型与环境友好型社会的重要举措。山西省财政厅将解放思想、开拓创新，在管理中心的指导下，务实有序做好清洁发展委托贷款工作，为国家实现温室气体自主减排目标，促进山西省经济社会的可持续发展做出应有贡献。

清洁基金，为低碳之路引航
——清洁基金委托贷款山西"五龙"、"宏光"项目巡礼

"清洁基金贷款的到位，让我们有了做得还不够尽善尽美的感觉。我们的努力方向就是在尽可能的范围内做到零排放。"感觉得到，宏光医药包装药业有限公司总经理张杰民说这番话发自内心。

近日，《中国财经报》记者采访了山西两家使用清洁基金贷款的企业，他们为企业增效而努力节能，同时也降低了企业排放，企业在建的节能减排新项目完全符合国家发展方向，从而获得了清洁基金委托贷款的支持，增添了企业进一步节能减排的信心。

一条良性循环的轨迹清晰可见。

"节能低碳之路走定了"

2012 年 10 月即将烘炉、12 月全面投产。占地三百多亩、总投资 3.95 亿元的镁合金循环经济一期工程 6 万吨镁合金及配套项目，是山西五龙投资集团的骄傲，也是垣曲县乃至运城市工业经济的标志性工程。

从高处看下去，备煤车间、炼焦车间、煤气净化车间以及废水处理站、变电所、空压制冷站规划有致，其核心技术环节的蓄热式节能竖窑耸立厂区中央，格外显眼。"之所以被称为环保竖窑，是因为它代替了原设备选型回转窑，仅工序环节就可以节能 30%；同时还原和精炼炉结构选型也比以往更为合理，炉膛保温效果很好，节能效果明显。"工程师首先向我们介绍了这台竖窑。五龙投资集团有限公司董事长兼总经理董康典接着谈到，按照国家《镁行业准入条件》要求，投产后的该项目由于采用了先进的节能工艺装备，单位产品综合能耗 2.485tce/t（tce/t 表示吨标准煤/吨产品），与单位产品综合能耗先进值 5tce/t 相比，单位产品能耗降低了 2.515 吨标煤，总体能耗每年减少 150.9 万吨标煤，大大优于行业先进水平的指标。

这对于传统生产而言，无疑意味着革命。

提高效率是为了更大程度地追求经济效益，在这一过程中还可以做到节能减排，取得一举两得的效益，是五龙集团感到欣慰的事情。

2011年年初,省财政厅带来财政部清洁基金开展清洁发展委托贷款业务的消息,给五龙集团带来意外的惊喜,甚至感动。因为五龙集团新生产线符合国家节能减排要求,如进一步的考察合格,可以申请这项优惠贷款。

中小企业融资难,始终困扰着包括五龙集团在内的众多中小企业。总投资3.95亿元的6万吨镁合金项目,筹资是件大事,曾让五龙集团的决策层为难不已。在各项排放指标、经营指标符合国家要求的情况下,2012年上半年,清洁基金6500万元贷款如期到位。尽管占总投资不到20%,但这笔意味着政府对于节能减排企业的支持、表明了政策导向的贷款,仿佛雪中送炭,让等钱建设的五龙集团胸有成竹。

在清洁基金委托贷款的作用下,五龙集团向其他商业银行的项目贷款迎刃而解,项目建设顺利进行,不仅如此,还有其他几家商业银行也向五龙纷纷伸出了"橄榄枝"。

"节能低碳之路我们走定了"五龙投资集团有限公司董事长兼总经理董康典感慨良多,"清洁基委托金贷款肯定了我们的发展方向,我们会更加努力,实现五龙做强做大的梦想。"

"努力做到尽善尽美"

2012年9月即将使用,届时将全面投入生产。

尽管占据厂区中央的"采用两步法水煤气年产万吨药用玻璃管生产线"工程正紧张施工,人、车得绕行,但芮城县宏光医药包装业有限公司的厂区仍然是叶绿花鲜,洁净如初。

宏光医药包装药业有限公司董事长张怀民创业的经历可以写成一本书,最先说到的总是他为水煤气节能炉亲自做实验,以至于重度烧伤几近危险。他对企业的认真执著可见一斑。宏光公司年收入8081.5万元,实现利润900.9万元,2011年生产安瓿10亿支,完全做到支支检测。以质量"求生存、求发展、求市场、求信誉"的企业宗旨掷地有声。靠着这种精神和理念,2000年成立的宏光公司已经是目前国内少数几家仅能生产一级耐水药用玻璃的企业之一,是芮城县加快转型跨越发展的明星企业,是运城市调整产业结构、实现工业强市的示范企业,是山西省火炬计划及山西省民营科技企业。

"采用两步法水煤气年产万吨药用玻璃管生产线"是我们要了解的重点,公司总经理张杰民用一只只被我们称为针剂瓶的安瓿、多张草图,深入浅出地解释这一新技术与传统技术的区别。始建于2009年到2013年完工的年生产一级耐水药用玻璃管一万吨能力这一项目，与目前国内注射剂企业普遍使用的玻璃材料相比有明显优势，即膨胀系数小、加工过程不易炸裂、化学稳定性好，而且国内一直没能规模化生产，所用管材基本依赖进口，随着发展需求却在增大。一级耐水玻璃在制造过程中成型温度高，粘度大，工艺控制难，而使用"两步法半水煤气"新工艺，可以提高玻璃窑炉的热源利用率，从而提高企业医药玻管生产能力，使企业不仅能在生产上达到节能、降耗、环保、安全的要求，而且产量及规模也上了台阶，产品质量再次提高。

据了解，一级药用耐水玻璃的生产过程中，玻璃窑炉及安瓿的拉丝、切割、成型等工段都需要水煤气为原料，而两步法水煤气炉的使用，代替了传统的五步法水煤气发生炉，提高了热效率，简化工艺流程，提高了单炉生产的强度，消除了空气间歇制气中各个程序频繁切换带来的低产高耗问题，并克服了富氧连续制气所需的高昂制氧成本。"根据山西嘉润节能工程服务有限公司对我们企业项目用能情况的分析评估报告，年可节电35%、年可节煤45%。该项目年产20亿支安瓿，生产线节能效果为每年可降低综合能耗15120.9吨标煤，减少二氧化碳排放39616.76吨。"张杰民提供了这组数据。

但上马新项目岂非易事？融资难成为了最大的瓶颈。这当头正逢2010年《地方财政开展清洁发展委托贷款管理暂行办法》发布，山西省财政厅结合本省实际情况，明确了重点支持传统产业循环发展，通过延伸产业链条达到资源利用最大化，实现传统产业低碳发展；支持新能源、新材料、节能环保等新兴产业，推动低碳经济发展等方向，积极指导企业和市县财政部门申报项目。

"2011年3月，当省财政厅带来财政部清洁基金的文件，我们惊喜地发现，'采用两步法水煤气年产万吨药用玻璃管生产线'符合国家相关规定。在接下来的一系列技术论证、财务检查中，我们又焦急、又忐忑，唯恐自己哪里不符合规范。"张杰民笑着回忆得知可以得以贷款时的情景。

"清洁基金5000万元贷款的注入，给我们带来了一种全新的低碳发展理念，使我们意识到节能减排是一项环境效益、社会效益、经济效益共赢的事业，坚定了我们企业走低碳发展道路的信心和决心，也促进了节能减排技术在我们当地的推广和应用，有助于当地节能减耗和温室气体减排目标的实现。"张杰民以这段话结尾。

"清洁基金"贷款的支持仿佛杠杆，撬动了社会资金的进入，使中小企业融资难得以缓解，提升了企业的发展理念，坚定了走低碳发展之路的信念。

看着即将拔地而起的厂房，我们感受到蕴含在祖国大地深处的力量，正待以符合时代、社会要求的方式，蓄势而发。

清洁基金：低碳经济项目的助推器

——河北武安市裕华钢铁有限公司清洁基金委托贷款项目见成效

全面推进产业结构调整、加快发展方式转变、发展创新经济、知识经济和低碳经济，是"十二五"时期，钢铁产业的主攻方向和发展目标。近年来，我国不断加大扶持企业发展节能减排及低碳经济力度，使循环经济项目步入了发展的快车道。同时，作为重工业企业的钢铁行业，在带来经济效益的同时，也给环境带来了一定的影响。为此，在河北省武安市政府按照既要"金山银山"，又要"绿水青山"倡导精神要求下，加大了对污染治理力度，要求钢铁企业大力发展低碳循环经济，废物循环利用。以裕华钢铁有限公司为例，近年来，该企业加大了清洁生产力度，使能耗进一步降低，环境治理上了新的台阶，但同时由于资金不足，循环经济项目进展缓慢！

可持续发展有赖于机制、政策和计划之间的协调一致，更需要一个引领机制的旗手。2011年3月，基金管理中心与河北省财政厅、武安市财政部门的相关领导及工作人员，到裕华钢铁有限公司44.5兆瓦余热余压及高炉煤气发电循环经济项目建设现场进行考察。当时，由于资金缺口问题，项目只建了一半就停建了，核准建设期限被迫延期。项目对于企业来说面临着严峻的挑战，如果能够早日建设完成一天，项目就可以早一天得到收益，环境就可以早一天得到改善！

考察组成员通过认真考察与调研，发现裕华钢铁有限公司循环经济项目潜力较大，44.5兆瓦发电项目，每年节约标准煤超过12.5万吨。年度生产11个月就可以减排二氧化碳35.2万吨，减排煤气21.2亿立方米，减排二氧化硫10573吨和5287吨氮氧化物。年度可新增销售收入14390万元，新增利润7513.33万元，新增税金2090.95万元。环境效益、经济效益、社会效益相当可观。通过资料审阅、程序审核、手续办理后，5月25日裕华钢铁有限公司，得到了第一批清洁发展委托贷款6000万元。清洁基金对裕华钢铁有限公司良性发展低碳经济项目无疑起到了助推器的作用。

2011年8月初，2座15兆瓦高炉煤气发电项目和4.5兆瓦高炉余压

TRT 发电机组全部建设完工，而且顺利发电！10 兆瓦余热发电项目建设工程进展顺利，预计 2013 年 3 月份投产。根据已投产项目发电情况看，预计当年可以减排二氧化碳 74296 吨、减排煤气 4.85 亿立方米、二氧化硫 2236 吨、氮氧化物 1118 吨。正是清洁发展委托贷款的帮扶，才为裕华钢铁有限公司清洁生产项目健康发展铺好了坚实的路基，为地方调整优化投资结构、发展循环经济助一臂之力。

武安市裕华钢铁有限公司充分认识到在区域经济发展的义务和责任，会不断地通过自己的实际行动，找出与优秀企业的差距，对各个环节进行综合治理；他们有足够的信心，在国家各有关部门的监督指导下，在各界朋友的帮助与关怀下，通过自身的努力，成为"调结构、转方式、促发展"的"优秀企业"和"明星企业"！公司将进一步大力发展循环经济，依托各种优势条件，为我国科学节能减排、创优环境保护、发展低碳经济工作做出新的、更大的贡献。

第四部分

低碳采风

快慢结合　绿色高效
——南昌规划构建低碳交通体系[①]

如今的南昌，低碳生活已融进城市的各个角落，低碳出行、绿色出行早已为市政府倡导，在已经出台的《南昌低碳城市发展规划》中，构建低碳交通体系摆在了重要的位置。

南昌优化公路客货运站场布局，建设了衔接顺畅、高效便捷的公路站场服务体系，加强综合客运枢纽和物流集聚地区的货运站场建设，大力促进城乡客运一体化进程，促进客货运"零换乘"和"无缝衔接"；优化了城市路网功能结构，推进自行车专用道和行人步道网络建设，建立以公共交通为主体，出租汽车、私人汽车、自行车和步行等多种交通出行方式相互补充、协调运转的城市客运体系。

鼓励新增出租车、公交车、校车、旅游车和公园用车选购使用新能源汽车。同时开展"十城千辆"试点示范城市活动，积极推动新能源汽车产业发展和示范应用等工作。2012年，南昌将在公交、出租、公务、市政、邮政等领域推出1000辆新能源汽车示范运行；建设3座纯电动汽车充电站（电池交换站）和150个纯电动汽车充电柱（柜）、建立15家节能与新能源汽车维修服务网点，逐步建成电动汽车快速充电网络。

同时，南昌地铁站点附近将实现交通无缝对接，针对不同类型的轨道站点确立相适应的交通接驳和换乘方式，最终建成以公共交通为主体的围绕轨道站点的多模式综合交通换乘系统，大大提高轨道交通站点的服务半径；在轨道站点周边区域建立以步行交通和自行车交通为代表的绿色交通系统；构建多元、连续的步行系统将轨道站点和周边建筑紧密联系，并对自行车无缝连接方式进行重点考虑，方便其快速转换。

鼓励购买小排量节能型汽车。南昌鼓励购买小排量、新能源等环保节能型汽车，发展低排放、低能耗交通工具。严格执行机动车排放标准，限期推行机动车排放执行国Ⅳ标准，新增公交车辆执行欧Ⅳ排放标准，扩大市区高污染机动车辆限行范围，鼓励提前淘汰主城区高污染机动车

---

① 摘编自2012年10月19日南昌新闻网同名文章。

辆，探索市区机动车增量控制措施。

改善公交网络建设"智能交通"系统，积极推进智能化交通设施建设，建立实时、准确、高效的运输综合管理系统，减少迂回运输、重复运输、空车运输，降低碳排放。选取重点拥堵区域，科学调节车流的时空分布，建立智能停车管理系统，降低动态交通和静态交通之间的相互干扰；加快物联网技术在道路运输领域的推广应用，推广无线射频识别、智能标签、智能化分拣、条形码技术等，提高运输生产的智能化程度。

南昌建设"城市绿道系统"。将在青山湖、象湖周边设置绿道，通过玉带河串接环通。同时，完善绿道相关设施，如照明、坐椅、果壳箱、驿站、公共厕所、健身设施、标志等配套设施建设以及自行车租赁系统。

美国航企热衷生物燃料[①]

2011年11月7日，美国联合航空公司从休斯敦飞往芝加哥的班机使用了40%的生物燃料，这也是美国第一次使用生物燃料进行商业飞行。9日美国阿拉斯加航空公司投入首批75个航班使用20%的生物燃料。

近年来，虽然科学家已经找出如何从动物脂肪、垃圾、灌木和其他各种物质中提炼出飞机燃油的方法，但是其成本之高，令很多航空公司望而却步。

自2009年以来，飞机燃油上涨了87%，达每加仑3.11美元。航空公司迫切需要有多样化的低成本可替代燃油，同时还能降低碳排放。但是苦于生物燃料一直都是小规模生产，致使其生产成本比普通燃油还要高。

美国高级生物燃料和生物制品联合会执行董事奥利瓦雷斯说："目前，生物燃料的生产能力就只有那么大，我们面临的挑战是能否将其生产成本降低到跟普通石油燃料一样。"

阿拉斯加航空以每加仑17美元的价格从动力燃料公司购买了28000加仑的生物燃料。该公司主要从事从废弃的动物和食用油中提炼燃料，很多原料都是从当地饭店来的。但是这次为飞机提供的生物燃料是严格按照预定要求生产的，因为飞机用油标准更高，需要比普通柴油和石油更具耐极端温度性。只有需求量很大时，该工厂才会提高产量。

尽管目前航空公司的经济状况并不乐观，但却率先进入生物燃油市场一试深浅。据悉，航空公司计划购买总量10亿多加仑的生物燃料。

美联航也承诺从2014年开始每年购买2千万加仑的生物燃料，相当于该公司2010年燃油总消耗量的0.6%。该公司要求此生物燃料必须能够降低50%的碳排放，在成本上也必须具有竞争力。

美国农业部、能源部和海军将资助航空业5.1亿美元，用来刺激生物燃料的生产达到商业使用规模。该项计划旨在资助新兴生物燃料制造商，并且帮助其开拓潜在的军舰和飞机市场。据悉，该项资金将于明年开始

[①] 摘编自2011年11月15日凤凰网文章《油价上涨欧盟ETS制约　美国航企热衷生物燃料》。

发放。

美国材料试验协会（ASTM）批准使用原油来生产飞机用油，这种情况持续了50多年。直到2009年，ASTM才批准了另外一种生产飞机用油的工艺——原料用天然气，煤炭以及其他形式的生物，如树木等有机物。2011年7月，该机构又第三次批准了第三种更高效更环保的技术来生产飞机用油——使用动植物油做原料。

新技术生产的飞机燃料可以与普通飞机用油交互使用，也就是说，该生物燃料可以与普通飞机燃油混合在一起进行运输、储存和燃烧。由于该燃料质地太轻且润滑性能差，国际标准只允许飞机使用不超过50%的该生物燃料。

ASTM同时正在审查另外一种用乙醇生产飞机燃料的工艺。如果审查通过，乙醇燃料制造商将先生物燃料制造商一步，打开航空公司的燃料市场，因为政府已经授权他们生产乙醇汽油。由乙醇制造的飞机燃料无需与常规燃料混合使用，并且通过了美国空军部的初步检测。

目前，世界上至少已经有7家国际航空公司的商业航班使用了生物燃料。2011年7月，德国汉莎航空公司开始在汉堡到法兰克福的航班上使用50%的生物燃料。

由于生物燃料的原料来源广泛，当地供应商着眼为周边机场提供生物燃油。这个产业链的形成将会降低运输成本和碳排放，更好地分配该产业的经济效益。

波音公司一直都是生物燃料的支持者，他们希望2015年生物燃料可以占航空燃料总供给的1%。

据阿拉斯加航空公司估算，如果他们所有航班都使用20%的生物燃料，那么全年所减少的碳排放量相当于6.4万辆小轿车的排放量。

2012年开始，欧盟将实施碳排放交易体系，航空公司将面临更大的压力，他们或将对生物燃料更加感兴趣。

美国为农业设计"一氧化二氮温室气体减排方法"[①]

现代农业生产对气候变化的影响也是一个非常重要的因素,农业减排对某些国家的重要性甚至超过了工业减排。只是对农业减排问题的认识以及农业如何减排而不影响农作物产量的问题,尚处于探索研究阶段。

一氧化二氮分子可以在大气中存在100年以上而不分解,并且对热量的吸附作用极强,是二氧化碳的300多倍,因此,它对温室效应的贡献远远超过二氧化碳。而人类活动所产生的一氧化二氮主要来自农业生产,如美国与人类活动有关的一氧化二氮排放,有70%来自农业生产。研究显示,农业生产造成的一氧化二氮的排放量正随氮肥使用的多少,呈现出指数级增长。

在全球人口不断增加,粮食安全日益严重的今天,一味强调保护环境,要求农民减少对化肥的使用,以牺牲农作物产量为代价,显然是不现实的。为解决这一矛盾,就必须拿出一种办法,既让农民合理使用氮肥,确保增产增收,又能减少对化肥的过度依赖,减少对环境的污染。目前,美国研究人员正试图通过平衡农民收益的办法,研制出一种系统方法,使农民积极参与到减排与环保之中。

该方法的全名为"一氧化二氮温室气体减排方法",由美国国家科学基金会(NSF)凯洛格生物站(KBS)承担。经过数十年努力,目前已处于收尾验收阶段。设计这种方法的主要目的是,在确保农民收入的情况下,最大限度地减少农业生产中化肥的使用量,从而降低农业生产对环境带来的负面影响。

根据这个方法,如果农民因氮肥使用减少导致一定程度的减产,则可以通过这种方法设计出的体系,获得相应的碳信用额,而这些碳信用额能够在碳交易市场中兑换成经济补偿。目前这一交易市场已经获得"美国碳注册"的批准,并即将得到"验证碳标准"认可。该方法已在密歇根州图斯克拉县一个农场进行了示范使用。

[①] 摘编自2012年7月23日《科技日报》同名文章。

"碳信用额鼓励农民精确使用化肥，而不是减少产量。"项目主要研究者、密歇根大学科学家菲尔·罗伯森说，"如果产量下降太快，则会刺激农民使用更多化肥，从而产生更多的一氧化二氮排放，对环境形成更大危害。"

研究领导人之一、凯洛格生物站科学家内维尔·米拉尔认为，该方法的主要价值是简单、易行。农民可以运用它尽量减少对氮肥的依赖，有利于降低农业生产对一氧化二氮的排放；而且，该方法还可以在减少地下水中的氮排放和降低大气中其他形态的氮排放方面发挥作用。

研究人员认为，此方法将环境利益与环境市场联系起来，而不是仅仅减少粮食产量，对维持地球生态系统、养活更多的人具有重大意义。

科学家首次用电力将二氧化碳转化为液体燃料[①]

美国加州大学洛杉矶分校萨缪里工程与应用科学学院的研究人员,首次展示了利用电力将二氧化碳转化为液体燃料异丁醇的方法。相关研究报告发表在《科学》杂志上。

该学院化学及分子生物工程系的廖俊智教授及其同事提出了一种将电能储存为高级醇形式的化学能的方式,可作为液体运输燃料使用。廖俊智说:"目前一般使用锂离子电池来储存电力,存储密度很低,但当以液态形式存储燃料时,存储密度能显著提升,并且新方法还具备利用电力作为运输燃料的潜力,而无须改变现有的基础设施。"

研究小组对一种名为"富养罗尔斯通氏菌H16"的微生物进行了基因改造,使用二氧化碳作为单一碳来源,电力作为唯一的能量输入,在电子生物反应器中生产出异丁醇和异戊醇(3-甲基-1-丁醇)。

光合作用是指植物等在可见光的照射下,经过光反应和暗反应(又称碳反应)两个阶段,利用光合色素,将光能转化为化学能,将二氧化碳(或硫化氢)和水转化为有机物,并释放出氧气(或氢气)的生化过程。在此次研究中,科学家将光反应和碳反应分离开来,不利用生物的光合作用,而改用太阳能电池板将阳光转化为电能,随后形成化工中间体,以其促进二氧化碳的固定,最终生成燃料。廖俊智解释说,这一方式将比普通的生物系统更为有效。后者需要基于大量农耕土地种植植物,新方式则由于不需要光反应和碳反应同时发生,所以可将太阳能电池板置于沙漠中或屋顶上。

[①] 摘编自2012年4月9日《科技日报》同名文章。

欧盟"关掉"白炽灯
正式告别"爱迪生时代"[①]

2012年8月31日是欧盟境内全面禁售白炽灯泡的最后期限。9月1日,记者走访了布鲁塞尔的几家大型超市和电器商店,发现灯具货架上以前陈设的低瓦数(40瓦以下)白炽灯已经踪影全无,取而代之的是各种各样的新型节能灯具。

欧盟全面禁售白炽灯泡标志着欧盟正式告别已延续了100多年的"爱迪生时代"。早在2007年3月,欧盟委员会就提出了在2012年底前逐步淘汰白炽灯的政策建议。2009年3月,欧盟委员会正式通过一项逐步取消白炽灯的法令。该法令提出了分阶段禁售白炽灯的具体规划:从2009年9月1日起禁止出售100瓦以上的白炽灯泡,从2010年9月1日起75瓦以上的白炽灯泡必须撤出市场,从2011年9月1日起60瓦以上的白炽灯泡不得上市,从2012年9月1日起禁售40瓦和25瓦的白炽灯泡。随着2012年9月1日来临,传统的白炽灯泡在欧盟正式寿终正寝,完全退出了欧盟市场。

相关试验表明,白炽灯泡在工作时实际上只有5%的电能被用于照明,其余95%的电能被转化为热能白白浪费掉,因此遭到淘汰也就在所难免。欧盟禁止使用白炽灯泡主要是为了节省能源和减少二氧化碳排放。欧盟有关研究结果显示,如果将欧盟成员国目前使用的白炽灯泡全都转换成节能效率更高的节能灯泡,欧盟每年节省的电力可供罗马尼亚使用一年,同时每年至少可以减少1500万吨的二氧化碳排放。欧盟成员国如能全面推行使用节能灯,到2020年底将累计节电800亿千瓦时。据欧盟委员会估算,淘汰白炽灯泡这项措施可为欧盟每个家庭最多减少50欧元的支出,整个欧盟可节省高达100亿欧元。欧盟禁售白炽灯泡的决定虽在实施初期招致了一些质疑,但环保组织和消费者权益保护组织对欧盟的这一做法则给予充分肯定,认为欧盟禁售白炽灯泡的总体效果是积极的,淘汰高耗能的白炽灯有助于减少温室气体排放和保护环境。

[①] 摘编自2012年9月4日《经济日报》同名文章。

白炽灯退市意味着新型节能灯市场的扩大。如今，在欧盟林林总总的节能灯具中，LED 灯（即发光二极管灯）和节能灯（即紧凑型荧光灯）已经成为性价比较高的两种主要照明工具。

随着白炽灯退出，节能灯很快就占据了欧盟市场的大部分份额。目前，消费者在欧盟灯具市场上选择余地最大的是节能灯。欧盟市场的节能灯光能转换率可以超过 50%，使用寿命长，价格虽高于白炽灯，但却低于 LED 灯。不过，节能灯也存在缺陷，刚开灯时发光效率低，照明度不如白炽灯或 LED 灯。节能灯最大的缺陷是含有微量水银。欧盟有关专家提醒消费者，如果节能灯被打碎，要将房间通风 30 分钟并迅速离开房间，然后再用湿布或胶带将碎片收集起来，作为特殊垃圾处理。正是由于节能灯泡含有微量水银，所以废弃的节能灯泡就需要作为特殊垃圾进行处理。

相比之下，在欧盟有关专业机构对各种灯具的测评中，LED 灯的综合得分往往是名列前茅。LED 灯具有节能效率高、环保效果好、使用寿命长、外形美观和刚开灯时发光效率大等优点，因此深得广大消费者的青睐，具有广阔的市场前景。与传统的白炽灯相比，LED 灯的节电比例可高达 90%。目前，欧盟市场上销售的 LED 灯虽价格偏高，但其寿命比白炽灯要长 25 倍。LED 业内分析人士指出，LED 行业在手机和电视产业中获得成功之后，目前已开始进军照明市场。随着技术进步，LED 灯的生产成本将会下降，LED 灯价格也会下调，每年平均下调幅度可达 30%。麦肯锡发表的研究分析报告称，目前价格为 20 欧元的 LED 灯，到 2020 年将会下降到 3 欧元以下。有关专家预测，随着 LED 灯的生产成本下降，这种高科技灯泡到明年就会进入大规模生产阶段，从而真正带来额外的节能效果和经济效益。

目前，欧盟灯具市场真正的竞争主要在节能灯和 LED 灯之间展开。欧盟灯具行业专家认为，节能灯虽在相关测评数据上逊色于 LED 灯，但目前在生产工艺成熟度、前期投入及价格成本等方面却明显优于 LED 灯。从欧盟市场销售情况和节能减排要求上来看，节能灯可望是近期替代白炽灯的最佳选择。然而，从长远发展的角度看，LED 灯所具备的各种优势不言自明，今后很可能会取代节能灯成为未来世界照明市场的主角。

金融危机下伦敦大打"绿色"奥运牌[①]

"绿色"不只是建造伦敦奥运公园的核心理念更是在金融危机背景下英国恢复增长的救命稻草之一。

从奥运主体育馆"伦敦碗"的垃圾处理方法,到奥运期间减少碳排放 50% 的雄心,再到奥运期间耗能 20% 为可再生能源的豪言壮语,无一不展现出英国这个昔日工业帝国在当今国际绿色科技角斗场上的实力。而英国的雄心绝不仅仅止于把奥运当作一个高科技的"秀场"。

目前绿色经济产业是英国衰退期几个为数不多的规模迅速增长的领域,预计至 2015 年每年的增长率将超过 4%。包括节能环保在内的绿色行业将创造 40 万个工作岗位,而且这一数字还将不断上升,到 2020 年,将有 120 万人从事节能环保的绿色工作岗位。

奥运大秀场,一方面是在奥运村里的绿色行动,另一方面则是在外围的活动。在伦敦奥运会举办期间,伦敦市政府将通过在奥运场馆内发电和使用可再生能源等方式,让场馆的碳排放量减少 50%。

伦敦奥运对绿色产业的作用远不止展示与推介。作为实现英国承诺到 2050 年减排 80% 的重要举措,新能源汽车很早就放在了伦敦政府的议事日程。伦敦市长鲍里斯·约翰逊致力于和制造商一起让伦敦所有的运营出租车到 2020 年实现零排放。市长办公室也成立了专门的项目来支持氢燃料电池的发展。

在对技术创新的鼓励之外,英国政府更是借改造东伦敦基础建设为绿色产业铺路。

英国首都伦敦在 2012 年开展"电源伦敦"计划,力求在 2013 年年底前建造 1300 个电动汽车充电站,推动电动交通工具的发展。到 2015 年,伦敦市预计将有 2.5 万个新能源车充电站,届时伦敦将成为世界上使用新能源车的领先城市。

根据美国慈善基金 Pew 发布的报告,英国对清洁能源的投资在

---

① 摘编自 2012 年 4 月 18 日新浪网文章《伦敦绿色奥运牌:金融危机下的经济增长之道》。

2010年急速下跌后在2011年实现反弹。2011年一共有94亿英镑投入到风能、潮汐能、太阳能和其他新能源上，排在美国、中国、意大利、德国之后第七位。

荷兰应对气候变化的主要做法[①]

全球变暖的背景下,荷兰作为低地国家受到海平面升高的严重威胁。因此,荷兰高度重视应对气候变化,采取的主要做法是:

1. 主张全球携手,共同应对气候变化。荷兰受气候变化影响严重,减排愿望强烈。但因自身力量有限,荷兰是欧盟气候政策的坚定支持者和积极推动者,主张通过国际社会共同努力应对气候变化,包括积极参与欧盟排放权交易系统(EU–ETS),支持该系统扩大行业至航空业及海运业,主张减少排放权无偿分配份额,增加排放权拍卖交易比重,还推动制定更为严格的汽车、电器能耗标准,统一生物质能的可持续性标准等。

2. 完善立法,设定减排目标。荷兰环境立法体系非常完整并重视各项法律制度的协调,其《环境管理法》目前是除法国《环境法典》外世界上综合性最强的一部环境法。为履行减排承诺,保证能源供应安全,提高荷兰在全球绿色经济中的竞争力,2008年6月,荷兰公布新能源气候政策(清洁高效计划),其设定的目标高于欧盟。

3. 政策到位,机构跟进。充分利用绿色税收、EU-ETS等市场化机制,对符合绿色产业发展方向、清洁能源及创新项目,实行政府补贴等一整套激励与管制措施相结合的政策,极大地促进了荷兰可再生能源产业的发展和建筑业、工业、交通和运输业,农业和园艺业及家禽饲养业的节能减排。

4. 依靠节能环保技术实现减排目标。荷兰注重发展绿色经济和节能环保产业。荷兰在可再生电力专利申请、设计可持续产品、园艺、海上风能装备制造等方面居于领先地位。荷兰政府还与40个行业合作伙伴共同启动了应用技术研究计划,主要进行应用技术研究,覆盖碳捕获与储存(CCS)技术的整个产业链条,致力于领跑世界CCS技术。

5. 探索制度创新降低减排成本。荷兰设计的碳抵消体系,充分利用《京都议定书》的联合履约机制(JI)和清洁发展机制(CDM)产生的碳

[①] 摘编自中国驻荷兰使馆经商处信息。

信用抵消其应承担的减排额,也为欧盟的排放权交易体系(EU-ETS)的成功运作提供了经验。荷兰还通过立法建立公私合作伙伴关系(PPP),组建产学研联合体,促进深海风能开发等大型基础设施项目的建设,既能解决资金缺口问题,又能在技术、知识、经验、产业背景方面优势互补,协调合作,共同完成项目开发。

6. 环保理念和意识深入人心。荷兰对"从摇篮到摇篮"的设计理念非常狂热(产品自设计开始即考虑循环利用),着手打造全球第一个彻底实践这一理念的国度。

丹麦书写全新"绿色童话"[1]

这里是"小美人鱼"的家乡，也是世界上最环保的城市。穿梭街头的自行车是这座城市的"绿色符号"，壮观的海上风电场是这个城市的"绿色动力"，蔚蓝的港湾是人们畅游扬帆的乐园。这些现代元素自然融合在历史文化遗迹中，成为这座古城新的时代风尚。童话王国丹麦首都哥本哈根正在谱写一个史无前例的绿色传奇。

哥本哈根正在经历一场改天换地的"绿色革命"。市政府在2009年提出计划，要在2025年把哥本哈根建成世界上首个零碳排放城市。该计划分两个阶段实施：第一阶段目标是到2015年把该市二氧化碳排放量在2005年的基础上减少20%；第二阶段是到2025年使哥本哈根的二氧化碳排放量降低到零。2012年，该计划第一阶段目标已提前实现，哥本哈根市正在雄心勃勃地向第二阶段零碳目标迈进。绿色发展正在给这个城市注入新的活力，给城市经济催生新的增长点。

作为一个四面环海的多风之国，丹麦的风能资源非常丰富，并且其沿岸海水深度不大，具有发展风电产业的优势。丹麦的风能产业迅速崛起，经过几十年的发展，丹麦成为全球风能技术的领跑者，风电设备出口占全球市场份额超过1/3。丹麦有世界上最大的风力发电机制造商维斯塔斯，德国西门子风电公司也在丹麦设立了生产基地。

除了拥有先进的技术，丹麦风电场的特别之处还在于其产权结构的集体化。普通居民也可以参与到政府大力支持的风电项目中，入股成为风电场股东。米德尔格伦登风电场的另一独特之处是丹麦第一座采取合作社产权结构方式的海上风电场，该风电场自2000年开始运营，总投资约4800万欧元，现有近万名股东，可以自由买卖他们的股份。

丹麦一直致力于追求可持续发展的经济模式，作为全世界最环保、实现碳排放20年零增长的国家，他们对低碳建筑的追求和实践也是一个很好的例子。丹麦最著名的绿色建筑莫过于2009年11月落成的丹麦第一座零碳公共建筑——"绿色灯塔"。

---

[1] 摘编自2012年6月19日《经济参考报》同名文章。

"绿色灯塔"坐落于哥本哈根大学校园内，走近"绿色灯塔"，绿色为基调的外墙与周边环境和谐地融为一体，建筑主体为圆柱形，建筑上装有的可调节百叶窗使整个建筑能最大限度地接收阳光。"绿色灯塔"是按照"积极的房子"的原则建造的，在实现零碳排放、降低能耗的同时，也开拓了全新的可再生能源利用方式。

进入"灯塔"内部，首先会注意到的是它卓越的采光效果，其科学、独特的设计使建筑能耗降低了75%。目前是作为哥本哈根大学科学院的教学大楼。它不仅有健康的室内环境，还有着充足的日光，是一个凝聚了远见智慧的建筑。VELUX集团项目经理罗娜·费弗说："日光是'绿色灯塔'主要的能量来源，可自动调节的天窗保证了室内充足的采光。"

哥本哈根还以"自行车城"著称，在哥本哈根市区，随处可见骑车族宛如游鱼般穿梭于大街小巷之中，无处不在的自行车流成为这座城市的文化符号。为了有效解决汽车的二氧化碳排放和城市的拥堵问题，哥本哈根市近年来大力推广市民以自行车作为代步工具，掀起了一场自行车交通革命。

据官方统计，在哥本哈根市区，自行车的平均速度为每小时15公里，而汽车平均速度仅为每小时27公里。哥本哈根市区面积狭小，使哥本哈根停车也成为一个难题，有时找到一个停车位往往需要绕过几个道口，花费数十分钟，所以有的时候，骑自行车往往可以更快地到达目的地。在最新的哥本哈根2025年零碳排放计划中，哥本哈根市政府希望将骑自行车上班或上学的人群比例从30%多提高到50%。为此，哥本哈根市政府还为骑车一族打造自行车"高速公路"。该车道经过特别设计，尽可能减少中途的停靠，使用特别的交通信号系统，可以让骑车族连续享受"一路绿灯"，并且中途还设有自行车充气站、修理站和停靠站，可以使骑车族更快、更安全地抵达目的地。新建成的自行车"高速公路"可以让哥本哈根市每年减少7000吨的二氧化碳排放，并且骑车可以提高骑车族的健康状况，为政府每年节省3亿丹麦克朗（约合5300万美元）的医疗支出。

丹麦减排新启示　国内省钱海外挣钱[①]

深秋时节，丹麦的萨姆索岛上，尚未收割的绿色庄稼、收割后的金黄色秸秆、林木掩映下红色农舍的屋顶，构成了一幅绝美的田园风光画。港湾里停泊着的各色游艇显示，这里在夏日是休假胜地。这个面积约114平方公里、居住着4000多居民的小岛并不仅以风光出名，更是因为这里的经济活动和居民生活完全摆脱了矿物燃料，实现了零碳排放而闻名遐迩。

20世纪70年代的石油危机爆发后，丹麦致力于节能和发展替代能源，以摆脱对矿石燃料的依赖。在过去25年里，丹麦经济增长75%，但能源消耗总量基本维持不变，二氧化碳排放总量还有所下降。

既要发展经济，又要节能减排，是世界各国共同面临的问题。其他国家或许不具备像丹麦那样完全摆脱矿物燃料的条件，但在推行绿色增长过程中，能从丹麦的做法中得到不少启示。

在萨姆索岛上推广居民节能减排技术的能源研究所，实际上是一个受到国际组织和大企业资助，为当地居民提供技术咨询、设计服务的专家小组。研究所负责人赫尔曼森当过教师，极有口才。起初他走家串户，劝说居民自己掏钱建设太阳能、风能、秸秆等生物资源发电站以及利用热泵等技术改造家庭取暖设备，居民们都将信将疑。只有在他们看到利用这些技术不仅保护了环境，而且比使用传统化石燃料更省钱，才真的有了积极性。

农场主特兰伯格，当年自己花钱修建了一座风力发电站。靠风力发电，他不用再支付昂贵的电费，还能向电网出售富余电量。他提供了有关投资建电站和售电收入的详细数字后，得意地反问记者："你们算算，我是赔了，还是赚了？"

森讷堡的零碳项目公司与萨姆索岛能源研究所的功能相类似。公司2009年在当地启动零碳家庭项目。参加这个项目的117户家庭，一年间平均节电30%，节水50%。这意味着这些家庭节省了一大笔开支。

与节能减排相关的技术是丹麦拓展国际市场的强项。前首相拉斯姆

[①] 摘编自2012年11月2日《经济参考报》同名文章。

森在谈及"绿色增长战略"时强调,要发展强大而节能的工业产业,并进一步将其先进技术转化为出口实力。2011年,丹麦与韩国、墨西哥共同发起,举办了全球绿色增长论坛第一届年会。大会期间,与会各国政商人士和专家学者在会上大力提倡和推广节能减排理念,企业家们则积极推销产品与技术。

在推动节能减排产品和技术出口的行动中,丹麦特别看重中国市场。如零碳项目公司的一位职员所说,在节能减排方面,美国口惠而实不至,而中国却是真抓实干。2012年,中国政府代表团也应邀正式加入了全球绿色增长论坛。丹麦官方组织"绿色国度"不久前专门开设了中文网站,向中国推介自己的绿色增长理念和产品、技术。

绿色建筑风行波斯湾国家[①]

对于来到卡塔尔首都多哈的游客而言，宏伟的卡塔尔国家会议中心是不可错过的景点之一，在波斯湾这个以富庶而著称的地区，该中心已经成为这里的绿色建筑典范。

卡塔尔国家会议中心由日本著名建筑师矶崎新设计，其使用的木材全部为可持续开采，此外屋顶还安装了 3500 平方米的太阳能面板。在 2012 年 11 月底联合国气候变化会议召开之际，该中心将成为全世界注目的焦点。

国际能源机构表示，卡塔尔是全球人均碳排放最高的国家，科威特、巴林和阿联酋紧随其后。在盛产石油和天然气的海湾国家，绿色建筑起初并不流行。但现在情况正在发生变化，这些国家慢慢认识到，化石燃料终将面临耗尽的一天，因此他们也必须开辟一条更为可持续的发展道路。

绿色建筑正好符合了这一趋势。据美联社报道，在海湾地区，建筑消耗了约 70% 的能源，而全球平均水平仅为 40%。美国绿色建筑委员会设立的"领先能源与环境设计（LEED）"认证是在全世界范围内被广泛认可的绿色建筑标准，在获得 LEED 认证方面，海湾地区共有 1348 座建筑获得了该项认证。

近年来，海湾地区的绿色建筑行业迅速发展。阿联酋的迪拜诞生了海湾地区首个"绿色商场"，首都阿布扎比郊外正在建设全部由可再生能源供电的马斯达尔城；卡塔尔多哈正在建设世界上最大的可持续发展社区，社区中的 100 多座建筑的平均能耗约可减少三分之一；沙特阿拉伯也已经为其阿卜杜拉国王金融区申请了 LEED 认证。

专家们表示，海湾国家目前面临的挑战是如何将绿色建筑的实践进一步推广，将其应用于其他建筑领域，如办公大楼或住宅项目等。要做到这一点，各国需要将目前自愿性的绿色建筑法规变为强制性，并提供更多激励措施，推动开发商建设或改造可持续建筑。

此外，绿色建筑的推广还需要尽量实现建材的本地采购，减少钢材、

---

① 摘编自 2012 年 11 月 16 日人民网同名文章。

木材、水泥运输产生的排放。由于海湾地区资源缺乏，大部分建材需要进口，本地厂商提供的建材难以满足需求。卡塔尔就遇到了此类问题，由于本地的绿色建材很少，卡塔尔不得不从比利时和韩国采购获得环保认证的木材、钢材和玻璃。虽然此举增加了初始投资成本，而航运也带来了更多的碳排放，但最终建筑物的能耗却降低了32%。

国际工业节能政策数据库在京发布[①]

2012年2月20日，工业生产力研究所（IIP）在北京正式发布了新近开发的"工业节能政策数据库"。该数据库综合分析了中国、美国、日本、印度、英国和荷兰等六个国家的政策实践，可为工业节能政策的研究、制定和实施提供及时丰富的信息参考。

该数据库不仅列出了各国工业节能的具体政策，还采用"政策金字塔"的方法，对各国政策进行了逐层分析。其中目标导向政策包含各类节能和减排的目标，配套支持政策包含为消除各种障碍而出台的配套政策和措施，实施工具则对目标导向政策和配套支持政策的实施提供了直接有效的技术和信息支持。通过这种方法，可以帮助相关机构深入了解一个国家的综合政策体系，政策之间的关联性，政策目标和方法的一致性，以及政策体系的完整性。

"一个有效的政策手段需要一个政策体系的支撑，每个国家的特定国情也会影响政策实施的有效性"，工业生产力研究所中国区首席代表陈冬梅女士介绍说："通过对不同国家的工业节能政策体系进行分析和评估，我们可以总结出一个有效的政策体系所包含的必要内容和关键步骤。"

工业生产力研究所在其发布的《工业节能政策体系探析》报告中，根据数据库中的政策实践信息和相关文献资料，探讨了有借鉴意义的政策手段，并总结了制定政策的五个关键步骤：设定工业节能和减排总体目标，确定目标导向政策，确定配套支持政策，设计综合的实施工具和制定透明的监测、报告与核查制度。

工业节能政策数据库及《工业节能政策体系探析》报告是在"工业节能政策实践研讨会"上正式发布的，此研讨会由工业生产力研究所、中国节能协会与中国可持续能源项目（CSEP）、国家发改委能源研究所联合举办。

在研讨会上，来自美国、澳大利亚、印度的专家介绍了本国的工业节能政策实践，并与中国工业节能相关研究和执行机构就热点议题进行了交流和探讨，为中国工业节能政策的制定和实施提供了积极参考。

[①] 摘编自2012年2月20日搜狐网绿色频道同名文章。

守望绿色的经济学家[①]

2009年的诺贝尔经济学奖颁布之前，世界上著名的几家博彩公司曾经将几位重量级的经济学家作为获奖热门，并对他们能否获奖开出了赌局，耶鲁大学教授威廉·诺德豪斯曾一度被众多博彩公司一致认为是角逐诺奖的有力候选人。虽然最终2009年的诺贝尔经济学奖并没有垂青诺德豪斯，但通过赌局事件，他的学术贡献和社会影响可见一斑。

其实，诺德豪斯教授对于中国的读者来说并不陌生。他是萨缪尔森的经典教科书《经济学》最新版本的合作者。按照萨老的说法，他自己年事已高，但希望这本教科书可以常葆青春，因此需要有一位优秀的合作者来帮助他继续修订这部巨著。经过仔细物色，最终决定由诺德豪斯教授来充当这个光荣的角色。于是，随着这部经济学巨著的引入，诺德豪斯教授的大名被中国的读者所认识和熟悉。不过，他的主要学术贡献却很少被国内读者知晓。

随着全球变暖以及生态环境的不断恶化，人们开始重视环境问题。但远在环境经济学成为显学之前，诺德豪斯教授早已开始致力于环境和经济之间互动关系的研究。

在诺德豪斯教授看来，环境变化和人类的经济行为之间存在着紧密的联系。如果将目前的一些环境指标视为一个"存量"，而人类的经济活动则会产生一个让环境变动的"流量"。显然，随着"流量"的逐渐引入，"存量"将会产生变动，这就是我们观察到的环境变化。这个道理就好像传统经济学对于财富和投资关系的分析一样，只不过在他的分析框架中，用环境变量代替了财富，而将人类经济行为对环境的影响看作是某种意义上的投资而已。在建立了这个框架后，他就可以借鉴宏观经济理论中用来分析该类问题的标准手法（这种建模方法被称为拉姆齐模型，是由英国的天才经济学家弗兰克·拉姆齐于20世纪20年代提出的，这一分析方法后来成为了现代宏观经济学分析的主流），在人类理性决策的假设前提下，分析人类行为对环境造成的变化。

[①] 摘编自《管理学家：实践版》2010年第5期。

为了定量考察这种关系，诺德豪斯教授及其合作者历时多年，在大量的资料的基础上，先后建立了两个分析经济对气候变化的"可计算一般均衡模型"——RICE 模型和 DICE 模型。利用这两个模型，诺德豪斯等人详细分析了碳排放对于气候变暖的影响。这一系列的工作为减排的经济和环境效益分析提供了难得的实证证据。在他看来，目前减少温室气体的排放是正确和必要的，但对于减排的力度，他个人并不主张过大。例如，哥本哈根会议试图达到"到 2020 年，全球温度升高低于 2 度，或大气二氧化碳浓度小于 450ppm"的目的，而这一目标对于诺德豪斯教授而言，可能是过高了。在他看来，温室气体浓度只要小于 700ppm 都没什么问题。用科学而非政治的立场来对待环保，这充分体现出了诺德豪斯教授作为学者的独立风范。

附录 重要政策文件清单

名称	发布机构	发布时间
国民经济和社会发展第十二个五年规划纲要	第十一届全国人民代表大会第四次会议审议通过	2011年3月
"十二五"节能减排综合性工作方案	国务院	2011年8月
"十二五"控制温室气体排放工作方案	国务院	2011年12月
"十二五"节能环保产业发展规划	国务院	2012年6月
节能与新能源汽车产业发展规划(2012–2020年)	国务院	2012年6月
"十二五"国家战略性新兴产业发展规划	国务院	2012年7月
节能减排"十二五"规划	国务院	2012年8月
能源发展"十二五"规划	国务院	2013年1月
"十二五"节能减排全民行动实施方案	国家发展改革委、中宣部、教育部、科技部、农业部、国管局、全国总工会、共青团中央、全国妇联、中国科协、环境保护部、全国人大办公厅、全国政协办公厅、财政部、国资委、中直管理局	2012年1月
页岩气发展规划(2011–2015年)	国家发展改革委	2012年3月
天然气发展"十二五"规划	国家发展改革委	2012年10月
中国应对气候变化的政策与行动2012年度报告	国家发展改革委	2012年11月
洁净煤技术科技发展"十二五"专项规划	科技部	2012年3月

续表

名 称	发布机构	发布时间
风力发电科技发展"十二五"专项规划	科技部	2012年3月
太阳能发电科技发展"十二五"专项规划	科技部	2012年3月
绿色制造科技发展"十二五"专项规划	科技部	2012年4月
"十二五"国家应对气候变化科技发展专项规划	科技部	2012年5月
"十二五"国家碳捕集利用与封存科技发展专项规划	科技部	2013年2月
太阳能光伏产业"十二五"发展规划	工业和信息化部	2012年2月
工业节能"十二五"规划	工业和信息化部	2012年2月
工业清洁生产推行"十二五"规划	工业和信息化部	2012年3月
矿产资源节约与综合利用"十二五"规划	国土资源部	2011年1月
国家能源科技"十二五"规划	能源局	2011年12月
太阳能发电发展"十二五"规划	能源局	2012年7月
生物质能发展"十二五"规划	能源局	2012年7月
中国的能源政策（2012）白皮书	国务院新闻办公室	2012年10月